互联网+教育丛书

互联网+教育
技术应用

高万林　主编

电子工业出版社·
Publishing House of Electronics Industry
北京·BEIJING

内 容 简 介

本书围绕教育发展过程中不断出现的新需求及应对各种需求的技术应用，从互联网+教育在教育信息化基础上破茧而出的过程，到互联网技术与教育的深度融合改变人类自身进而推动教育发展的过程；从互联网技术的具体内容，到互联网技术在互联网+教育领域的应用开发实例；从互联网+教育的优势，到互联网+教育对其他产业的职业教育及终身教育的贡献，全面、系统地论述了互联网+教育的前世今生和未来。

本书既可作为教育工作者了解现代教育与互联网技术的关系、展望教育未来的发展方向、制定科学合理且有前瞻性的教育政策的有力工具，也可作为互联网+教育应用平台开发等相关工作者理解教育内涵及教育需求、学习互联网+教育平台实例、构建功能更完善的高性能平台的参考资料。

图书在版编目（CIP）数据

互联网+教育. 技术应用 / 高万林主编. —北京：电子工业出版社，2020.1
（互联网+教育丛书）
ISBN 978-7-121-37292-6

Ⅰ. ①互⋯　Ⅱ. ①高⋯　Ⅲ. ①网络教育—新技术应用　Ⅳ. ①G434

中国版本图书馆 CIP 数据核字（2019）第 183511 号

责任编辑：米俊萍
印　　刷：北京虎彩文化传播有限公司
装　　订：北京虎彩文化传播有限公司
出版发行：电子工业出版社
　　　　　北京市海淀区万寿路 173 信箱　邮编：100036
开　　本：787×1 092　1/16　印张：18.5　字数：416 千字
版　　次：2020 年 1 月第 1 版
印　　次：2024 年 1 月第 3 次印刷
定　　价：78.00 元

凡所购买电子工业出版社图书有缺损问题，请向购买书店调换。若书店售缺，请与本社发行部联系，联系及邮购电话：（010）88254888，88258888。

质量投诉请发邮件至zlts@phei.com.cn，盗版侵权举报请发邮件至dbqq@phei.com.cn。

本书咨询联系方式：mijp@phei.com.cn，（010）88254759。

前言 / Foreword

《国务院关于积极推进"互联网+"行动的指导意见》指出:"互联网+"作为一种新形态,是"把互联网的创新成果与经济社会各领域深度融合,推动技术进步、效率提升和组织变革,提升实体经济创新力和生产力,形成更广阔的以互联网为基础设施和创新要素的经济社会发展新形态"。互联网+教育不仅是互联网技术手段在教育上的应用,而且是利用传感技术、无线网络技术、移动通信技术、云计算技术、大数据技术等信息技术手段开展的新型教育形态,是建立在信息技术基础上的教育。它以学习者为主体,学生和教师、学生和教育机构之间主要运用多种媒体及多种交互手段进行系统教育与通信联系。

互联网+教育的出现,改变了传统教育模式,使教育不再受时间、空间限制:通过一个网和一个移动终端,就能同时容纳几百万名学生,并且学生可以任意挑选学校、老师、课程,随时随地即刻进入学习状态;提供微课、MOOC、翻转课堂、手机课堂等多种新颖的教学模式,学生根据能力、兴趣点的变化,可以不断去探索新的知识。

为了将互联网+教育这一新互联时代的优秀产物完整地呈现出来,本书从历史和发展的角度,阐释了互联网技术在教育演变革新过程中所扮演的角色,将现代信息技术、互联网技术与教育相互融合的过程,以及教育与技术相互促进的愿景一一展现在读者面前;同时,本书总结了中国农业大学信息与电气工程学院大规模在线教育研究所一线研究人员在教育和在线教育系统开发过程中积累的宝贵经验与教训,从各章节的设计到内容的组织,从语言的把握到信息技术的讲解,都力争做到合情合理、深入浅出。可以说,编者们将平时研究、教学、系统开发及维护过程中积累的精华均凝聚在了本书的文字中,本书的成书过程就是集体智慧结晶的过程。

全书共9章。第1章"互联网+教育概述"介绍了教育信息化的发展过程,描述了"互联网+"对教育模式等的改变,以及给教师带来的机遇与挑战;第2章"互联网+教育解析"基于教育对技术需求的分析,阐明了互联网+教育的特征、技术应用路径及其深度融合的内涵;第3章"互联网+教育变革"介绍了教育内涵随着技术进步而发生的扩展及延伸,阐述了新技术对教育理念、教育形式,以及整个教育产业的变革产生的影响;第4章"互联网+教育技术引领"介绍了以云计算、物联网、大数据、人工智能、移动互联网为代表的新一代信息技术，阐述了其对教育发展的巨大引领作用；第 5 章"互联网+教育技术应用"介绍了支撑教育的互联网基础技术，以及构建一个良好的教育应用系统涉及的技术及其发展趋势；第 6 章"互联网+教育智能化"介绍了前沿智能化技术在教育领域的应用情况；第 7 章"面向教育实际需求的技术应用"介绍了开源软件 edX 平台和 Moodle 平台及其应用案例，展现了网络信息技术改变教师"教"与学生"学"的效果与案例。第 8 章"互联网+教育实例"以本书编写团队在开展大规模在线教育过程中开发的雨虹学网为典型案例，对平台基本信息及运营情况等进行介绍；第 9 章"互联网+教育支撑产业发展"揭示了互联网+教育对我国现代产业发展的支撑作用，为读者勾勒出其在现代产业各领域的应用场景，以及互联网+教育今后的发展方向。

其中，第 1 章由刘云玲、阚道宏撰写；第 2 章由张领先撰写；第 3 章由张彦娥、冀荣华撰写；第 4 章由赵明撰写；第 5 章由郑立华撰写；第 6 章由李辉、陈瑛撰写；第 7 章由吕春利撰写；第 8 章由高万林撰写；第 9 章由王晓红撰写。全书主编为高万林。

在编写过程中，本书引用了部分参考资料中的相关数据，在此特向有关作者表示深深的谢意。感谢电子工业出版社董亚峰对本书编写工作提供的帮助，他辛勤的劳动是本书能顺利出版的关键。

由于编者水平所限，书中错误在所难免，欢迎读者批评指正。

高万林

2019 年 6 月

目录 / Contents

第 1 章
Chapter 1
互联网+教育概述

教育，是在一定社会背景下发生的促使个体社会化和社会个性化的实践活动，是教育者根据一定的社会要求和年青一代身心发展的规律，对受教育者进行的一种有目的、有计划、有组织地传授知识技能、培养思想品德、发展智力和体力的活动，并通过这种活动把受教育者培养成能为社会服务的人。

关于教育，很多名人和教育家都阐述过他们的观点。《大学的观念》（*The Idea of A University*）的作者约翰·纽曼认为："只有教育，才能使一个人对自己的观点与判断有清醒和自觉的认识；只有教育，才能令他阐明观点时有道理，表达时有说服力，鼓动时有力量；教育令他看清世界的本来面目，切中要害，解开思绪的乱麻，识破似是而非的诡辩，撇开无关的细节；教育能让人信服地胜任任何职位，驾轻就熟地精通任何学科。"

假如把教育比喻成产业的话，教育的产出是人，是具有独立人格、能生存、能担负一定社会责任并为社会做出贡献的人。

网络等现代信息技术的发展带来了知识碎片化，信息传播的形式已经是知识传播的方式之一，而智能和感知技术给人类知识的积累与认知方式注入了新的内容。这些新技术的发展对人才能力的需求在演变，对教育内涵的影响也有突破性的变化。这种形势在不断提醒我们，教育的目的不是学会知识，而是习得一种思维方式。

1.1 互联网+教育与教育信息化

教育的一般问题随技术的引入而不断发展。以信息化为核心的新技术革命对人类的冲击比之前的机械化和电气化来得更为凶猛。它不仅仅带来人生活方式的改变，还带来了知识爆炸。知识爆炸是对人类思维的冲击，这种冲击对教育的影响显然比之前几次技术革命要大得多。

20 世纪 80 年代的畅销书《第三次浪潮》对信息化的影响做了分析和展望，并总结了传统工业革命对教育的影响："自 19 世纪中叶第二次浪潮掠过各个国家后，人们发现了一项无情的教育进展：孩子进入学校的年龄越来越早，在学校的年限越来越长，义务教育的时间不可避免地延长了。""大众教育显然是一项人性化的措施。1829 年一群技术人员和工人在纽约市宣布：'除了生命和自由，我们认为教育是人类享受到的最大福祉。'然而，第二次浪潮的学校把一代一代的年轻人制作成电机科技和装配线所需的顺从划一的工作人员。"该书同时也论及了"第三次浪潮"的特点，并分析了对教育的可能影响。其认为，真正的"第三次浪潮"，更深刻地改变了人们对知识在几百年中形成的认识。更加详细的技术细节知识，使人系统化地掌握全部知识已经越来越困难，甚至有些不可能；同时，碎片化学习成为当前网络在线学习的主要形式，这已经影响了信息化时代成长起来的人的思维方式。

"信息化"一词最早于 20 世纪 60 年代出现在日本的一些学术文献中，其对应的英文词汇为 Informationization。1993 年 9 月，美国克林顿政府正式提出建设"国家信息基础设施"（National Information Infrastructure）计划，俗称"信息高速公路"（Information Superhighway）计划。在其带动下，许多发达国家和发展中国家相继出台了一系列国家信息基础设施建设规划，从而掀起了全球信息化建设的浪潮。1997 年，我国召开的首届全国信息化工作会议对信息化的定义为："信息化是指培育、发展以智能化工具为代表的新的生产力并使之造福于社会的历史过程。"

2012 年，美国的 Coursera、Udacity 和 edX 三大平台强势推出 MOOC（Massive Open Online Courses，大规模开放式在线课程，也称慕课）教育模式，掀起了教育信息化的新浪潮。从 2013 年起，我国的教育部门和大学陆续开始开发、建设基于三大平台的 MOOC 教育网站，比如爱课程网、清华大学开发的学堂在线、中国农业大学开发的雨虹学网等。中国大学 MOOC 于 2014 年 5 月 8 日正式开通，截至 2017 年年底，其已联合 147 所高校，推出了 2000 多门 MOOC 课程，选课人次超过 2500 万，注册学生人数超过 1100 万，超过 160 万师生在讨论区发言。

信息化技术的发展使基于互联网的相关技术已经与教育密不可分，且互相作用，并使教育进入一个新阶段，即互联网+教育阶段。下面介绍几个有趣的小故事。

可汗的故事：萨尔曼·可汗毕业于美国著名的麻省理工学院（MIT），毕业后就职于一家基金公司，成为一名白领。2004 年，可汗上七年级的表妹纳迪亚在学习数学时经常遇到疑难问题，就向素有"数学天才"之称的可汗求助。可汗通过简单的聊天软件、互动写字板和电话对表妹进行辅导，为她解答各种数学问题。后来，可汗将这些数学辅导内容制作成视频，放到网站上，这些视频很快就受到了网友们的热捧。成为"网红"之后的可汗又开始尝试制作科学、计算机等科目的辅导视频。2007 年，可汗正式创建了一家名为"可汗学院"的非营利性网站。除了视频授课，"可汗学院"还提供在线练习、自我评估及进度跟踪等学习工具。可汗说："我希望可汗学院是一个独立的虚拟学校，所有人只要想学习，就可以来到这个平台。学生可以按照自己的步调学习。"

特隆的故事：塞巴斯蒂安·特隆是美国斯坦福大学的终身教授。2011 年，特隆和同事彼得·诺维格教授决定，把他们在斯坦福大学讲授的"人工智能导论"（Introduction to Artificial Intelligence）课程放到网上。短短数月，这门课程就吸引了 190 多个国家约 16 万名学生注册。特隆还告诉本校的学生，如果不想去课堂听课也可以在网上学习。结果，超过 3/4 的本校学生选择了后者，在寝室里看视频、做练习。出人意料的是，这届学生的期中考试成绩比以往的平均成绩要整整高出一个等级，似乎学生更愿意在网络上学习。

中国大学 MOOC 的网友留言：我是一个上班族。全是因为兴趣爱好，想要学习 IT 并能够开发软件才选修了您的"C++语言程序设计"课程，全靠上下班路上的时间学习。通过网上跟着老师学习和练习，感觉能更容易、更系统地掌握 C++知识，而自己自学很难做到这点。

从以上几个小故事可以看出，互联网+教育已从梦想走向现实。互联网技术的应用促进了教学模式的多样化，例如，"可汗学院"可以像家教一样辅导中小学生的功课；大学老师可以将大学课堂拓展到校外，同时也提升了在校生的学习兴趣和学习效果。教育互联网化为"终身学习"提供了一种便捷有效的途径。

1.2　我国教育信息技术应用历程

1.2.1　教育信息技术应用起步阶段

我国在 20 世纪 80 年代兴起了广播电视教育，这一远程教育方式和中央电视大学在世界上享有盛名。20 世纪 90 年代，随着互联网的出现和广泛使用，越来越多的教师将他们的课程框架、讲稿笔记和阅读清单等放在 Web 上供学生浏览，并利用 E-mail 等通信工具与学生交流，使得教育远程化，从而产生了以信息和网络技术为基础的现代远程教育。

1994 年年底，在原国家教委的主持下，"中国教育和科研计算机网（CERNET）示范工程"由清华大学等 10 所高校共同承建。这是国内第一个采用 TCP/IP 协议的公共计算机网。1996 年，清华大学王大中校长率先提出发展现代远程教育。1997 年，湖南大学首先与湖南电信合作，建成网上大学。清华大学则在 1998 年推出了网上研究生进修课程。1998 年 9 月，教育部正式批准清华大学、北京邮电大学、浙江大学和湖南大学为国家现代远程教育第一批试点院校。2000 年 7 月 31 日，31 所试点高校在北京成立了"高等学校现代远程教育协作组"，以加强试点高校间的交流与合作，促进教育资源的建设与共享。2001 年 7 月，教育部继续扩大现代远程教育学院的试点范围，院校从 38 所扩至 45 所。

在这一阶段，新的技术刚刚应用到教育领域，有很多局限性，人们的接受程度也有限，因此，远程教育定位为传统教育的一种补充。在这一阶段的远程教育模式中，教师以教育资源的形式或学习帮促者的身份与学生保持着一种准永久性分离的状态；而学生与教育组织机构（教师）或学生与学生之间通过建立双向或多向通信机制保持即时会话。

该阶段的远程教育主要实现了教学资源的快速传递，学生可以随时随地点播音频、视频课件，查阅电子教案等教学内容，完成在线作业等。其主要特点是以课件为中心，即进行教育资源的网上电子展示，强调的是管理。在该阶段，远程教育存在区域发展不均衡、人才紧缺、教学模式单一、教学交互性差等问题。

1.2.2　教育信息技术应用的扩张和提升阶段

截至 2012 年，教育部共批准了 68 所普通高校和中央广播电视大学开展现代远程教育试点工作，开展网络学历教育和非学历教育，探索网络教学模式和网络教育的管理机制，建设网上资源等。试点高校现代远程教育开设了 299 种专业、1560 个专业点，覆盖了工学、理学、文学、法学、管理学、农学、医学、教育学、经济学、历史学、哲学 11 个学科门类，办学类型包括本专科、第二学历等学历教育，以及研究生课程进修班、专业能力培训、职业技术培训、资格证书培训等非学历继续教育。截至 2012 年，全国累计招收网络本专科生近 1500 万人，毕业学生 600 多万人，开展专业技术人才非学历教育培训数千万人次。试点高校的软硬件环境也取得了重大发展，共建成各类网络教学服务平台 300 多个，通信系统 3000 多套，卫星系统、互联网系统得到充分发展，为现代远程教育的开展创设了良好的软硬件环境。

这一阶段的远程教育规模已初见端倪。基于在线教育的特点和优势，网络学校受到越来越多人的认可，各类新兴的网校及相关网站也不断涌现，比如环球网校、233 网校、简单学习网等。这代表网校已经逐渐走进大众的生活并成为一种学习的主流趋势。同时，教育者也意识到网络教育需要根据学习者不同的学习背景、知识基础、学习风格、学习能力等个体差异建立学习者模型，为学习者提供个性化的学习内容，从而提高系统对远程学习者的适应性。因此，其初步探索建立了适合在职人员远程继续学习、自主化学习的教学、管理及支持服务模式，以及现代远程教育的政策和监管体系。

该阶段广泛运用即时通信技术开展在线和离线的教学支持服务，教学平台集成视频会议系统、聊天工具、BSS 讨论系统、内部电子邮件系统，为学生提供学习导航、在线离线课程、答疑辅导、讨论、在线自测等服务，提高了师生之间的互动水平及学生的学习效率。其主要特点是以学生为中心，加强了教学平台的交互功能，强调为学生提供及时有效的服务。通过网络来实现教学过程中的交互，主要有以下几种形式：

（1）使用 BBS 技术，构建课程教学留言板。

学生可以将学习过程中遇到的问题提交到留言板，教师或其他学生可以为其解答。

（2）使用 MSN、QQ、NetMeeting 软件，构建实时辅导室。

这几个软件均是实时信息交流软件，支持文字、声音、视频、电子白板等形式的交流，可以提高教学过程中的交互性。

（3）使用 E-mail 技术，设置教学信箱。

以上两种形式均有实时性要求，如果教师或学生未实时参与，就不能保证事后能收到（看到）相应的教学信息。因此，公开教学信箱的账号、密码，可让学生间相互解答问题。

（4）借助编程技术，进一步加强交互性，实现个性化教学。

编程语言的特点是可根据不同的信息输入产生不同的信息输出。使用 Visual Basic、Flash 等编程语言，根据教学内容、教学进度等，以适当逻辑设置信息群，可达到加强交互性的目的。

不过，这个阶段尚未产生可以证明信息技术对教学有实质性提升作用的例子。因为这个阶段没有促成真正的变革和融合，更多的是考虑信息技术在课中和课后的应用。也就是说，其利用信息技术继续做传统教育的事情。

1.2.3 互联网+教育融合应用阶段

2015 年，教育信息化程度进一步加深，互联网在教育领域的应用继续蔓延，其主要任务是将各类新兴的信息技术应用到课堂和日常教学活动当中。在这个阶段，人们意识到所有人都离不开教育，而在信息化爆发式发展的趋势下，在线教育越来越凸显出优势：①在线教育可以突破时间和空间的限制，提升学习效率；②在线教育可以跨越因地域等方面造成的教育资源分配不均问题，使教育资源共享化，降低学习门槛。

以基础教育为例，相比 2011 年只有 25%的学校能够连接到互联网，2015 年已有 85%的学校能够连接到互联网，但带宽还不够高。初步统计，只有 6%的学校网络带宽达到 100Mbps 以上，因此，资源共享的程度和网络连接的速率受到影响。现在各类资源，如电子书、电子教材、校本资源、国家资源等已经进入学校。据统计，目前 1/3 的中小学校都建立了自己的校本资源库，并积极开展"一师一优课，一课一名师"活动，产生了大量的教学资源，聚集在国家教育资源公共服务平台上。每位学生、教师、家长、政府管理人员都可以建立自己的学习空间，使用学习空间进行资源共享及联合教研，学习空间在教学中的应用已经成为某些机构或组织的常态。学习空间在职业教育中也同样得到广泛应用，如湖南省在职业教育云平台建设方面取得了很好的成效，省内所有职业学校全部开辟了云空间，实现了资源共享。学习空间在高等教育方面的应用典范是 MOOC，包括清华大学、北京大学、中国农业大学、上海交通大学等学校都建立了 MOOC 平台。

下面以中国农业大学的 MOOC 平台建设为例介绍。中国农业大学于 2001 年被教育部批准为现代远程教育试点高校，先后在全国 25 个省、自治区、直辖市建立了 100 余个校外学习中心，开设了 22 个专业、400 多门网络课程，组织编写网络教育系列教材和讲义 100 多套，培养网络教育本专科毕业生 10 余万人。2003 年，中国农业大学牵头整合全国农林高校科技与教育资源，成立了高校农业科技与教育网络联盟（以下简称农科教联盟），开通了农科教联盟总网站和各合作高校、示范基地分网站，培训农民、农村干部和党员 50 多万人。2011 年，中国农业大学被教育部授予首批"高等学校继续教育示范基地"和"普通高等学校继续教育数字化学习资源开放联盟"单位，先后荣获教育部"十年网络教育贡献奖""国家精品课程（网络教育）建设组织奖""网络教育教材建设奖""优秀网络课程推广奖"等，并连续被新浪网、新华网等多家媒体评为"全国十大品牌网络教育学院""最具社会责任感远程教育学院""最具社会影响力网络教育学院""十佳网络教育学院"等。2014 年，中国农业大学组织全国农林类院校成立了"农林院校大规模在线教育联盟",充分利用云计算技术和 MOOC 平台,推动农林院校大规模在线教育教学共享资源建设。

在这个阶段,互联网技术发展迅速,教育处于互联化阶段,教育与互联网技术进入全面融合阶段。这个阶段真正利用信息技术重塑教育、创新教育生态、创新教与学,将过去以教师为中心、以教材为中心、以课堂为中心、以考试为中心的四个中心,转变为以学生为中心、以学为中心、以能力培养为中心、以过程评价为中心的新的四个中心。学习者利用社会化教学平台,通过智能化搜索引擎、RSS 聚合、博客、Wiki 及其他社会性软件等,建立属于自己的学习网络,包括资源网络和伙伴网络,并处于不断增进和优化状态。学习资源是集体智慧的分享与创造。

1.3　互联网技术的应用对教育的促进与影响

互联网技术的应用对教育的促进与影响主要体现在以下几个方面。

1.3.1　教学模式趋于多样化

教学模式是关于教学的理论化操作样式,是从教学原则、教学内容、教学目标、教学过程、教学组织形式到教学评价的整体模型。学校教育通常采用"课堂授课—课外作业—复习答疑—结课考试"的教学模式。这种模式千篇一律,所培养的学生习惯于被动接受,缺乏主动性。教育学家一直在积极探索,分别从哲学、心理学或生理学等不同角度对教学模式进行改进与创新。

信息技术、互联网技术、移动技术等现代信息技术在教育领域的应用极大地拓展了教育的时空界限,改变了教与学的关系,推动教学模式朝着多样化的方向发展。

以下是几种具有代表性的基于"互联网+"的现代教学模式:

1. MOOC 教学模式

MOOC 教学模式突破以往"课表+教室"的时空限制,多渠道拓展了教学资源,并能够提供个性化教学环境。其主要特征如下:

1)大规模

大规模主要体现为学习者人数多;参与教师多并能以团队方式参与课程建设;平台具有大量可供选择的网络课程。

2）开放

开放主要体现为学习者没有身份限制；具有开放的教学形式和课程资源；具有开放的教育理念。

3）在线

教师可以随时随地将课程、教学内容与资源上传到网络平台。学习者只要具备上线条件就可以随时随地学习，并能够及时得到学习反馈和学习效果评价。网络平台可以实时记录学习者的学习轨迹。

MOOC 教学模式为传统教学系统中基本要素（教师、学生、教材）之间的相互作用提供了更多选择，不同的优化组合可以建构出新的教学模式。另外，MOOC 教学模式可以突破传统教学时空限制，拓展教学信息资源，扩大教学信息交流范围，提供个性化教学环境，从而为建构新型教学模式提供了技术条件。

2. SPOC（Small Private Online Course，小规模限制性在线课程）教学模式

SPOC 中的 Small 和 Private 是相对于 MOOC 中的 Massive 和 Open 而言的。Small 是指学生规模一般为几十人到几百人；Private 是指对学生设置限制性准入条件，达到要求的申请者才能被纳入 SPOC 课程。SPOC 教学模式的基本流程是，教师把在线视频和习题当作家庭作业布置给学生，然后根据学生所遇到的问题有针对性地安排课堂教学活动；学生必须保证学习时间和学习强度，参与在线讨论，完成规定的作业和考试等，且考试通过者才能获得学分。SPOC 教学模式具有以下优势：

1）提高教学质量

SPOC 教学模式不是简单地照搬 MOOC。课堂教学在 SPOC 教学模式中占据主导地位。SPOC 课堂的教学活动以答疑、讨论为主，并引入问题探索，培养学生运用知识解决问题的能力。在学校，课堂学时是宝贵的。SPOC 课堂的重点从"知识的传授"转变为"知识的吸收与内化"，而学生观看视频等知识传授活动通过线上完成，时间是灵活的，方式是自由的。这样学生学习更具有主动性，参与度更高，学习效果也更好。SPOC 教学模式可以有效平衡因材施教和整体教学质量这两方面。

2）降低教学成本

SPOC 教学模式利用作业自动评判和学习轨迹追踪技术，将教师从烦琐的重复性劳动中解放出来；利用大数据技术，更方便地开展教学评估，降低教学管理成本。

3）提升学校软实力

SPOC 教学模式能够为不爱表达的同学提供一条网络交流渠道，加强师生之间的互动；能够通过课程论坛促进同学之间的交流，互帮互学，形成良好的学习氛围。

3. 混合式教学模式

在线教学模式和课堂教学模式各有千秋，网络环境下的混合式教学模式则融合了这两种教学模式的优势，把"以学为主"的教学设计和"以教为主"的教学设计结合起来，打破了传统学校教育的课堂教学模式，同时也突破了在线教学模式无法实时有效地沟通和交流的局限，是一种全新的教学模式。

加入信息元素的混合式教学模式，使传统教学课题的结构发生了根本改变。过去同步递进的大班教学，使很多接受能力慢的学生因赶不上老师进度而逐步产生厌学思想，甚至放弃学习。相比之下，混合式教学模式通过互联网环境，使学生多了课前预习及课后补习的渠道，并使学生可以在网络上得到知识，课堂上更多的是师生互动、答疑解惑。混合式教学模式需要集教学内容发布与管理、课堂教学、在线教学交互、在线教学评价、基于项目的协作学习、发展性教学评价和教学管理等功能于一体的网络教学平台来支撑。目前国内较流行的通用网络教学平台有 4A、清华教育在线、电大在线、网梯教学平台、安博在线等，国外则有 WebCT、Blackboard、UKeU、Frontier、Learning Space 等。

4. 微学习教学模式

微学习（Microlearning）教学模式指的是微观背景下的学习模式。提出微学习概念的林德纳认为，微学习就是一种存在于新媒介生活系统中的基于微内容和微型媒体的新型学习形态。微学习区别于微课程，微学习处理的是相对较小的学习单元及短期的学习活动。微学习教学模式把知识分解成小的、松散的且相互关联的学习单元，即碎片化但成系统、有组织的学习内容，然后学习者通过较短的、灵活的学习时间开展学习活动。其学习过程基于微型媒体工具，如手机、平板电脑等。微学习的核心理念是：随时随地学习，想学就学。

名校、名师、精品、开放、免费和移动，现在已经融合并发酵出了 MOOC、SPOC、混合式、微学习等教学模式。发酵还在继续，未来还会出现什么，让我们拭目以待！

1.3.2 教师教学方式发生转化

"我能在网上看到全球最好的老师了，为什么一定要来听你的课？"这名学生的话会引起所有教师的思考。

互联网+教育模式的核心理念是共享和开放，其目的是实现教育资源价值的最大化。与传统视频公开课不同的是，在线课程能够提供学习者完整的学习体验，从电子化的教学大纲、教材，到在线教学视频、答疑、讨论和最终的学习评价，覆盖了完整的学习过程。

开设一门在线课程，教师的工作主要分两个阶段。第一阶段是课程内容建设。教师要根据在线课程的特点重新组织教学内容，录制教学短视频，并提供可自动评判的在线练习题。第二阶段是按教学大纲发布课程。学生按进度自主学习，而教师的主要工作是跟踪学习情况，及时提供在线答疑，并参与或引导学习讨论。可以清晰地看到，教师的教学方式和方法正在发生剧烈的变化。

1.3.3 学生学习方式发生转变

互联网+教育教学模式是以学生为中心开展各项教学活动的,学生是学习的发起者,而教师是引导者。学生在学习方式上必须有所转变,才能真正有所收获。

1. 明确学习动机和预期

互联网是一个开放的世界,在线教育网站上的课程百花齐放。作为互联网+教育时代的代表性产品,MOOC 很热门也很尴尬。据统计,在免费、开放、自由的学习环境下,90%的学生不能完成在线课程的学习,中途辍学。网络课程的辍学率为什么这么高?教育技术咨询专家和分析师 Phil Hill 在 MOOC 教学实践的基础上总结出参加在线课程学习的 5 种学生类型:

(1)爽约者(No-Shows)。他们选修了某门在线课程,但从未进入过该课程的学习页面。在网络课程中,这类学生往往是最大的一个群体。

(2)袖手旁观者(Observers)。这些学生登录了课程,也许还阅读了课程内容,浏览了其他学生的讨论,但除了那些插在视频中的强制小测验,他们不会参与其他任何形式的练习、作业或考试。

(3)临时进入者(Drop-Ins)。他们参与某一门课程中的一些选题或一些活动(如观看视频、浏览或参与讨论组),但他们不会去努力完成整个课程。

(4)被动参与者(Passive Participants)。这些学生以消费的方式浏览一门课程,也许观看视频、参加测试、阅读讨论组的内容,但是他们通常不会主动完成课程作业与任务。

(5)主动参与者(Active Participants)。这些学生全身心地参与课程,参与讨论组,并完成绝大多数作业、任务和所有的测验与评估。

如果要从网络学习中有所获,学生首先需要明确自己为什么学习、要学到什么,把自己从爽约者、袖手旁观者、临时进入者、被动参与者转化为主动参与者。只有有了明确的动机和预期之后,学习才是一个自发性的、主动的过程。然后学生可根据自己的兴趣和需要,进入选课环节。

2. 正确选择课程

选课是开始在线学习的第一个环节。每门在线课程都有课程介绍、教学进度、评分方法,也有课程主讲教师的介绍。学生可以选择感兴趣的课程和老师。

和学校课程一样,在线课程也有开课和结课时间,并严格按教学大纲进行教学。学生应按照课程进度参与学习。如果学生仅仅是看视频,初步学习课程知识,每周只需要一两个小时就够了;如果学生希望深入掌握课程教学内容,并能够通过课程认证,拿到证书,那就需要投入较多的时间。通常,在线课程每周需要投入的时间不会超过 8 小时。除了查看课程公告,观看教学视频,做练习题、单元测验、单元作业和考试,课程的论坛讨论也是在线学习过程中的重要活动。提出问题并与老师讨论,能够让学生有效地吸收并内化知识。观看其他同学的帖子并积极参与讨论，或者互相评判作业，这些都是在线学习过程中很有意思的事情。在线课程的自动评判技术能让学生实时得到成绩，发现知识盲点。

3. 碎片化持久学习

当今社会，每天信息都在呈爆炸式增长，知识更新快，学习已成为每个人生活的一部分。利用移动终端等佩戴装置进行碎片化学习成为一种新的学习方式。在线课程一般都是开放的，每个人都可以参与学习，不管是在校生还是在职人员，无论年龄大小，无论贫富强弱，只要注册一个账号就可以开始学习之旅。

1.4　互联网+教育的机遇与挑战

1.4.1　教育由线下向线上发展

图 1-1 所示为前瞻产业研究院发布的《中国在线教育行业市场前瞻与投资战略规划分析报告》中给出的 2018 年在线教育各领域用户使用率，其中高等/学历教育、职业/资格培训及 K12 教育占比较大，是需求旺盛的领域。

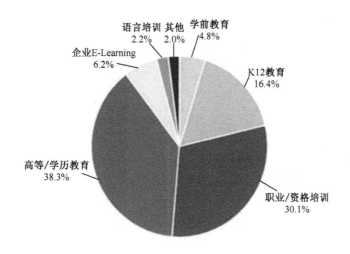

图 1-1　2018 年在线教育各领域用户使用率

图 1-2 所示为 2014—2018 年中国在线教育市场规模，从中可以看出，中国的在线教育市场规模逐年上升，一直保持稳定的增长率。

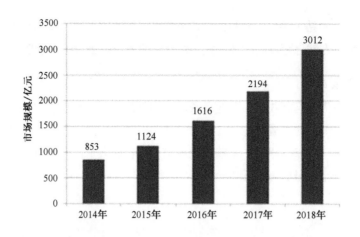

图 1-2　2014—2018 年中国在线教育市场规模

图 1-3 所示为互联网+教育的行业图谱。在职业教育方面，2015 年 2 月，"网易云课堂"上线了以就业为导向的微专业，每门微专业都根据热门工作岗位需求进行定制，用精练的课程体系来确保用户能掌握某一岗位的技能。在高等教育方面，2014 年，网易与高等教育出版社合作推出了中国大学 MOOC，其以建设顶尖中文慕课平台为宗旨。同年 4 月和 6 月，紧跟移动化浪潮，中国大学 MOOC 推出 Android 和 iOS 客户端，而后其增设讨论区、引入 SPOC、上线职教频道等动作，则分别解决了传统 MOOC 在互动性、完成率、实用性上的缺陷。

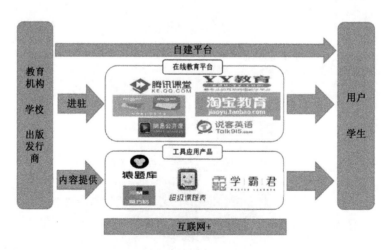

图 1-3　互联网+教育的行业图谱

2015 年，百度改变了从前以泛知识产品和核心教育产品两大类产品为核心的发展路径，转而以用户年龄为分界点，主攻 K12 领域的学生用户与 18～30 岁的偏职业群体。在 K12 领域，由"百度知道"孵化出的产品作业帮在 2015 年动作不断。作业帮是百度针对中小学生的题库应用，上线时曾被认为是"垂直教育版的百度贴吧"。随着猿题库、学霸君、一起作业网等同类应用的不断上线，K12 题库应用市场呈现白热化的竞争态势。

拥有 QQ、微信两大社交产品的腾讯，在 2015 年 7 月率先推出以校园号为载体的 QQ 智慧校园，并在五所高校开展试点。QQ 智慧校园涵盖学校的信息安全、学校管理、教务教学、校园生活四方面，方便教师和学生进行教学活动。同年 10 月，腾讯又以微信为基础，发布腾讯智慧校园，旨在为各类学校提供一体化互联网智慧解决方案。其分为幼儿园版、中小学版、高校版三个版本。除了依靠本身产品布局，腾讯还以投资的方式，弥补了自己在题库和 O2O 领域的短板。

淘宝教育是阿里巴巴在线教育布局的唯一核心自有产品，其前身是"淘宝同学"。升级后的淘宝教育延续了阿里巴巴的电商基因，除了青白相间的页面色调不同，页面的其他设置与淘宝网别无二致。其课程数量、类别都比较丰富，而且像"聚划算""秒杀"等促销方式也在淘宝教育上屡见不鲜。淘宝教育还上线了"乡村云端计划"，通过公益的在线直播课的方式，将城市里优质的教育资源与缺乏师资的农村进行对接。

2015 年 4 月，新东方先是与国外在线教育巨头 Coursera 开启战略合作，紧接着战略投资了机器人教育平台"乐博乐博"和成立了新东方百学汇教育咨询有限公司，这两个项目也成为新东方的素质教育空间计划中的重要组成部分。之后，新东方在线正式发布 B2B 业务品牌——"新东方教育云"，全面整合旗下 B2B 业务，开启品牌化之路。2015 年 6 月，新东方再次调整旗下业务布局，整合集团的国内项目管理中心、新东方在线的国内考试项目部和各个新东方学校的国内部，成立了新的国内大学项目事业部。另外，新东方与 ATA 的合资公司职尚教育旗下的在线职业教育网站"直上"也如期上线。

总之，传统教育机构一方面希望借助在线教育契机开拓线上业务，另一方面也希望借助互联网力量优化升级线下业务，并借助 O2O 模式撬动在线教育市场。

1.4.2　教育成为移动端应用的生力军

智能终端的普及率逐年提高，2010—2018 年中国智能手机保有量如图 1-4 所示。手持智能终端的极大普及使得移动学习（M-Learn）成为新兴的教育战场。移动学习是指利用现代通信终端，如手机、平板电脑等移动设备进行远程学习。

采用移动学习方式，把课程划分成精心提炼的章节，分段按时推送，对学生来说非常灵活方便。无论是在出差路上，还是在机场车站；无论是等候间歇，还是片断时间，随时随地打开智能手机和平板电脑登录移动学习平台，学生就可以方便地浏览最新资讯、阅读新书、学习课程。

虽然移动学习从诞生到今天没有多长时间，但相关的研究项目已经有很多了。除了英国的 The Open University、德国开放大学（The German Open University）、NKI 等远程教育机构，还有 Ericsson、Nokia 等通信巨头，以及一些专门的组织在开展相关研究。如欧盟委员会 IST（Information Society Technologies）机构资助开展了"泛欧移动学习研究与开发项目"（A Pan-European Research and Development Programme）；国际上最有影响力的 M-Learning 会议是由"MOBIlearn"和"M-Learning"两个项目组（都是由欧盟委员会资助）发起的 MLEARN 年会，会议的参与者主要是所有对利用移动（或无线）设备、网络进行学习感兴趣的人士，包括移动学习的实施者、内容与服务的提供者、软硬件技术的开发者，以及相关的研究人员。

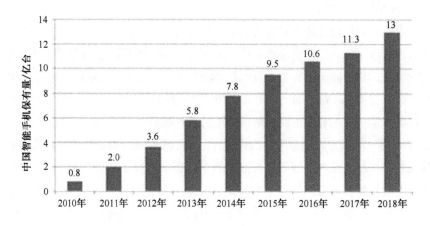

图 1-4　2010—2018 年中国智能手机保有量

可见，虽然目前在线教育的主战场仍是计算机端，但基于移动终端的优势和多屏互动教学方式应用范围的扩大，学生不必再局限于计算机前，而是可利用碎片时间，随时随地进行学习。随着 4G 网络的普及，移动学习用户增势明显，移动学习将逐步成为在线学习的普遍形态。

1.4.3　教育科技的持续革命

迅速发展的自适应学习技术、人工智能技术、虚拟现实技术、语音技术、大数据技术等仍在持续向教育领域注入新的能量，推动互联网+教育不断深化发展。

1. 自适应学习技术

如果要评选近年来的教育技术热词，非自适应学习技术莫属。根据技术专家的观点，自适应学习技术的发展可以分为自适应测试、自适应测量和自适应学习三个阶段。自适应测试阶段可动态调整题目，并能够准确反映被测试者的水平，但不能深入到知识点的层面，从而无法对学生的学习起到指导作用；自适应测量阶段运用更细致的标签和复杂的算法来找到学生在知识点和能力上的缺陷，但无法做到真正的"解决问题"；自适应学习阶段则在发现问题后，能够通过精确的内容推送来解决个性化问题。当然，自适应学习技术目标的最终达成，还需要借助人工智能技术的力量。

2. 人工智能技术

与人类相比，机器的智力水平还很低，但其进步速度十分可观。在一些特定的场景下，人工智能技术已经能够为人类提供很多服务，包括对教育的辅助。机器人可以用于儿童的交流、陪伴和学习过程。2015 年，日本软银正式对外发布了情感机器人 Pepper；海外教育项目 ARTIE 更是直接将机器的情感识别应用到教育场景中。

3. 虚拟现实技术

随着各类或高端或廉价的虚拟现实头戴式显示设备相继面世，虚拟现实教育项目将开始小规模落地开班。虚拟现实技术将抽象内容进行生动化表达，以便学生增加学习兴趣、加深理解程度。

4. 语音技术

目前语音识别的准确度已经由 85%左右上升至 95%以上。除了科大讯飞、云知声等传统的语音技术厂商，新东方、网龙、立思辰等教育龙头和一些上市公司也纷纷开始进军语音技术+教育领域。

5. 大数据技术

马云曾在多个场合强调大数据的作用，甚至提出了 DT（Data Technology）时代的概念，公开表示"人类正从 IT 时代走向 DT 时代"。教育行业的"大数据"仍然处于相当初级的阶段，这在很大程度上是由教育数据的复杂程度导致的。学习行为的多样性、人类思考过程的内隐特征，以及校内/校外、线上/线下的复杂场景，都增加了大数据技术发挥作用的难度。但是作为未来的发展方向，大数据技术将为我们提供学习革命的契机。

1.4.4　"互联网+"带来的机遇与挑战

"互联网+"对教育的影响不容低估，它对教育观念的影响甚至是颠覆性的，或者说它在摧毁所有传统守旧的教育生态，重塑一个开放、创新的新教育生态，我们面临的是一个旧教育生态毁灭、新教育生态重建的时期。"互联网+"让教育从封闭走向开放，打破了权威对知识的垄断，使得人人能够创造知识，人人能够共享知识，人人都能够获取和使用知识。在开放的大背景下，全球性的知识库正在加速形成，优质教育资源得到了极大程度的充实和丰富，这些资源通过互联网连接在一起，使得人们随时、随事、随地都可以获取他们想要的学习资源。知识获取的效率大幅度提高，获取成本则大幅度降低，这为终身学习的学习型社会建设奠定了坚实的基础。

1. 互联网+教育给教师带来的机遇

无论是担任在线课程的主讲教师，还是以学生身份旁听其他教师的课程，教师已经无法像以往一样仅仅做一个知识传授者，而要兼具不同角色。现代教育中的教师必须同时担任知识专家、课程组织者、课程教练及课程学习者这四个角色。在线课堂是一座桥梁，把课堂与社会联通起来，让教师之间、师生之间可以跨地域、跨时区相互观摩、学习和合作，实现教学相长。可见，互联网+教育为教师的成长和发展提供了一个全新的舞台。

2. 互联网+教育给教师带来的挑战

互联网+教育颠覆了教与学的主从关系，充分体现了以学习者为中心、教师和网络共同主导这样一种全新的三角关系。在传统课堂上，教学多是教师讲授知识，学生接受知识，学生课后完成作业并交由教师批改讲评。而在在线课堂上，学生通过观看教学视频课程、阅读相关材料、完成相关练习题来自主完成知识学习。学习完课程内容之后，学生可提出问题并在论坛上发布。教师会根据学生所提的问题，提供在线答疑，并针对不断反映的问题来安排下一步教学活动。这时，教师就不再是单纯的知识讲授者，同时还是课堂的组织者和引导者。教师需要旁听学生的讨论，适时进行引导，在必要时参与学生的讨论。

互联网+教育的教学模式之所以得到很多人的推崇，主要是因为它兼顾了整体学习和个体学习的教学形式，在最大限度地促进个性化学习的同时也保证了整体教学质量。这种教学模式要求教师必须改变原来的工作流程，将备课的重点从研究教学内容转移到研究学生及其提出的问题上。在这种新的教学模式中，信息技术部分取代了教师的作用。例如，教学视频取代了课堂授课，在线教学系统取代了考勤和作业评判。教师目前的工作辛苦而烦琐、社会对教育的要求不断提高、教师需要掌握前沿知识和更先进的教育理念，这些都要求教师能面对挑战并尽快转变自己，顺应时代的发展，积极探索互联网+教育教学模式，变被动为主导。

3. 教师应积极面对互联网+教育

信息技术是教师的利器。可汗学院的创始人可汗认为，互联网教学平台提供的在线教育服务不仅不会使教师失业，而且能使教师获得更多的自主权。例如，在线教学平台除了教学视频，还有相应的习题、测验。通过习题和测验，教师能清楚地了解学生对知识的掌握程度，使教学更有针对性。丰富的在线课程为教师提供了免费的学习观摩机会，海量的教学资源也为教师提供了大量的教学素材。大数据技术能使教师准确了解学生的学习效果，从而使教学工作更主动、更有效率。教师要充分利用信息技术，积极面对这一时代潮流。在新的时代，教师个人的知识独特性将成为核心竞争力。教师应积极面对互联网+教育，以开放的心态去把握这次机会，从而使自己的职业发展空间获得巨大的拓展。

1.5　小结

在正规的学校教育中，信息化使以教师为中心、面对面、以黑板和粉笔为媒介的传统教学模式受到了强大的冲击。多媒体、网络等信息化技术手段的应用不仅使课堂教学更加生动、新颖、有效，也带来了教学的新模式和新理念，使得教育从内容和形式上都在发生巨大的变化。在"互联网+"的冲击下，教师和学生的界限逐渐交叉。在传统的教育生态中，教师、教材是知识的权威来源，学生是知识的接受者，教师因其拥有知识量的优势而获得课堂控制权。但在"校校通、班班通、人人通"的"互联网+"时代，学生获取知识已变得非常快捷，师生间知识量的天平并不必然偏向教师。此时，教师必须调整自身定位，让自己成为学生的学习伙伴和引导者。在"互联网+"的冲击下，教育组织和非教育组织的界限也已经模糊不清，甚至有可能彻底消失。社会教育机构的灵活性正对学校教育机构发起强有力的冲击。育人单位和用人单位也不再分工明确，而是逐渐组成教育共同体，共同促进教育协同进步。

互联网+教育的时代已经到来。在这个新的时代，如何快速调整自己、挑战自我、迎接学习、赢得人生，是我们每个人都需要面对的问题。当前各类网络直播课堂层出不穷，依托网络环境，此类直播平台可以实现教师资源和学生资源的无缝对接。任何人都可以通过这类平台自行创建课程当老师，自行规定时间，自行展示课程特色吸引学生，把教学心得知识传播给更多的人；任何人也可以发现课程当学生，根据自己的需求和兴趣自由选择课程，与名师交流，取长补短。数据统计显示，学生在网络直播平台上听课具有更高的参与度与活跃度，以及较小的压力感，从而有助于提升学生的学习效果。当今社会应该成为学习型社会。

第 2 章

互联网+教育解析

互联网+教育的发展过程是信息化教育的发展过程，如果把初期的教育信息化称为教育+互联网，那么从教育+互联网到互联网+教育的过程是互联网在教育领域不断深入、扎根、生长的过程。虽然互联网融入教育领域后尚不可能彻底改变中国的教育形态，但可以预见，未来互联网+教育将推动整个教育产业的优化升级。

2.1　从教育+互联网到互联网+教育

教育+互联网是互联网+教育的雏形，是互联网+教育的早期发展模式。该模式重点在于教育，采用的是传统的教育模式，互联网此时仅是辅助手段和工具。早期在线教育就是典型的教育+互联网模式。所以，教育+互联网就是在传统教育基础上嫁接互联网渠道，无论技术、人才，还是运营管理等，它都与互联网特质相去甚远，产业升级速度缓慢。

随着网络技术发展、网民消费习惯改变，相关团队逐渐开始探索互联网+教育模式。在互联网+教育模式中，互联网思维占主导，颠覆了以往的教学主体、教育模式和运营思路等，并对传统教育体制产生倒逼作用。

从教育+互联网到互联网+教育的转变，我们可以发现，"+"的前后内容互换，其意义非凡。"互联网+"彻底颠覆传统教育模式与教育意识。"互联网+"是动力的工具，能量式的工具，给教育增值的工具。"互联网+"与教育相加，就会使教育产业效率翻转式增加，响应速度也以倍量式增长。也就是说，传统教育手段在互联网的推动下，以互联网为工具，颠覆了传统的教育模式，且倍增了教育产业的效率。而"+互联网"则仍以本我为主，互联网仅作为附加品出现。

可以发现，互联网+教育的内涵是利用互联网办教育，核心特征是开放、大规模、关注人、运营模式颠覆和互联网教育生态形成。其变革主要涉及学习方式、教育观念、教育模式、学习内容、学习评价、学习成果认定等方面。其推进需要激发互联网+教育体系形成的动力，促进其功能实现的机制建立和涉及激励、制约和服务保障机制的形成。从实质上看，"互联网+"对教育的影响主要体现在教育资源的重新配置和整合上。一方面，互联网极大地放大了优质教育资源的作用和价值，使一个优秀老师从只能服务几十个学生扩大到能服务几千个甚至数万个学生。另一方面，互联网联通一切的特性，让跨区域、跨行业、跨时间的合作研究成为可能，这也在很大程度上规避了低水平的重复，加速了研究水平的提升。在"互联网+"的冲击下，传统的因地域、时间和师资力量导致的教育鸿沟将逐步缩小甚至被填平。

2.1.1 教育+互联网面临的挑战

我国现代教育发展历程可分为三个时期,下面将介绍在这三个时期对应的历史条件下,教育+互联网所面临的挑战。

1. 教育+互联网萌芽期,教育远程化:以文本传输为主,教育形式受限,用户体验受限

1994—1996 年,中国互联网刚刚起步,计算机配置、网络速度、宽带基础等都较差,网络普及和接受程度较低,在线教育就在这样的背景下萌芽和发展,教育平台以网校的形式出现。随着互联网的出现及国家的支持,教育机构开始以网络为介质进行远程教育,通过互联网分享自己的师资力量,扩大教育资源覆盖范围。在原国家教委的支持下,清华大学等 10 所高校共同建设"中国教育与计算机示范工程",并提出了"远程教育"的概念。1996 年,101 网校成立,成为首家中小学远程教育网站。

此时的教学形式可以总结为"以文本传输为主,体验有限"。远程教育将教育渠道从线下拓展到线上,但教育形式仍以文本传输为主,教育形式受限,用户体验受限。用户群体主要是由于时间、地域和学历等因素无法接受教育的年轻人,社会对教育普遍接受度不高,更谈不上付费。

2. 教育+互联网短暂繁荣期,教育信息化:网络课程的制作仍然主要依靠教育机构自身,制作成本较高,整体制作精良程度还不高,在线教育企业规模化发展难度很大

这一阶段,国家支持的高等学历在线教育得到发展,民营培训机构也积极转战线上。随着信息技术与基础教育、高等教育紧密结合,高校不断推出在线教育课程,教育信息化建设也引起了国家相关部门的重视。同时,传统基础教育和高等学校的教师、学生成为主要用户,整体市场出现短暂繁荣。

整个市场的规模可以概括为"概念火热,数量过千"。适逢互联网快速发展期,网校概念被热炒,企业和学校都开始关注在线教育的发展。据不完全统计,从 1997 年到 2000 年短短四年内,中国网校数量迅速增至上千家,在线教育市场整体容量逐年提升,但与当时发展更为迅猛的门户网站、电子商务等行业相比,仍显得发展缓慢。这一阶段,学历教育主导市场,教育部进行远程教育试点,并于 1998 年推出了网上研究生进修课程;同年,教育部正式批准清华大学、北京邮电大学、浙江大学和湖南大学为国家现代远程教育第一批试点院校。2000 年,教育部将远程教育试点院校增至 31 所,同时准许高校开设网络教育学院,颁发网络教育学历文凭,这是在线教育发展史上的重要突破,为在线教育未来发展进行了早期的用户教育,也成为当时在线教育市场规模增长的主要动力,占市场规模近 94%的比例。时至今日,高等学历在线教育仍是在线教育市场规模增长的主要动力。同时,民营培训机构转战线上,并获得高等学历经营权限。例如,1999 年成立的弘成教育与 40 多家高校开展合作,为学生提供高等学历教育服务;2000 年,新东方网校正式上线运营,成为培训机构触网大潮的重要节点。

此时的教育形式体现为多媒体化，并且体验得到提升。由于国家对于互联网教育投入持续增加，以及互联网技术的不断进步，在线教育相关技术得以推进和发展，音频、视频等在线教育资源开始出现并快速发展。互联网技术革新增强了用户体验，加之多媒体成为教学载体，使得教育体验得以大幅度提升。但是，网络课程的制作仍然主要依靠教育机构自身，制作成本较高，整体制作精良程度还不高，在线教育企业规模化发展难度很大，远程教育仍在不断地寻求突破。

3. 教育+互联网徘徊期，教育信息化程度加深：教育模式因循守旧，缺乏突破；盈利模式上市火热，盈利成疑

早期的狂热和投机形成了巨大的互联网泡沫。此时的市场规模在徘徊中前进，在整体中实现增长。在线教育整体保持增长，但是高等学历在线教育和企业网校的发展冰火两重天。一方面，高等学历在线教育受到国家政策的支持，稳定增长。2001 年，其试点院校范围扩大至 45 所，2007 年扩大至 68 所。2002 年，奥鹏教育等企业经教育部批准开始提供高等学历在线教育相关服务。另一方面，以企业网校为代表的在线教育，自 2001 年开始随着互联网泡沫破裂急速衰落，在"非典"疫情爆发后发展出现短时间回暖，但整体难掩衰退大势。

但即使在互联网泡沫破裂时期，高等学历在线教育也逆势增长，成为在线教育市场的主要动力，其主要原因在于：第一，学历证书可以直接用于职业提升，可以说是用户的刚性需求；第二，在线教育收费水平比线下培训机构更低，符合用户追求低价的习惯；第三，高等学历人群的网络普及率较高，所以，这部分人对在线教育的接受程度也较高。

这一阶段的在线教育仍然沿袭传统教育理念，缺乏颠覆式创新。虽然教育形式的多媒体化提升了用户体验，但是教育内容仍是简单复制，将传统应试教育的内容照搬至线上，并没有根据互联网用户的群体特征和使用习惯重新设计，因而，用户对在线教育整体的交互性、趣味性的需求没有得到满足。

2007 年，弘成教育在美国上市，此后，职业和高等学历在线教育企业陆续赴美上市，这增强了在线教育企业的资本实力，也提升了整体社会关注度。但是，除了高等学历在线教育这种刚需教育，其他在线教育机构的盈利能力仍然较弱。在线教育企业大部分将在线教育作为线下培训机构的简单补充，或者作为资讯的展现平台，难以吸引用户。同时，互联网泡沫让网络经济受损，加重了在线教育企业的负担。但互联网泡沫带来破坏性的同时，也催生了企业的网络经济意识，让在线教育企业开始重新审视和思考自身的盈利问题，并在摸索中前进，逐渐迎来变革的拐点。

2010—2017 年，各类在线教育平台迅猛增长，表明已经进入教育信息化的快速发展期，而且随着各种信息技术的成熟及其与教育的深入融合，教育+互联网已悄然转变为互联网+教育。

2.1.2 传统教育产业发展瓶颈

一所学校、一位老师、一间教室，这就是传统教育。中国传统教育有其大众化、普遍化的优点，但其缺点也一直为社会所诟病。

传统课堂造就了传统的师生关系。在传统教学中，教师是主动者，是支配者；学生是被动者，是服从者。教师、学生、家长乃至全社会都有一种潜意识：学生应该听从教师，听话的学生才是好学生；教师应该管住学生，不能管住学生的教师不是好教师。师生之间不能在平等的水平上交流意见，甚至不能在平等的水平上探讨科学知识。这样的课堂教学往往过于死板，而大班授课使得这种缺点更加明显。由于教授的学生较多，教师无法与每个学生都好好交流，只能填鸭式教学，搞"一言堂"。而学生即使在学习过程中有自己的看法，也很难和教师进行交流沟通。

"接受式学习"是传统教育的特点之一，是学校教育长期主导的甚至是唯一的学习方式。它的精髓是三个中心：课堂中心、教师中心、教材中心。教师将学习材料作为现成的结论性知识加以传授，而不重复人类发现、形成有关知识的过程，把学生的学习建立在人的客体与受动性和依赖性的基础之上，忽略了人的主动性、能动性和独立性，削减了对学生的创造潜能的开发和创新素质的培养，甚至在某种程度上抹杀了学生的创造力。传统大班授课严重忽视了学生，束缚了学生学习积极性、主动性和创造性的发挥。因此，对很多学生来说，传统授课的环境并不能完全激发他们的潜力，导致其学习成绩自然不尽如人意。从某种程度上来说，采取适合他们的教学方法，可进一步提升他们的成绩。

毫无疑问，中国的传统教育已经不适应现在的互联网时代。无论是网民数量还是网络经济发展的速度，中国都堪称世界第一。《政府工作报告》先后多次提到了互联网、移动互联网等新兴行业，并且提出了"互联网+"这个新概念，这不但提升了一个又一个传统行业的层次，也给每个人带来了机遇、希望与挑战。

那么"互联网+"对于中国教育领域意味着什么呢？它意味着教育内容的持续更新、教育样式的不断变化、教育评价的日益多元。总之，中国教育正进入一场基于信息技术的更伟大的变革中。

互联网+教学形成了网络教学平台、网络教学系统、网络教学资源、网络教学软件、网络教学视频等诸多全新的概念，不但帮助教师树立了先进的教学理念，改变了课堂教学手段，大大提升了教学素养，而且使传统的教学组织形式发生了革命性的变化。正是因为互联网技术的发展，以先学后教为特征的翻转课堂才真正成为现实。同时，教学中的师生互动不再流于形式。学生几乎可以随时随地随心地与同伴沟通，与老师交流。在互联网天地中，教师的主导作用达到了最大限度，通过移动终端，及时地给学生点拨指导；同时，教师不再居高临下地灌输知识，而是提供资源的链接，实施兴趣的激发，进行思维的引领。由于随时可以通过互联网将教学的触角伸向任何一个领域的任何一个角落，因此，教师的课堂教学变得更为自如，手段更为丰富。当学生在课堂上能够获得他们想要的知识，能够见到自己仰慕的人物，能够通过形象的画面解开心中的各种疑惑时，他们对于课程的喜爱将是无以复加的。

互联网+课程不仅产生了网络课程，更重要的是它让整个学校课程从组织结构到基本内容都发生了巨大变化。具有海量资源的互联网的存在，使得各学科课程内容全面拓展与更新；使得适合学生的诸多前沿知识及时地进入课堂，成为学生的精神套餐；使得课程内容艺术化、生活化变成现实。

有专家认为，当代理想的传媒应该具备两个条件：一是承受得起用户数量的自由增长，二是支持对每个用户进行个性化按需服务，而互联网恰恰满足这两个条件。一张网、一个移动终端、几百万名学生，这就是互联网+教育。微课、MOOC、翻转课堂、手机课堂都是互联网+教育的结果。

总之，"互联网+"第一次纳入国家经济的顶层设计意味着"互联网+"时代的正式到来，教育只有顺应这一时代的需求持续不断地进行革命性的创造变化，才能走向新的境界。面对"互联网+"时代带来的新机遇、新挑战，每个教育工作者都必须坚定信心，解放思想，聚精会神，锲而不舍，全力打造领先于世界水平的"网络新教育"。

2.1.3　"互联网+"对教育的再次信息化

近几年，在大数据、云计算、移动互联网等技术优势的基础上，加上"免费使用"的互联网思维，互联网犹如一场海啸，席卷整个教育领域，掀起了一场改革浪潮。在互联网+教育模式下的人机交互、人工智能等信息技术不仅革新了教育技术，而且对原有的教育体制、教育观念、教学方式、人才培养也是一次深层次的影响。中国互联网教育自 2012 年开始飞速发展，风靡整个教育领域，并在持续发酵中。互联网教育本质是凭借网络和技术的支持，师生即便在分离状态下也能够实行的一种新型教育形式。

互联网+教育推动教育信息化的一个产物是智慧教育，它将现代信息技术与教育深度融合，从而促进教育改革与发展。智慧教育凭借低网络成本、方便快捷性及数字化传播的优势来改变教育，为学生提供特定的个性化服务。智慧教育的核心为"智能"，所以，智慧教育学习环境的搭建是重点。北京师范大学黄荣怀教授指出："要以智慧学习环境重塑校园学习生态。"智慧学习环境是一种能感知学习情景、识别学生特征、提供合适的学习资源与便利的互动工具，并能自动记录学习过程和评测学习成果，以促进学生有效学习的活动空间。智慧教育的技术特点是数字化、网络化、智能化和多媒体化，基本特征是开放、共享、交互及协作。其本质是以教育信息化促进教育现代化，以信息技术革新传统教育模式。由此可见，在"互联网+"时代，教育凭借信息化及移动互联网技术的力量扶摇直上，实现了教育的数字化、多媒体化、网络化和智能化。互联网促使传统教育脱去陈旧的外衣，绽放出新的光彩。

互联网技术推动了全球教育信息化，国内的教育、培训行业也紧随信息化的步伐，进行教育变革。那么，在互联网技术的作用下，未来教育会发生哪些变革？

1. 多样化教学模式

互联网+教育重新解构了传统的学习模式和教育体制，制订了一套新的教与学的互动模式。与传统的教师课堂讲授方式不同，互联网+教育根据网络辅助教学和互联网教育的发展趋势，满足了学生的需要，为学生提供了多种学习模式，包括体验式学习、协作式学习及混合学习等模式。其中，最具特点的是 4A（Anytime, Anywhere, Anybody, Anyway）学习模式。互联网+教育可以让学习者在任何时间、在任何地点、从任何人那里、以任何方式学习。这种模式颠覆了传统的教与学课堂的过程与规律，改变了人类几千年来以教师为中心的授课模式。有分析人士指出，基于教育即服务的理念，互联网+教育未来将会以标准算法、系统模型、数据挖掘、知识库等为基础，为学生提供个性化、定制化学习服务。互联网+教育采用 O2O 模式，将线上教育与线下教育相融合。在这个过程中，学生对教师授课的依赖性明显减弱。

2. 以学习者为中心的教育

互联网+教育改变了传统的"以教师为中心"的授课形式，转向"以学习者为中心"，为学生提供全方位、个性化、持续的学习服务，从而使学生不再被动地接受课程教师面向全班同学统一进度的灌输，并且教学资源、教学过程、学习评价等越来越以学生为中心，教师的作用也由教学主导变成学生学习的辅助者、服务者。同时，以学习者为中心的教学将从课程教学过程本身，延伸到课程结业后的就业服务和终身学习需求的满足，从而产生个性化的学习。互联网+教育通过收集大量数据，可以全面跟踪和掌握学生的特点、学习行为、学习过程，从而进行有针对性的教学，并且可以更准确地评价学生，提高学生的学习质量和学习效率。这样才会出现真正的"因材施教"，大大提高人才培养质量和成才率。

3. 教育娱乐化

互联网+教育需要解决学生的快乐学习问题。目前很多学者都在研究游戏学习法，它让学生用玩游戏的心态在互联网上学习知识。学习不一定要严肃，如果玩网游就是一种学习，那么学习过程就不会那么枯燥。互联网+教育为学生提供了学习趣味化的机会。

4. 免费教育平台的搭建

互联网+教育可以跨越校园、地区、国家，甚至可以覆盖到世界的每个角落。课程学习将为全球范围内的注册学生提供教学资源与教学过程相融合、交流互动的全面教学服务。所以，优质教育资源平等共享尤为重要。互联网+教育的未来不是将传统课件搬上网络，而是打造一个汇集更多优质课程的免费社区平台，让学生在强烈的学习氛围、强制化的学习状态、真实有效的互动中实现自我增值。

5. 移动学习携带社交网络

移动学习并不是将在线教育的计算机应用程序简单地以浏览器的方式在移动设备上展现，而是要根据教学内容和学习对象，面向智能终端的中小屏幕和学生的碎片时间学习等特性进行教学设计。移动学习携带个人的学习环境和社交网络，为学生提供传统互联网所不具备的移动互联网创新教学功能。

6. 互联网+教育实现社会认证

目前，大多数人上大学、参加培训的一个重要目的是希望得到相应的学历学位证书，以此来得到社会的认可。在互联网+教育模式下，人们自然希望在学习完某门网络课程后，也会被授予证书，也能获得相应的社会认可。MOOC 等使这种需求不再是希望，而是变成现实。

7. 教育大数据应用

随着网络辅助教学的应用普及，教学过程中教师的教学行为、教学过程，以及学生的学习成果等大量数据被网络教学系统记录下来，对这些数据进行综合分析有助于改善和提高教学质量。在未来几年，教育大数据的应用将会在课程教学和教学管理方面创造更大的价值。

2.1.4　从教育+互联网到互联网+教育的跨越

互联网+教育不是在线教育，而是一种变革的思路，是以互联网为基础设施和创新要素，创新教育的组织模式、服务模式、教学模式等，进而构建数字时代的新型教育生态体系。中国传统在线教育发展所坚持的在既有教育框架内强化和完善传统教育的路径已经不再适应"互联网+"时代的要求，因为在线教育在知识生产、传播与消费链条上还没有实现较大突破，单纯依靠技术支撑的教育发展模式已经难以满足需求；质量保证体系的缺失，会导致中国在线教育的质量声誉远远落后于其实际办学水平。因此，需要探索改革教育服务模式与供给方式，进一步提升教育生态系统的生态承载力。"互联网+"时代的教育服务模式应该转向公共服务的新范式。当然，"互联网+"推动的教育变革亦有不同的路径，不同教育领域、类型，以及不同地区只有结合自身特色积极地开展探索与尝试，才能探索出在互联网环境下教育变革与发展的应有之道。

互联网+教育提供了全新的知识传播模式和学习方式，即将引发全球教育的重大变革。可汗学院的成功运营引发了全世界的广泛关注；美国 MOOC 平台的上线更吸引了全球大量用户，并颠覆了传统的以教师为中心、一对多的教学模式。更多的以学生为中心、注重交互性与个性化的教育模式开始出现，如翻转课堂等。另外，在线教育学分认定与学分转换制度也在推进中，这意味教育产业将迎来重大变革和机遇。

教育形式变得多媒体化、互动化，人们可以充分利用碎片化时间进行个性化的学习。目前，系统性的学习以计算机端的录播课程为主，教育成本低，但是由于缺少有效的沟通和监督，课程完成率比较低。一对一直播形式主要用于外语教育，互动性强，课程完成率也高，但是课程单价较高。教育渠道多元化发展，计算机、手机、平板电脑、数字电视及智能设备（如谷歌眼镜）等不断涌现。

从教育+互联网到互联网+教育是巨大的跨越，主要表现在以下几个方面。

1. 市场规模：稳定增长，市场细分

在线教育保持高速增长，2014 年中国在线教育市场规模为 998 亿元，2015 年突破 1100 亿元，2016 年达到 1560.2 亿元，2017 年突破 2000 亿元大关，2018 年达到 2517.6 亿元，预计未来 3～5 年，市场规模增速保持在 16%～24%，增速持续降低但增长势头保持稳健。其增长的主要动力来自高等学历在线教育、语言在线教育、职业在线教育。

高等学历在线教育是主要的增长动力，原因在于其发展时间长，用户接受程度高；可提供学历证书，有利于职业发展；付费率高，人均课单价高。同时，其存在限制增长的因素，包括监管制度不完善、学历含金量和企业认可度降低、在线学历教育固有观念难以转变等。整体来看，高等学历在线教育未来前景广阔。2014 年，国务院取消和下放了"利用网络实施远程高等学历教育的网校审批"，国务院印发的《关于积极推进"互联网+"行动的指导意见》中提出，"探索建立网络学分认定与学分转换等制度，加快推动高等教育服务模式变革"，这些使得高等学历在线教育有了政策助力。

语言在线教育和职业在线教育是第二大增长领域，增长原因在于其课程标准化程度高，可帮用户掌握实用技能，且价格相对于线下优势明显，用户付费意愿强烈。语言在线教育用户横跨各年龄层，市场不容小觑，其内容以英语学习为主，并且系统性语言学习主要在计算机端，而背单词等在移动端，口语类学习则以一对一和 App 为主。职业在线教育受资本市场支持，商业延展能力强，可与招聘行业联合为培训用户推荐职位等。学前在线教育市场规模较小，由于用户人群特殊，且人口规模相对较小，用户付费意愿较弱，但随着二胎政策开放，该市场将有小幅度提升。在内容方面，其现有产品集中在人文知识和语言学习方面，未来自然科学、宇宙、安全、生存技能等方面的学习产品将获得机会；在运营方面，其可与婴幼儿电商、快消品电商相结合。中小学在线教育前景广阔，但目前市场还有待培养，这是因为用户升学压力巨大，接触网络时间较少，而且中小学教学内容存在地域壁垒，各地教材和考卷存在较大差异，产品研发难度较大。

2. 用户规模：高速增长，规模扩大

我国人口众多，教育需求巨大。互联网教育的快速发展和普及，改变了人们获取知识的方式和途径，使其突破了时间和空间的限制，并使知识获取渠道灵活与多样化，从而成为互联网时代教育行业发展的必然趋势。截至 2017 年年底，中国在线教育用户规模达 1.6 亿人，较 2016 年同比增长 12.7%。2018 年，中国手机在线教育用户规模为 1.94 亿人，与

2017 年年底相比增长 7526 万人，增长率为 63.3%；手机在线教育用户使用率为 23.8%，较 2017 年年底增长 0.8 个百分点。截至 2018 年 12 月，通过手机接触在线教育的用户占整体在线教育用户的 96.5%，较 2017 年年底增长 19.9 个百分点。

随着网民数量增长，网络速度提升，在线教育用户规模将进一步扩大。教育虽是一个"慢"行业，获取用户却很快。在线教育企业只有在早期抓住用户，才不会被同质企业所取代。另外，加强用户研究，挖掘数据价值，对于在线教育企业突破单一经营模式、实现跨界经营具有重要意义。

3. 教育投资：各方圈地，投资狂热

在线教育受资本市场热捧，2013 年成了"中国在线教育元年"。受 2012 年美国三大 MOOC 平台（Coursera、edX、Udacity）大额融资的强烈冲击，全球性的在线教育投资热潮愈演愈烈。中国在线教育受到了资本市场、创业先锋、传统教育机构、互联网企业的高度关注。2013 年开始，大量资金流入在线教育行业。一方面，互联网巨头开始运用自己强大的流量优势，布局在线教育市场；另一方面，传统教育机构通过并购、合资成立具有强大互联网基因的在线教育公司，布局在线教育市场。在线教育 2013 年的主要投资领域包括学前教育、中小学教育和语言教育等，2014 年则转向语言教育和职业教育（见图 2-1）。2014 年之后，在线教育投资机构的投资额度动辄上亿元，投资笔数也迅速增加，很多投资机构还设立了在线教育专项投资基金。但很多在线教育初创公司因为无法提供差异化的服务、募集资金困难而夭折；部分公司则因过度烧钱却一直找不到有效的盈利方式而被并购，整个行业出现小规模洗牌。

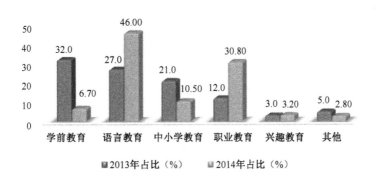

图 2-1　2013 年和 2014 年在线教育投资领域对比

数据来源：China Venture。

4. 未来趋势分析：产业升级，行业变革

在线教育发展非常复杂，各个细分领域在获取用户、开发产品、产品运营等方面都有不同的特点。同时，由于资金、教师、用户资源等重要因素的限制，目前还没有出现一个跨越全行业的、大而全的在线教育企业。在线教育行业整体发展趋势除了**线下教育企业布局线上、战场向移动端转移**，还可见以下端倪。

向二、三线城市渗透。在线教育有利于促进教育公平，实现优质教育资源向下流通。目前，在线教育在一线城市发展火热，但在二、三线及以下城市仍有较大发展空间，这些城市未来将成为在线教育企业抢夺的重点。

直播课堂推动混合式学习兴起。教育形式创新离不开技术进步。在线教育发展初期，在线教育机构大多将视频会议软件直接用于直播教育，但由于其支持同时在线的用户数量较少，无法满足教育和培训需求。虚拟教室的出现和使用，可使成千上万人同时在线，并把真实课堂场景提供给学员。教育的独特性，使传统学习方式与网络化学习相结合的混合式学习模式成为未来的发展趋势。

并购热潮，洗牌开始。在线教育企业经过多年的探索与总结，根据自身的不足，加强企业间的并购联合，以提升市场竞争力。互联网公司在发展在线教育时缺乏内容生产能力，所以其更多关注对教育内容生产方的投资和收购；传统教育机构缺乏互联网基因，所以其急于寻求与互联网公司联合；纯在线教育企业则更多地兼并业务类型相近企业，以弥补自身短板，并获得原有企业的用户。自 2015 年开始，在线教育细分行业逐步开始洗牌。

在线教育经过 20 年的发展，虽然还没有彻底改变中国教育形态，成为教育主流，但是为用户提供了重要的学习补充渠道，让终身教育理念深入人心。现阶段，在线教育不再是简单粗暴的教育"+"互联网，而是开始在互联网基础上探索"+"教育形态，关注用户体验，以用户为核心，且具备很强的互联网特性，符合"互联网+"的发展思路。但我们也认识到，教育行业触网并没有像其他行业那样被迅速颠覆，究其原因，在于目前课程缺乏创新，只是简单地照搬线下，难以吸引用户学习并付费。因此，互联网+教育的发展还需要大刀阔斧的创新，需要国家进一步开放体制内资源，让行业充分竞争，从而实现整个教育产业的优化升级。

2.2　"互联网+"与教育的融合贵在信息技术应用

信息技术的发展对教学理念、教学资源、教学过程、教师的教学方式和学生的学习方式都产生了深刻的影响，尤其是依托信息技术构建的多媒体和网络教学环境，为多元"学与教"方式的实现提供了理想的场所和技术支持。

2.2.1　信息技术应用增强"学与教"的内在关系

随着教育信息化的深入发展，各级各类学校的教学环境、教学资源都得到了极大的改善。信息技术在教育教学中的应用，使得学校对教育信息的处理和管理能力得到了提升，实现了教学信息数字化、信息存储光盘化、信息呈现多媒体化、信息传输网络化，并将逐步实现教学资源系列化、教学过程智能化和教学管理现代化。信息技术的发展对教育教学的影响，以及信息技术环境对"学与教"方式的支持表现在以下几个方面。

1. 信息技术应用创新教学理念

信息技术的发展使得学生获取知识的途径发生了很大的变化。除了从教师和书本中获得知识，学生也可以从网络中检索到大量知识。教师不再是学生知识的唯一来源。学生的知识过去基本上是通过课堂来学习的，老师讲，学生听，然后记忆和理解；而现在，学生可以通过网上检索、通信交流、协同学习，甚至玩电子游戏来获得知识。因此，课堂教学形式受到了挑战。

随着建构主义学习理论的发展，学者对学生学习心理机制的理解也发生了变化。"知识不是通过教师传授获得的，而是在一定的情境下，借助他人的帮助，利用必要的学习资料，通过意义建构方式而获得的。"这个理念逐步深入人心。因此，教师的"传道、授业、解惑"的职能受到了挑战。当传统的教学理念不再适应当前的教学时，新的教学理念就应运而生。

（1）现代教学观。 教学过程可看作师生交流、积极互动、共同发展的过程。在这个过程中，学生是知识积极的探索者和建构者，教师则是学生学习的帮助者和指导者。师生互动有利于培养学生的创新思维和创新能力，促进学生的全面发展。

（2）现代学生观。 学生可看作独立的、有待完善的、发展中的"人"。教育的职责是要把学生培养成为具有完善人格、丰富知识、创新思维和创新能力的一代新人。鉴于此，在信息技术环境下新的教学理念强调师生之间、学生之间的动态信息交流，通过信息交流实现师生互动，相互影响、相互沟通、相互补充，并实现共识、共享和共进，彼此形成一个真正的"学习共同体"。新的教学理念的核心是"交互"——交往和互动。对教学而言，这意味着对话、参与、共同建构；对学生而言，这意味着心态的开放、主体性的凸显、个性的张扬、创造性的解放；对教师而言，这意味着上课不仅传授知识，更要一起分享理解。

2. 信息技术应用创新教学资源

信息技术的发展促使教学资源发生了根本性的变化。其形态除了传统的文字教材和音像教材，还出现了以多媒体计算机和网络为载体的教学课件、专题学习网站和网络课程，构成了立体化的教材体系；再加上印刷品、模型等传统媒体，以及试卷试题与测评工具、文献资料、目录索引和网络资源等，构成了丰富多彩的教学资源。不同的教学资源可以支持不同的教学活动。尤其是教学课件、专题学习网站和网络课程，因其具有丰富多样的信息资源承载形式、灵活方便的交互特点，将被越来越多地应用于信息技术环境下的多元"学与教"方式中。各种教学资源对教学活动的支持作用如表2-1所示。

表 2-1　各种教学资源对教学活动的支持作用

教学资源类型	讲授	问答	演示	示范	传统（面对面）讨论	网上讨论	传统（面对面）探究	网上（远程合作）探究	学生自主学习	真实实验	虚拟实验	练习	操练	传统测验	计算机辅助集体测试	计算机辅助自主测试
印刷品（教科书、柱图）	√	√			√		√		√							
模型	√	√	√	√	√		√		√			√	√			
多媒体素材	√	√	√	√	√		√		√					√	√	√
多媒体课件	√	√	√	√	√		√		√		√	√	√	√		√
网络型课件	√	√	√	√	√	√	√	√	√							
工具（学科工具和通用工具）	√	√	√	√	√		√	√	√	√	√	√	√			
教学案例	√	√	√	√	√		√	√	√					√		
网络课程	√	√	√	√	√	√	√	√	√							
专题学习网站	√	√	√	√	√	√	√	√	√					√		√
试卷试题与测评工具	√	√			√		√		√					√		√
文献资料	√	√			√		√		√					√		
目录索引	√	√	√		√		√		√					√		

3. 信息技术应用创新教学过程

信息技术对教学过程的影响表现在教学内容、教学策略（包括教学模式、教学方法和教学组织形式）和教学评价等方面。

（1）信息技术应用对教学内容的影响。 传统教学内容的组织结构是线性的，在教学中强调由浅入深、由近及远、由具体到抽象的原则。信息技术的运用可以克服线性知识结构的缺陷，使信息具有多种形式、非线性网络结构的特点，以符合学生的认知规律。教师可以运用信息技术并按照人类的思维方式、基于语义网络的理论来组织教学内容，从最初的知识节点出发，把呈网状分布的知识链结成一种多层次的知识结构。学生可以根据自己的实际能力和学习需要来安排学习，充分发挥自己的积极性和主动性。另外，教师可以运用信息技术对教学内容进行结构化、动态化和形象化处理。教学内容可以集文本、动画、声音、图像于一体，使知识信息的来源丰富、内容充实、形象生动且具有吸引力。信息技术的运用能够为学生创造一个宽阔的时域空间，既能超越现实，生动地展示历史或未来的认识对象，又能拓宽活动范围，将巨大空间与微观世界的事物展示在学生面前，还能使教育资源共享变为现实，使学生占有的时域空间不断扩大。

（2）信息技术应用对教学策略的影响。 在信息技术环境下，教师可以利用多媒体计算机创设启发式、引导式的学习情境，充分调动学生的思维，发挥学生学习的主动性，引导学生积极主动地完成学习任务。学生可以利用多媒体计算机和网络开展自主学习、协作学习。师生双方可以通过计算机和网络进行随时随地的交流与沟通，并可以平等地占有资料、交流心得、研讨问题。信息技术从根本上改变了传统的教学结构，使得呈现在学生面前的不再是单一的文字材料和一成不变的粉笔加黑板的课堂，而是多媒体教学资源和教学环境，是学生可以自主学习和协作学习的多媒体网络教学系统（其输入/输出手段的多样化使教学具有很强的交互能力）。多种学习方式交替使用，可以最大限度地发挥学生学习的主动性，并促使学生完成学习任务。在这种形势下，我们不仅要重视教师的"教"法，更要重视学生的"学"法。教学模式、教学方法和教学组织形式的改变，使得教学策略研究成为新课程改革的重要内容。

（3）信息技术应用对教学评价的影响。传统的教学评价主要以考试测验为主，评价主体、评价内容、评价方式都比较单一。新的教学理念要求教学评价主体多元化、评价方式多元化。信息技术正好可以对评价方法和手段提供支持，例如，运用信息技术编写的计算机测试工具，既可用于学生自我反馈，也可用作教师电子测评的手段；利用网络平台的记录、分析功能进行的数据挖掘，可以优化教学过程评价；利用计算机制作的档案袋，可以对学生的成长过程进行跟踪评价，等等。

4. 信息技术应用创新教学环境

信息技术的发展，改变了传统的粉笔加黑板的单一的教学环境，构建了多媒体教室、网络教室、移动网络教室、专用教室，以及校园网络环境和互联网网络环境，使得"学与教"的活动可以在各种适宜的信息化环境中开展。

多媒体教室可以实现多种教学资源的随机呈现；网络教室可让学生使用信息技术工具和网络资源进行自主学习与研究型学习；移动网络教室可以实现不受时间、地点限制的学习活动；专用教室可以满足特殊学习活动的需要。不同的教学环境可以支持不同的教学活动。可以通过选择合适的教学环境，充分利用现有的信息技术软硬件条件，为教学活动提供支持和保障。学校中的信息技术环境还包括教师电子备课室、校园网与学校主控室、录播教室、区域综合性应用平台等公共教学服务环境。教师电子备课室可以为教师提供良好的备课、研讨环境；校园网与学校主控室可以为全校教师和学生提供网络教学平台及教学资源；录播教室可以为师生提供优质课的录制、观摩和研究；区域综合性应用平台可以为学校和本地区的教学、教研提供案例、远程教学观摩及评课，为促进学生、教师、学校，乃至地区教育的均衡、和谐发展，以及为深化教育教学改革做出贡献。

5. 信息技术应用创新学习方式

信息技术在教育教学中的应用，除了影响教学，还会影响学生的学习方式。学习方式是指学生在完成学习任务过程中的基本行为和认知取向。根据国内外学者的研究，学习方式主要有两种：一种是传统的学校教育采用的学习方式，注重学生对知识的接受和独立完成任务，是一种被动的、接受的、封闭的学习方式；另一种是在对传统学习方式进行反思和批判的基础上形成的学习方式，注重学生对知识的积极建构和合作学习，是一种主动的、发现的、合作的学习方式。在教学过程中，这两种学习方式往往同时出现，相互融合在一起，关键要看以哪种学习方式为主，以哪种学习方式为辅。传统的学习方式把学习建立在人的客体性、受动性和依赖性之上，忽略了人的主动性、独立性和合作性。新的学习方式将被动的、接受的、封闭的学习方式转变为主动的、发现的、合作的学习方式，提倡自主与探索，发挥学生的主体意识、创造性和实践能力，从而使学生真正成为学习的主人。

2.2.2 大数据技术提升教学质量

教育大数据是大数据的一个子集，特指教育领域的大数据。所谓教育大数据，是指在整个教育活动过程中所产生的，以及根据教育需要采集到的一切用于教育发展并可创造巨大潜在价值的数据集合。

国务院于 2015 年 8 月 31 日发布的《促进大数据发展行动纲要》指出"数据已成为国家基础性战略资源"，并在启动的"公共服务大数据工程"中明确提出要建设教育文化大数据。由此可见，教育大数据已经上升到了国家战略层面。

1. 教育大数据的战略定位

在大数据时代，教育数据的价值正在被广大教育者重新认识和评估。教育数据不仅是一堆用作统计的简单"数字"，而且是一种变革教育的战略资产和科学力量。

（1）教育大数据是一种教育战略资产。随着大数据理念在全球的发酵，以美国、英国、法国等为代表的发达国家率先将大数据作为新型战略资产，视其为"未来的石油"。数据作为战略资产的观念被越来越多的国家所认可。国际社会纷纷通过"公共数据开放"运动激发数据活力，以期创造更大价值。从理论上讲，任何领域有了人的活动，都可以持续不断地产生大数据，教育领域也不例外。随着全球教育信息化的快速发展，教育数据正在以几何级的规模递增。以一节 40 分钟的普通中学课堂为例，一个学生所产生的全息数据为 5～6GB，而其中可归类、标签并进行分析的量化数据为 50～60MB。除了传统学校产生的教育数据，互联网教育市场每天也在产生海量的教育数据。目前，我国教育规模位居世界首位，仅在校生就有 2.6 亿人。如此大规模的教育必将产生世界量级的教育大数据，而如何发挥这笔"资产"的价值则成为我国教育赶超欧美的关键。教育大数据是一种无形的资产，是一座可无限开采的"金矿"，充分挖掘与应用是实现数据资产增值的唯一途径。在这方面，西方发达国家已经先行一步，我国也应该加速部署教育大数据战略，强化教育大数据战略资产意识，让每个人都成为教育大数据的缔造者和受惠者，并顺应数据开放趋势，通过教育大数据的适度公开，汇集广大民众、企业、政府等多方智慧，使教育数据资产实现不断增值。

（2）教育大数据是教育领域综合改革的科学力量。当前我国教育还不完全适应国家经济社会发展和人民群众接受良好教育期盼的要求，存在一系列发展难题，如中小学生课业负担过重，素质教育推进困难；学生创造力不足；城乡之间、区域之间教育发展不均衡；教育公平问题长期存在；高等教育规模飞跃式扩张导致本科教学质量下滑；各地校园安全事件频发等。改革是解决教育发展难题的唯一途径。党的十八届三中全会提出要"深化教育领域综合改革"，将促进教育公平与提升教育质量、考试招生制度改革和教育管理体制改革作为改革的重点任务。虽然我国教育改革的攻坚方向和重点举措已经明确，但是如何科学、有序、有效地全面推进改革则成为急需解决的关键问题。教育改革是复杂的系统工程，需要综合考虑经济、文化、社会等因素，而大数据最擅长的就是关联分析，即从繁杂的交叉领域数据中寻求有意义的关联。大数据是一股创新的力量，也是一股推动教育领域全面深化改革的科学力量。因此，确立教育大数据的战略地位已是教育领域综合改革的必然要求。改革既要有胆魄，更要有科学依据。教育大数据将汇聚无数以前看不到、采集不到、不重视的数据，对这些混杂数据进行深度挖掘，并将其与其他领域（如公安、交通、社保、医疗等）的大数据进行关联分析。教育决策将不再过度依靠经验、拍脑袋和简单的统计结果，而转向基于数据的科学决策。无论是宏观的制度与体制改革，还是微观的教学方法和管理方式的改革，都可以通过科学的数据分析寻找问题的症结所在，识别不同地区教育发展的独有规律，然后对症下药，实施改革。

（3）教育大数据是发展智慧教育的基石。世界范围内的教育信息化建设正在走向融合创新的深层次发展阶段。在物联网、云计算、大数据、移动通信等新一代信息技术的推动下，世界上多个国家和地区已将智慧教育作为其未来教育发展的重大战略。新加坡在《iN2015 计划》中提出了实施智慧教育战略计划；韩国于 2011 年颁布了"智慧教育推进战略"的国家教育政策；美国在 2010 年发布的《国家教育技术计划》中虽未提到智慧教育，但其倡导在信息技术支持下教育系统的全方位、整体性变革的理念与智慧教育不谋而合。技术变革教育的时代已经到来，从数字化教育转向智慧教育正成为全球教育发展的重要趋势。智慧教育是依托物联网、云计算、无线通信、大数据等新一代信息技术所打造的物联化、智能化、感知化、泛在化的教育生态系统，是数字化教育的高级发展阶段。各种智能型技术是构建智慧教育"大厦"的技术支柱，其中，大数据是实现教育智慧化的灵魂所在。教育大数据汇聚存储了教育领域的信息资产，是发展智慧教育最重要的基础。教育大数据将促进教育发生几个方面的重要转变：其一，教育过程从"非量化"到"可量化"，"学与教"的行为信息将被越来越精确地记录下来；其二，教育决策从"经验化"到"科学化"，数据驱动的决策将变得越来越可靠；其三，教育模式从"大众化"到"个性化"，学习分析技术将赋予教师认识每个"真实"学生的能力，实现因材施教；其四，教育管理从"不可见"到"可视化"，通过可视化技术将实现更直观、更准确、更高效的教育资源与业务管理。

2. 教育大数据的价值体现

在政府、企业、学校、研究机构、行业协会等社会力量的推动下，大数据在社会各行各业的战略价值正在逐步凸显。教育领域的研究者和实践者也在积极探寻大数据技术与教育最适合的结合点与结合方式。教育大数据的最终价值应体现在与教育主流业务的深度融合，以及持续推动教育系统的智慧化变革上。

（1）教育大数据驱动教育管理的科学化。当前我国的教育管理信息化仍属于"人管、电控"的管理模式，智能化程度不高，管理水平和效率有待提升。随着国家教育管理公共服务平台的建设与运营，我国教育数据的采集工作将越来越规范化、有序化和全面化。在大数据时代，教育数据分析将走向深层次挖掘，既注重相关关系的识别，又强调因果关系的确定。大数据技术能够从海量的教育数据中发现隐藏的、有用的信息，反映教育系统中实际存在的问题，从而为做好教育管理和决策工作提供科学的数据支持。大数据在教育管理业务中的应用价值主要体现在三个方面：一是教育的科学决策；二是教育设备与环境的智能管控；三是教育危机预防与安全管理。

大数据除了可以对各级各类教育单位的人员信息、教育经费、学校办学条件、运维服务管理等数据进行图表式统计与分析，还可以基于各级各类教育机构长期的数据积累，整合社会人口分布、经济发展、地理环境等，从各类跨行业操作级的应用系统中提取有用的数据，通过数据统计、指标展现、横向对比、趋势分析、钻取转换等技术方法将数据转化为知识，为各级管理人员的科学决策提供数据支持。美国政府早在 2002 年就通过立法的形式确定了教育数据在支持教育科学决策方面的重要地位。

我国的新课程改革虽然在课程内容、教学方法、教学环境等方面取得了进步，但实际的改革效果远未达到预期目标，其中的原因之一便是忽视了教育数据在课程改革诸多决策上的重要性。可以采取如下措施通过教育大数据来驱动教育管理的科学化：通过设置全方位的传感器，对教育管理过程中的教学活动、人员信息、学校资产及办学条件等数据进行采集、汇总、挖掘与分析，并对数据分析结果进行可视化处理；根据各级各类教育管理机构的需求，建立自上而下的教育管理和调度指令发布功能，对各级各类教育管理机构所需的各方面信息与数据、资产设备、教学活动、企业运维服务管理数据等进行远程可视化质量监控与管理；通过对教育设备的智能化管控，实现设备的科学使用，降低能耗和管理负担，节约开支。例如，江南大学建设了"校园级"智能能源监管平台，该平台通过物联网、通信、信息、控制、检测等前沿技术智能化监管能源，将原来能源管理过程中的"模糊"概念变成清晰数据，从而为管理者提供更好、更科学的决策支持，打造低碳绿色校园。

近年来，校园安全问题已成为社会关注的热点。通过对传感设备所采集的数据及信息系统所汇聚的数据进行实时监控与对比分析，可以对校园的安全运行状况进行预警，以提前预防、妥当处理教育危机，提高教育安全管理水平。此外，大数据在提升学校网络安全、改善教学和科研管理、完善学生救助体系、促进区域教育均衡发展等方面也有极大的应用价值。

（2）教育大数据驱动教学模式的改革。通过应用大数据技术对海量教学数据进行分析与预测，将改变传统千篇一律的教学模式，有利于真正实现个性化教育。以翻转课堂、MOOC等为代表的新型教学模式的成功开展，离不开大数据的支持。通过对学生学习历程记录进行分析，教师能够快速、准确地掌握每位学生的兴趣点、知识缺陷等，从而为设计更加灵活多样、更具针对性的学习活动提供数据支持。传统预设的固化课堂教学将转变为动态生成的个性化教学。在大数据的支持下，教师能够更好地认识自己和学生，从而不断改进教学模式与策略，并且在学生进行自我导向学习时，真正变成学生学习的促进者与协作者。学校可以利用大数据技术对教师进行全面考核，跟踪教师成长过程。教师可以运用回归分析、关联规则挖掘等方法来分析教学方法和手段的有效性，并及时调整教学方案，优化教学方法，提高教学质量。

（3）教育大数据驱动个性化学习的真正实现。大数据将使得教师和机器能够真正了解每位学生的真实情况，从而为其提供真正个性化的学习资源、学习活动、学习路径、学习工具与服务等。网络学习虽然具有天然的个性化优势，然而缺少大数据的支持，机器将无法真正了解每位学生，也就无法实现个性化资源与服务的推送。如果说互联网促进了教育的民主化，那么大数据将实现教育的个性化，而教育个性化的首要体现便是学习的个性化。

无论是研发中的各类适应性学习系统，还是市场上推广应用的各种适应性学习系统，要实现为不同学生提供个性化学习服务的目的，都依赖于大量学习过程数据的采集与深度分析。例如，美国纽约一家在线教育公司 Knewton 的主打产品是适应性在线学习系统，其采用适配学习技术，通过数据收集、推断及建议"三部曲"来为学生提供个性化学习建议。其中，数据收集阶段首先会建立学习内容中不同概念的关联，然后将类别、学习目标与学生互动集成起来，最后由模型计算引擎对数据进行处理。推断阶段会通过心理测试引擎、策略引擎及反馈引擎对收集的数据进行分析，分析的结果将供建议阶段进行个性化学习推荐使用。建议阶段通过建议引擎、预测性分析引擎为教师与学生提供学习建议，并提供统一汇总的学习历史。

2.2.3　人工智能技术引入智慧教育

随着人工智能技术的发展和教育信息化的不断深入，人工智能技术在现代教育领域中的应用日益受到人们的重视。从沪江网的"Uni 智能学习系统"到学霸君的"高考机器人"，再到英语流利说的"AI 英语老师"，人工智能技术开始进入和影响在线教育。目前，人工智能技术在教育领域的落地场景主要包括语言类口语考试和智能阅卷、自适应学习、虚拟学习助手和专家系统，基本覆盖"教、学、考、评、管"全产业链条。一部分在线教育平台通过引入人工智能技术来提升服务效果，通过采用技术引流与直播课程相结合的形式来吸引用户付费；另一部分技术导向型企业则利用技术输出的形式与体制内学校合作，将人工智能技术运用于口语测评、智能评卷等场景，商业前景向好。目前，人工智能技术在教育中的应用主要包括智能教学系统、智能化考试系统、智能代理技术和虚拟现实技术等。

1. 智能教学系统

智能教学系统是一个复杂的软件系统，由专家模块（知识库）、学生模块、教学模块和智能接口四部分组成。

专家模块包括系统要传授给学生的所有知识，体现了专家智慧；学生模块通过比较学生行为与专家行为，对学生进行智能模拟，包括学生的知识状态、认知特点和个性特点等，从而反映学生对知识的理解程度，以及反馈学生的学习情况；教学模块根据一定的教学原理，在适当的教学策略指导下选择适当的教学内容，并以适当的表达形式在适当的时候呈现给学生；智能接口作为学生和系统交流信息的桥梁，为学生提供了表达知识和信息的手段；作为系统与用户的交互界面，为其他各模块提供智能化的多媒体知识输入、用户信息和行为获取、知识输出的途径。

2. 智能化考试系统

人工智能技术的发展为计算机辅助教学领域注入了很多新的内容。将专家系统引入试题组卷中，研制高质量的智能化考试系统已成为当前计算机辅助教学领域的重要课题。专家系统是一种能够依靠大量专门知识解决特定领域复杂问题的计算机智能软件系统。专家系统的特点之一就是能够进行符号操作，用符号表示知识，把问题概念表示成符号集合。

3. 智能代理技术

智能代理技术的诞生和发展是分布式人工智能技术和网络技术发展的必然结果。智能代理研究近几年已经成为基于网络的分布式人工智能研究的一个热点。代理是指能在某一环境中运行，能响应环境的变化，并且能灵活自主地采取行动以满足设计目标的计算实体。其本质上就是一个计算机软件程序。它运行于动态环境中，并具有较高的自治能力，能够接受其他实体（如用户及其他智能体、系统或机器等）的委托并为之提供帮助和服务。同时，它能够在该目标的驱动下主动采取包括社交、学习等手段在内的各种必要的行动，以感知、适应并作用于动态变化的环境。将智能代理技术应用于教育领域，能有效克服现阶段系统的局限性。

4. 虚拟现实技术

虚拟现实是由多媒体技术与仿真技术相结合而生成的一种令人感到身临其境、交互式的人工虚拟世界。它综合了计算机图形学、图像处理与模式识别、智能技术、传感技术、语音处理与音响技术、网络技术等多门科学，将计算机处理的数字化信息变为人所能感受的、具有各种表现形式的多维信息。虚拟现实技术在教学上的应用模式有两种：一种是虚拟课堂，即以学生为虚拟对象或以教师为虚拟对象的所谓"虚拟大学"；另一种是虚拟实验室，即以设备为虚拟对象，运用计算机建立能客观反映现实世界规律的虚拟仪器，进行虚拟实验，从而部分地替代在现实世界难以进行的实验，使得学生和科研人员可在计算机上进行虚拟实验和虚拟预测分析。

2.3　"互联网+"技术应用加速传统教育变革

目前，新一代信息技术、移动互联终端等已深度融入高校并在学生中广泛使用，深刻地影响了教育教学、科学研究、管理服务，以及师生的观念理念、学习方法和行为习惯。传统教育与管理的理念、模式、形态和业态等正面临历史性的新变革。

2.3.1　创新教育观念与教育模式

1. 教育管理理念与模式创新变革

目前，移动互联终端已成为高校师生接入互联网的主要手段。随着"掌上大学 App"等项目应运而生并在师生中的广泛应用，教学、管理与服务从线下转向线上。这种零距离、平台性、柔性化的管理新理念和新模式将高校传统金字塔式的管理层级彻底扁平化，正冲击甚至颠覆着传统教育管理的理念、模式和文化。

2. 知识获取方式创新变革

互联网技术应用的普及有效实现了数字图书馆、在线课堂、网络优质教学资源的共建共享。学生获取知识的便捷程度大大提升，传统依靠学校、课堂和教师获取知识的单一途径正在被打破。

3. 教学模式创新变革

传统的班级授课制及单一的教学手段将"学与教"限制在课堂内和规定时间里，学生主体性和个性化的学习难以实现。随着以 MOOC、翻转课堂为代表的新兴互联网在线教育模式的兴起，学生可以通过联网的移动终端在任何地点自主"慕课"。这种新模式开辟了大众个性化学习的新渠道，打破了以往学生学习的时间和空间限制，使师生角色关系、课堂教材形式等都较传统教学模式发生了深刻的变化。

4. 教育时空形态创新变革

密涅瓦大学等新兴高等教育形态的出现，充分说明借助互联网技术可以有效使用虚拟教学取代实体教学。未来大学有可能以一种全新的、流动的形态存在并融入大众生活，大学教育可以应人所需、随时随地改变，而不再受任何地域限制，从而打破高校校园边界和大学的时空禁锢。这些变革已深刻改变了我国高等教育，并日益凸显出鲜明的互联网时代特征，同时倒逼我国高校传统教育与管理适应变革新形势，直面"互联网+"校园给教育与管理、改革与发展带来的新挑战，以全新视角看待当今的教育，并根据学校自身转型升级的实际需求进行根本性变革。

2.3.2 创新学习方式与学习内容

在传统的教育教学过程中，教师有着至高无上的地位，教师承担着"教书育人"的责任，教师是知识、道德的化身；学生是受教育者，是信息的接受者，其学习内容、学习进度等都是在教师的安排下进行的，学生学习的自主性、能动性都受到不同程度的抑制。互联网时代的开放性、平等性使教师、学生角色发生改变，教师变成了学生学习的合作者、促进者，学生变成了学习的主人。在"互联网+"背景下，师生双方都成了教学主体，共同认知、加工教学客体——教学信息和材料。教师如何利用信息技术为学生提供教学情境和恰当的认知条件，激发学生的探究欲望；学生怎样合理使用信息技术对教师提供的材料进行分析、加工和处理等，这些成为教育教学过程中的核心问题。这些问题都要通过合理使用信息技术来解决。可见，在"互联网+"时代，教师、学生角色的变换，要求师生具备较高的信息技术素养。

中华人民共和国成立后，我国教育目的的表述虽经多次变化，但其基本精神是一致的。首先，培养德、智、体、美等方面全面发展的社会主义的建设者和接班人；其次，教育与生产劳动相结合是我国一贯坚持的原则；最后，培养创新精神和实践能力是我国教育目的的时代价值取向。但随着"互联网+"技术的发展，传统产业不断升级或转变，新的产业不断出现，今天人们认为正确的东西，明天就可能遭受质疑，未来的社会有很大的不确定性。正是在这种意义上，《学会生存——教育世界的今天和明天》指出："现在，教育在历史上第一次为一个尚未存在的社会培养着新人……当代教育的使命是替一个未知的世界培养未知的儿童。"

所以，适应"互联网+"时代的发展，面对网络信息的复杂性，保障学生有效获取有用信息、正能量信息，以及让学生具备信息的选择能力、判断能力，成了教育发展的主题。具备收集、分析、组织信息的能力，表达与分享信息的能力，应用科技的能力等都是信息社会培养学生的目标。在"互联网+"时代，知识更新与传播的速度越来越快，知识获取的途径越来越多，知识"时时能学、处处可学"，学习方式变得更加自由、自主。应改变学校教育中"课本+黑板+粉笔+灌输"的教学程序，充分利用"互联网+"技术，建设数字化校园、数字化课堂、数字化师生交流方式、数字化教师与家长沟通网络，积极建构教师指导下的以学习者为中心、强调学习者主体作用的教学模式与教学方式，充分利用各种信息技术手段，实现"互联网为用、教育为本"，让学生成为意义建构的主动者和主体，以最大限度实现学生的发展。

2.3.3　创新学习评价与学习成果认定

互联网+教育在学习方式方面的变革，也需要相对应的评价方式的变革，以更好地适应素质教育和互联网+教育发展的要求。信息化学习评价方式必须对传统的学习评价方式进行创新调整，以更好地适应"互联网+"的需要。信息化社会需要培养的是具有独立信息处理能力的终身学习者，这样的培养目标对于学习的各方面都提出了新的挑战，对于学习过程中的重要环节——学习评价来说也不例外。信息化教育的发展，使得信息技术与学生学习更加紧密地结合，出现了相应的信息化学习评价方式。下面从五个方面对传统学习评价与信息化学习评价进行系统分析比较。

1. 评价标准创新

传统学习评价主要针对学习结果进行一次性的、总结性的评价，评价方式以笔试为主，把学生的期末考试作为学生成绩好坏的唯一判断。而信息化学习评价是面向整个学习过程的每个环节的，是多元化的，即其综合使用各种评价工具对学习过程进行评价。

2. 制订主体产生变革

传统学习评价的评价标准的制订主体是教师，教师根据教学大纲或课程编制者的意图来制订课程标准。这样的评价标准强调共性，容易忽略学生的个性。而信息化学习评价强调个别化学习，评价标准是由教师和学生共同参与制订的。学生有机会制订并使用评价标准，对评价进程和质量负有一定的责任；教师则起到监督和引导的作用。

3. 对学习资源的关注深化

传统学习可以选择的学习资源大多是教科书和参考书，所以在学习过程中缺乏对学习资源的评价。而在信息化学习中，特别是将互联网应用到学习之后，学习资源的范围扩大了，然而其质量也变得参差不齐。在这种情况下，如何有效地选择合适的学习资源是教师、学生必须具备的能力之一。因此，在信息化学习评价中，对学习资源的评价得到了更广泛的关注。

4. 学生评价能力的要求增强

在传统学习评价中，学生的学习是被动的学习。所谓的学习评价主要是教师根据学生的学习状况来给予评价，学生从教师的评定中了解阶段学习的达标程度。然而，在信息化环境下，学生成为学习的主体，不能仅依靠教师来对自己的学习进行评价。所以，作为一位信息时代的学生，必须具有良好的自我评价能力，同时这也是新课程评价对每位学生的要求。

5. 评价与教学过程的整合度加强

传统学习评价是对学习结果进行判断，它独立于学习过程单独存在。而信息化学习评价是被整合在真实的教学任务之中的，是整个学习过程不可或缺的要素之一，它具有指导学生学习方向和鼓励学生努力达成学习目标的作用。要明确的是，尽管信息化学习评价与传统学习评价有许多不同之处，但二者并不是对立的关系。传统学习评价仅关注学习结果，评价具有较强的客观性；而信息化学习评价则关注整个学习过程和学习资源，评价更能提高学生的积极性，两者各有优势。所以，在实际教学中，要将两者结合起来，只有这样才能达到真实、有效的评价目标。

2.3.4 创新教育产业链与创业模式

随着"互联网+"成为国家战略，百度、腾讯、阿里巴巴等国内互联网公司纷纷布局教育，互联网+教育呈现风生水起之势。可以预见，随着信息科技日新月异的进步，互联网将变得更加"无所不联"，互联网+教育将不再局限于在线教育，而会给教育的全过程、各环节带来更多、更深刻的改变，直至重塑一个开放创新的教育生态环境，从而对整个教育产业链及创业模式进行变革。

1. 互联网+教育内容

教育内容是互联网+教育的资源基础与核心竞争力所在。MOOC 的出现为互联网+教育内容模式提供了创新样板。借鉴国外 MOOC 平台的经验，未来中国 MOOC 的探索应当更加聚焦在提高课程学习的社会认可度上，在课程内容上，更充分地发挥公共服务体系的作用，明确服务教育、面向公共需求的定位；在机制创新上，探索利用新一代互联网技术打破地域、校际隔阂，深度整合现有教学内容和在线课程资源，形成课程互选和学习成果互认的可行模式。从 MOOC 的深度发展可以预想，未来的互联网+教育内容将以课程设计为核心，集成整合各类优质教育教学资源，构建教育资源网络超市。

2. 互联网+教育体验

"互联网+"时代，用户体验为王。对教育来说，就是要以学生的需求为导向、以学生的体验为核心。在精准把握学生需求方面，可以利用大数据和云计算技术，对学生的倾向、兴趣、能力、目标等进行智能分析；在满足学生体验方面，可以通过优化互联网+教育产品的生产、设计和供应环节，使学习过程更为简单、便捷、有趣，从而帮助学生深度参与其中。互联网+教育体验的一个极致做法是通过教育类网络游戏实现快乐的体验式学习。国内已有网游公司着手开发教育类网络游戏，尝试把游戏的娱乐性和自主学习结合起来，为学生创设生动的游戏化学习情境。学生在游戏化学习情境中可以体验现实生活中不可能接触的世界，而且游戏的奖励和竞争机制可以极大地调动学生的学习兴趣，激发学生的学习动力，持续增强学生自主学习的"黏性"。

3. 互联网+教育管理

互联网技术可以有效促进教学管理、教务管理、学生管理、校园管理等各领域、各环节教育管理信息的互联互通，从而减少不必要的人力、物力和财力损耗，促进学校管理和服务的自动化、快捷化、个性化与智能化。智能设备的普遍应用，可随时获取各种监测信息，这使智慧校园成为可能。未来，教学管理和教学状态监测、科研项目管理和科技成果转化、校务管理和学校决策支持、校园虚拟社区和人际交往平台、校园信息化生活服务和后勤管理等，都将为智慧校园和互联网+教育管理的市场提供广阔空间。

4. 互联网+教育评价

将互联网技术应用于教育评价，特别是基于大数据技术的教育评价，将带来两方面的变化。一是评价依据变得丰富。"互联网+"在很大程度上能够克服传统教育评价难以收集评价依据，以及评价信息单一化、片段化的问题。它不但可以全过程、全方位采集教育数据，而且可以收集考试成绩之外的情感因素、心理倾向、实践能力等非结构化数据，从而支持综合性、系统化的评价，使教育评价的内涵和功能得到拓展。二是评价应用变得便捷。通过互联网平台，教师可以依据学习表现评价学生，学生也可以对教师的教学成效打分；学校和教育部门借助数据可以远程分析评价教学活动与学习绩效；家长可以通过数据及时了解孩子的情况和学校的教育质量。在互联网+教育评价环境中，每个人既是评价的主体，也是评价的对象。目前，云校等国内互联网教育企业已经在尝试通过挖掘管理、教学、学习的基础数据来构建科学的学生成长模型，从而为对学生进行系统评价创造条件。

2.4　互联网+教育的发展路径

随着以计算机、多媒体、通信、网络、人工智能等为代表的信息收集、处理、加工、传输等技术的飞速发展，人类社会已进入信息时代，互联网+教育的发展成为必然。在这种形势下，知识的传播和获取方便且快捷。作为人们获得系统知识的重要领地，学校依托各项信息化技术进行全方位教学改革势在必行。

2.4.1　实时互动的教学方式

互联网+教育是通过应用信息科技和互联网技术进行内容传播和快速学习的方法，其中，有效的交互活动对互联网+教育具有重要意义。

1. 多样的教育资源形式

在互联网这个风口上，各式各样的教育教学资源，如微课程、视频公开课、MOOC、辅导资料、作业习题库、解题应用等不断涌现，这些资源有各自的优势和特点，相比于传统教学方式有各自的创新。

微课程是目前非常常见的一种教育传播形式。它是以阐释某一知识点为目标，以短小精悍的在线视频为表现形式，以学习或教学应用为目的的在线教学视频。实际上，从广义来说，当前微信、微博上流传的微视频，很多都可以视作微课程的范畴，因为不管是商业、新闻还是娱乐领域的微视频，它们都以向观众传达信息为目的，这与以纯粹教育为目的的微课程一脉相通。这些微课程和微视频的共同特点是短小精悍：短，指视频长度短，一般在 10 分钟左右，甚至有的只有 2 分钟；小，指选题小，以一个具体的知识点或问题展开教学；精，指设计、制作、讲解精良；悍，指学习效果震撼，令人过目不忘。视频公开课早在电子化教学初期就出现了。2010 年前后，随着互联网的发展，世界著名大学又掀起了一股视频公开课的热潮，视频公开课迎来了它的第二春，同时它的表现形式也发生了翻天覆地的变化。与早期视频公开课的固定死板相比，如今的视频公开课在时长、设计和效果等各方面都有了全面的改进。

2. 多方力量参与

互联网+教育是一个广阔的事业空间，也是一块巨大的商业蛋糕。政府教育机构和学校、社会教育组织、互联网企业是参与互联网教育的三方，它们有不同的角色分工和使命任务，有不同的利益，也有不同的优势。

政府教育机构和学校在互联网+教育中起主导作用。教育作为一种政府行为，是国家的重要战略之一。目前，上到国家部委，下到从基础教育到职业教育再到高等教育的各层次院校，都意识到了互联网教育的重要性。十八届三中全会首次把教育信息化写入会议决议，提出"构建利用信息化手段、扩大优质教育资源覆盖面的有效机制，逐步缩小区域、城乡、校际差距"，从顶层提出了教育信息化的目标。国务院制定了教育信息化部际协调机制，形成了教育部、财政部、发改委、工信部、科技部等多部委合力推进的新局面。政府教育机构和学校的优势是能够制定政策发展方向，调配教育资源，执行教育实施方案。社会教育机构是学校的重要补充，它并不是"互联网+"时代的新生事物，而是随教育需求出现的市场化教育力量。在互联网的风口中，这些组织纷纷开始转型，探索当下的生存和发展模式，如新东方的网络化转移。社会教育机构还包括一些新生的教育形式的组织方，如众多慕课平台、可汗学院、果壳网等。如果说社会教育机构的优势在于其能够灵敏地嗅出教育市场的动向，那么互联网企业的逐渐融入则是催生互联网+教育腾飞的关键。当下，互联网企业参与教育的形式不再是帮助教育机构进行网站、服务器等信息化工具和平台的建设，而是已经投身其中，如网易、搜狐、新浪的网络公开课平台；百度的百度文库、作业帮、度学堂、传课网；阿里巴巴的淘宝同学；腾讯的腾讯课堂。互联网企业的优势在于其技术的便利，同时，它们拥有丰富的信息化建设和运作经验，清楚学习者（网民）的兴趣所在，因此能够吸引更多学习者。

3. 便捷的资源获取

"互联网+"到来的原因之一是移动互联网和各种移动终端的出现，人们能够随时随地地获取数据和信息，社会成为一个普适计算的社会，信息传播空前快速。学习者可以根据自己的兴趣、爱好及时间安排完全自主地决定学习内容、学习方式、学习时间，可以在客厅的沙发上、睡前的床上、上班的路上、出差的途中等任何可以利用的时间和场所学习。

2.4.2　开放共享的教学资源

教学资源共享，就是利用信息技术对高校教学资源进行整合优化，实现学校之间的教育信息资源共享，让各学校之间能互相访问彼此优秀的教学资源。教学资源的共享可以防止对信息资源的重复建设，减少对教学资源的财政支出，使优秀的教学资源得到充分利用，提高教学资源的利用率。所以，教学资源共享对提高我国教育的教学质量有重要的现实意义。

教学资源共享包括硬件共享、软件共享及师资共享。以多媒体资源为例，学校多媒体教学资源属于软件资源类。多媒体教学是指在教学过程中，采用一定的教学设计，使用合适的现代教学媒体，将多种媒体信息作用于教学过程，以达到最优化的教学效果。从以上对多媒体教学的概念可以推知，多媒体教学资源是应用现代教育技术手段来帮助教学的教学资源库。学校多媒体教学资源的共享可使教师、学生更方便快捷地获取优质的多媒体教学资源，从而提高教师教学、学生自主学习的效率。

现阶段学校多媒体教学资源基本上处于"分布式存储、分布访问"的状况，各学校分门独立，拥有各自的多媒体教学资源共享平台。用户要访问不同数据库的多媒体教学资源，需要在不同的平台进行资源检索，因此，很多教师、学生在众多的多媒体教学资源网站上查找资源时很难找到资源优秀的共享平台，而且在浏览的时候往往出现资源无法预览或无法下载等情况，这使得很多优秀的多媒体教学课件不能得到充分利用，造成资源的浪费。云计算的发展可以改变传统的资源共享方式，从而提高共享效率，使得教学资源共享具有以下优势。

（1）实现不同服务器中的数据资源共享，可以扩大信息资源的共享范围。利用云计算技术可以将目前分布式存储的教学资源库整合起来，运用于实际教学中，将分散的多媒体教学资源统一存储，为用户屏蔽"后台"，提供"一站式"的资源共享服务，而且云计算技术能快速地帮助用户查找到自己所需的教学资源，减少资源搜索花费的时间，从而有效提高多媒体教学资源管理、共享的效率，扩大共享范围。

（2）提供全方位、高效的交互平台，能有效满足用户对信息资源的个性化需求。提供个性化服务是资源共享服务的大势所趋，但目前多媒体教学资源共享的个性化服务仍不尽如人意，而云服务模式在改善多媒体教学资源共享个性化服务方面则具有明显的优势：可以根据强大的计算能力和网络为多媒体教学资源共享提供一个良好的交互环境；可以根据云服务平台的数据统计分析结果分析用户浏览信息的习惯与爱好，为用户推送准确的个性化服务；作为一种开放式的环境，可以整合播客、博客、维基百科等服务技术和模式，提升多媒体教学资源共享的个性化服务质量，从而有效满足用户的个性化需求。

（3）提供的安全措施能让资源共享过程更加安全。服务商将资源统一存储在服务器中，通过加强数据中心的集中管理，减少因传统分布式存储中因断电、自然灾害造成数据损失的次数，因而集中存储更安全；通过数据加密技术能有效防止数据被黑，保证用户使用资源的安全性；云服务更容易实现系统的大规模资源共享，大大降低用于教学资源建设的成本。"云"的自动化、集中式管理使教育机构无须负担日益增加的系统维护管理成本，这样"前向免费，后向收费"的服务模式使得云服务具有极大的低成本优势。

（4）提供的资源管理模式使多媒体教学资源管理更加自动化。平台硬件设备的管理全权由云服务商负责，教学资源的管理人员只要通过云平台就能很方便地对资源共享云平台中的服务、资源、账户等进行管理，使得多媒体教学资源的管理更加简单、自动化。

2.4.3 移动互联的教育终端

移动终端或移动通信终端是指可以在移动中使用的计算机设备，广义地讲包括手机、笔记本电脑、POS 机甚至车载电脑，但在大部分情况下是指手机或具有多种应用功能的智能手机。现在的移动终端拥有极为强大的处理能力，是一个完整的超小型计算机，拥有非常丰富的通信方式，既可以通过 GSM、CDMA、WCDMA、EDGE、LTE 等无线运营网通信，也可以通过无线局域网、蓝牙和红外线通信。丰富多彩的网络资源，以及不断涌现的社会性软件工具和应用，已使移动终端成为人们（尤其是青少年）生活中不可或缺的一部分。一种新的学习形态——移动学习进入现代生活并越来越流行。移动学习要依赖移动计算设备，这些设备具有便携性、共享性、移动性的特征，能够实现人与人之间的通信协作，最终达到数字化学习的目的。移动学习能够有效提高教学质量，并提高学生学习的主动性。

1. 移动终端及自主学习

目前，手机上网速度越来越快，功能越来越强大，因此，建立一个基于移动终端的课程网站，并建立一个自主学习软件，就可以帮助学生更好地进行课程学习。学生可以在有互联网的情况下登录课程网站的移动终端版，对课程内容、课件、系统等课程相关内容进行查看，也可以通过在移动终端下载并安装自主学习软件进行自主学习。基于移动终端的网站及自主学习软件包括课程网站移动终端版和 App，其应用为师生交流提供了更便利的平台，有效调动了师生工作和学习的积极性，进一步提高了学生的学习能力与创新精神。

2. 移动终端考试

移动终端考试系统是将原来应用到计算机上的考试系统扩展到移动终端设备上，这样更有利于学生的考试和期末复习。移动终端考试系统可分为两部分：一部分用于真正的考试，另一部分用于学生期末考试复习。用于考试的考试系统可自动抽取相应的试题题目，学生做完题后提交答案即可，系统会根据正确答案自动判卷，同时，教师可以随时查看学生的考试情况和考试分数。当进行一次考试后，即使调换移动终端，学生也不可能再登录系统，此权限只可由教师重新开通。

3. 移动终端授课

目前已有很多教育机构、学校等在课堂教学过程中引入移动终端。学生可使用移动终端查询信息、补充知识、翻看教学材料、完成课堂练习或考试等。教师可组织课堂测试小组游戏：首先，对学生进行分组，两人为一组，若余下一人则和教师一组；其次，一组利用移动终端登录相应网站进行题目解答，经两人商量后给出问题的答案（问题为课程中涉及的理论知识），并给出另一道题，要求其他组回答，按此游戏规则依次进行。学生可在愉悦的氛围中对所学知识进行加强和巩固。随着教育实践的不断深入，相信移动终端在课堂教学中担任的角色会更加重要。

2.4.4　深度融合的智慧教育

智慧教育是依托物联网、云计算、大数据、泛在网络等新一代信息技术所打造的智能化教育信息生态系统，是技术变革教育时代教育发展的主旋律，是数字教育的高级发展阶段，旨在提升现有数字教育系统的智慧化水平，实现信息技术与教育主流业务的深度融合（智慧教学、智慧学习、智慧管理、智慧评价、智慧科研和智慧服务），促进教育利益相关者（学生、教师、家长、管理者、社会公众等）的智慧养成与可持续发展。依据上述定义，可以构建如图 2-2 所示的智慧教育体系架构。

当前智慧教育在实践层面提得比较多，国内外一些 IT 企业（如 IBM、方正、华为等）纷纷提出了智慧教育解决方案，但其在学术层面的研究刚刚起步。国内自 2011 年开始出现从教育信息化发展角度专门探讨智慧教育的研究成果。亚洲教育网开发了支持广电网、电信网和互联网三网融合的智慧教育云平台。该平台以公共服务器集群为基础，提供 IaaS、PaaS、SaaS 三层服务，以满足教育行业的资源开放与共享需求，同时，其支持手机、计算机、电视的跨平台访问。

国际上对智慧教育的研究主要以韩国学者为主。韩国于 2011 年正式颁布了"智慧教育推进战略"。目前，韩国正在推进智慧教育行动计划，该计划强调物理的智慧教育环境的建设和教育内容的开发，此外还考虑智能设备、无线网络的维护，以及教师信息技术应用能力的提升。韩国学者针对学生大多使用电子教科书提供的批注、书签和笔记功能进行学习的现象，提出了注释内容的学习模型，以分析学生在电子教科书中的注释与笔记行为，并且在该模型的基础上开发了相似的算法，以使学生能找到有类似学习风格的学生所创建的注释或笔记，实现学生之间交流、共享知识、想法、经验，从而在很大程度上促进了资源的进化，并形成了关于某一学习主题的资源圈。这些有类似学习风格的学生也可以创建网上社区，建立较为稳定的学习共同体和人际圈。另外，其他国外学者还采用语义 Web 技术和泛在技术开发了智慧学习空间，它可以向学生提供情境感知服务，如通过感知学生的位置和学习活动情况，向学生智能推送个性化的学习资源，并高效促进学生之间的交流和实时共享学习资源。

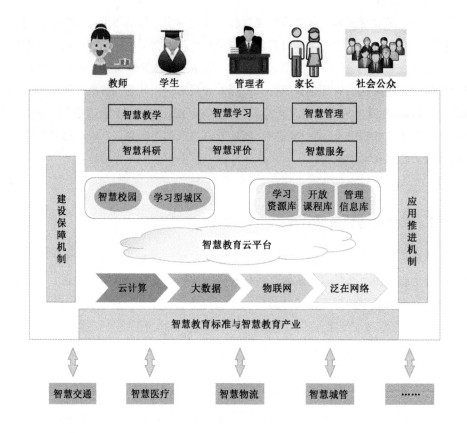

图 2-2　智慧教育体系架构

　　总体来说，上述研究对于普及智慧教育理念、推动智慧教育云平台建设起到了重要的"奠基"作用。然而，智慧教育是一个宏大的系统工程，当前研究更多地聚焦在教育云服务平台的研发上，忽视了智慧教育体系的整体架构。智慧教育系统究竟包含哪些要素？其核心业务有哪些？关键性的支撑技术是什么？如何创新应用？……这些问题已成为智慧教育战略推进过程中亟待解决的关键问题。

　　云计算、大数据、物联网、泛在网络是支撑智慧教育"大厦"构建的关键技术。物联网和大数据是智慧教育系统建设的"智慧支柱",泛在网络和云计算是智慧教育系统建设的"智慧底座"。物联网技术提升了教育环境与教学活动的感知性;大数据技术提高了教育管理、决策与评价的智慧性;云计算技术拓展了教育资源与教育服务的共享性;泛在网络技术增强了教育网络与多终端的连通性。

智慧教育系统的建设需要综合应用多种信息技术,除了上述四种智慧技术,增强现实、定位导航等先进技术的不断发展,也将为智慧教育系统的构建提供重要支撑。需要注意的是,智慧教育不是孤立的系统,而是智慧城市的重要组成部分。因此,智慧教育系统需要通过标准的接口规范与智慧城市中的其他智慧系统(交通、医疗、物流、城管等)进行连通,共享基础数据。智慧教育将改变教育产业的结构,促进传统教育产业升级,形成规模化的智慧教育产业,从而为智慧教育的可持续发展提供源源不断的技术、产品和服务保障。智慧教育产业的快速、健康、有序发展离不开标准,因此,智慧教育系列标准也是智慧教育体系的重要组成部分。

2.5　小结

互联网的发展及其与教育的深度融合极大地改变了传统教育,使其从观念到模式,从学习方式到学习内容,从学习评价到学习成果认定,从产业链到创业模式,都发生了翻天覆地的变化,促使教育信息化进程从"+互联网"发展到"互联网+"。这不仅表明了现有技术应用在教育领域的巨大成功,而且揭示了教育对未来技术应用创新的期待和推动。

互联网+教育的核心是通过技术应用变革教育。随着云计算、大数据、物联网、泛在网络等技术日趋成熟,以及人工智能、虚拟现实等新兴技术的不断发展,互联网+教育将进一步拓展其进化路径,呈现实时互动的教学方式、开放共享的教学资源、移动互联的教育终端,最终实现深度融合的智慧教育。

互联网+教育的美好前途指日可待,而作为这个时代大潮下的教育者、学习者,我们要时刻准备迎接接踵而来的各种挑战。

第 3 章
Chapter 3

互联网+教育变革

新技术的发展会在一定程度上通过教育变革（包括调整教育目标、改变教育方式、改善教育评价体系）来不断明确教育内涵本身。

关于教育的内涵，很多名人和教育家都阐述过他们的观点。爱因斯坦说过，"教育，就是当一个人把在学校所学全部忘光之后剩下的东西。"也就是说，教育的内涵，不是一个人的专业知识，而是他通过学习得到的哲学思考和对科学的理解，以及人文底蕴。随着技术的不断创新及其与教育的不断融合，教育的内涵正在被拓展。

其实说到底，教育的目标是培养人，是培养对社会有用的人。

3.1　技术进步促进教育变革

社会需要什么样的人呢？

社会需要精英领导，社会需要能产生新学说、新设计的科学家、工程师，社会需要技术高超的技术工人，社会需要一切行动听指挥的持枪战士，社会需要能把地扫得很干净的清洁工。其实，社会需要各种各样能对社会运行和发展做出贡献的人。我们习惯于把人才定义成精英，但社会需求并不完全如此。教育应该让所有的人都能在自己的角色中活得更精彩。

"如果一个学生从耶鲁大学毕业时，居然拥有了某种很专业的知识和技能，这是耶鲁教育最大的失败。"耶鲁大学校长莱文的这句名言一定让一些人兴奋。但如果因此认为教育就不该教授技能，那就错了！教育是一个非常宽泛的范畴，它不仅是名校教育，也不仅是学校教育。而即使是学校教育，每个学校都应具有特色的办学宗旨，应该培养满足各行各业社会需求的人。耶鲁大学致力于领袖人物的培养，它的毕业生需要具有纵观全局和开拓大格局的能力。身为这样学校的校长，莱文才会提出耶鲁大学不是培养具体技能的地方。莱文的演讲集《大学的工作》（*The Work of the University*）里还提到，本科教育的核心是通识，是培养学生批判性独立思考的能力，并为终身学习打下基础。

教育的目的不是学会知识，而是习得一种思维方式。一个人受过教育，应该表现为：在烦琐无聊的生活中，时刻保持清醒的自我意识，不是"我"被杂乱、无意识的生活拖着走，而是由"我"掌控"我"的生活。教育的内涵不是培养一个人具备区别于别人的能力，而是培养一个人认识自己、发现自己、实现自己的能力并坚持实践。这不仅是教育本身的目标，而且是一种文化，也是教育公平性的真正内涵。这就注定了当教育具体到每个人时便成了非常个性化的一种社会活动。

教育的一般问题也是随着技术的引入而不断发展的，这种技术的作用是复杂的综合作用。当信息化以技术革命的势头影响着各个行业和领域时，与教育相关的所有技术进步必将直接或间接作用于教育活动本身。下面以教育发展及认知规律等相关技术发展认识网络技术对教育的深度影响。

3.1.1 传统教育教学的内涵

文化古国都有很久远的教育传统，中国也不例外。

1. 中国传统的"教"与"学"

古代最著名也是对中国文化传统影响最大的教育家是孔子。孔子提倡人人都可能受教育，人人都应该受教育。孔子的教育活动培养了众多学生，他的教育学说对中国文化有着深远的影响。

中国古代就有小学和大学之分，这个阶段划分是由宋代著名教育家朱熹提出的。他认为8～15岁为小学教育阶段，该年龄段的学生"智识未开"，思维能力薄弱，因此小学教育的内容是"学其事"，培养"圣贤坯璞"。而15岁以后的学堂教育，应为大学教育，大学生的心智基本成熟，应该学着去探究"事物之所以然"。朱熹非常重视书院建设，他力主重建了位于江西庐山五老峰南麓白鹿洞书院和湖南长沙的岳麓书院（现在湖南大学的前身）。这两所书院均位居中国四大书院之列。朱熹还编制了《白鹿洞书院教规》，这是世界教育史较早的教育规章制度之一，其中道明了学院的培养目标——"博学之，审问之，慎思之，明辨之，笃行之"。

中国教育传统悠久，教育活动也是围绕着"教"与"学"展开的，而且其教育模式与人们对教和学的理解紧密相关。先从古字来认识一下中国古人是如何认识"教"与"学"的。图3-1所示为小篆和金文的"教"与"学"。

图 3-1　小篆和金文的"教"与"学"

"教"字：右边像人手持教鞭，左边一个"子"表示儿童，"子"上的两个叉代表算数的筹策。"教"字的本义是督导，引申为培育，而教育中的"育"字，自古至今都保持了哺育的基本含义。字面形象里，"教"字有3个部分，一部分代表"教"的内容——算术；另一部分代表"教"的对象——儿童；还有一部分代表从事"教"的人和方式——一个站立在侧、手拿教鞭的人。从中不难看出，"教"很大程度上是一种对儿童（不成熟的人）的管教和教化活动。这是最原始的"教"的内涵。

在这样的传统文化沿袭的作用下，中国的传统教育在观念上有两种倾向。

首先，教育的对象通常认为是需要被教化的人，因此，未成年人为受教育的主体。在中国人的观念里，教育的意义在于对孩童的管教和教化。至今，社会普遍认为全日制的学校教育才是真正的教育，在学校里进行全日制的学习才是受教育的范畴。有时人们还会把学习和受教育区分开。"受教育"一般不指学习技能，而指从社会科学的角度学习认知社会和认知人，以及在成长中形成自身价值观，所以，受教育的对象往往被潜在地暗示为还不够成熟的人群。

其次，中国的教育一直带有很重的管教色彩。杨绛先生在说到教育的时候，就曾经说过她认为教育即管教。在旧教育模式下，直到 20 世纪上半叶，戒尺仍然是教师手里必备的教学用具。体罚学生，至今在一些学校里屡禁不止。家长往往对孩子有着超乎寻常的权威，这种权威可以延伸到孩子的专业取向、人生目标，甚至私人生活。随着现代西方科学思想的引入，从民国以来这些传统的思想逐渐受到冲击，教育观念也发生了一些变化。但在目前的教育中，包括在学校教育中，这种权威式的管教还有很深的痕迹。这种管教与人们对教育对象是未成年人的观念也有着紧密关系。

对于学，通常人们认为学是在学校进行的，是在一个固定的封闭空间里完成的。在传统观念上，一般并不将开放空间中的技能训练认定为学习。在相当长时间里，我国的从业技能是以学徒的方式习得的。而通常概念下人们又不把学徒认作"受教育"，而将其看作接受职业培训。从现在中国教育名词中对"成人教育"的定义，也可以看出，在中国的教育观点里，成人教育是职业培训式的教育，而开放式的学习不是全日制学校的主流功能。

2. 中国传统教育目标

《师说》中有句很著名的话，"古之学者必有师，师者，所以传道授业解惑也。"这几乎是中国传统教育对教师职业的高度概括了。这句话说的是老师教什么，如何从教。教师职业的职能，就是要传道、授业、解惑。传道，就是要传授道德思想和观念；授业，就是传授学业和技能，所谓技能是指使学生适应生活和社会的各种技术或理论知识；解惑，即运用自身的知识、技能为学生解开困顿、迷惑。传道、授业、解惑三者缺一不可，只有这样才能培养出好学生。从教书的角度来认识教育目标，就是教授学生做人道理和从业技能。

在我国的传统教育目标中，很主要的一个层面是教会学生谋生的本事。在学堂，教师更多看重学生了解什么知识，掌握什么方法，能熟练运用什么知识和方法；而不是学生能发现什么问题，并解决什么问题。从这可以看出传统教育目标的局限性。

《师说》中还有一句话，"人非生而知之者，孰能无惑？惑而不从师，其为惑也，终不解矣。"这句话是说学生该学什么，如何学。学离不开问，学生学习的时候应该问，学问往往是问出来的，而且从学习的角度来说，问是一种很重要的学习方式。教育学家曾经对学习中的问题做过研究，发现越是善于学习的人越会问问题，而且研究越深入的人往往有更多的疑问和困惑。只有提出问题，解决问题，才能不断发现新的问题。科学正是这样在疑问中进步发展的。从某种意义上讲，教育的目标应该是让学生有能力发现更多的问题。显然，教师不可能在学校教育中解决学生所有的疑惑和问题。学生在学习过程中应该逐渐具有解决问题的能力，并在解决问题的过程中不断激发发现新问题的潜能和兴趣。这是从读书的角度来认识教育目标。

3. 教育中的学与问

著名科学家钱伟长先生曾经说过，"学校要拆掉四堵墙，这'四堵墙'分别是学校与社会之间的墙；各系科、专业、部门之间的墙；教育与科研之间的墙；教与学之间的墙。"他还说，"社会需要能带着满脑子的问题从大学走出来的人。"

欲启发和鼓励学生问，我们必须面对目前存在的两个问题：一是教师试图解答学生的所有问题。教师不可能解决学生的所有问题。如果能，则社会就不会进步。目前我国教育的顽症之一是应试，即在备考阶段，试图让学生掌握规定范围内的所有知识。实现这一目标的方法就是搞题海战术，但题海淹没了学生在科学探究过程中的疑问，使学生缺少独立思考、发现问题的训练机会。二是教师的权威不容挑战，学生几乎没有质疑的权利。学生的质疑即使不正确，只要是科学地探讨问题，都应该鼓励。现如今，无论是学校教育还是家庭教育，都禁忌太多，这是另一个扼杀学生发问兴趣的主要原因。

3.1.2 技术进步推进教育内涵的发展

1. 互联网技术使开放式教育成为可能

改革开放以来，我国教育一直在改革进行中。但教育教学的开放性设计仍是瓶颈问题。

开放的教学要以足够的学习材料为基础。只有资源足够丰富才能使学生有可能自主获取所需的知识；多样性的学习资源可满足不同资质、不同基础、不同思维模式的人以不同学习需求进行学习的需要。但实现丰富的教学资源，对人口众多、地区发展不平衡的中国教育来说非常具有挑战性。

我国近些年，在大学教育方面做了很多的努力。据 2015 年统计，全国有 1219 所本科院校，其中包括 796 所公办普通本科学校（395 所本科大学、401 所本科学院）、141 所民办普通本科学校、275 所独立学院、7 所中外合作办学普通本科学校。如果只统计全日制本科院校，可能也有近千所。但这些学校是不是已经满足了社会需求呢？显然并不尽如人意。近年来，社会对大学教育的质疑主要集中在两个方面：一是能否产生大师；二是能否培养出社会真正需要的人才，解决产业中实际的技术问题，创造原创性技术产品。这恰恰暴露了大学教育的核心问题，即教育不够多样性，并没有考虑社会的真正需求，教育质量也存在一些问题。

而依赖于计算机信息技术所建立的数据平台，恰恰能够支撑教学、教育信息的聚集和开放共享，可以被用于教学、教育资源的开放性建设。近年来，国内出现了很多用于开放式教育的网络教育平台，推出了各种开放性课程资源；国内各高校也逐渐建立了各种具有专业特色或学校特色的网络教育平台，如北京大学的北大 MOOC、清华大学的学堂在线、中国农业大学的雨虹学网等；国外较为成熟的网络教育平台提供各式各样的课程，如 Coursera、edX、Udacity 等。网络教育平台不仅提供一般的文字、视频等教学资源，而且集点播、交互、评价、学习管理等功能于一体。这种教学资源的整合不再是一般的课程发布，而是突破传统远程网络教育的束缚，在信息技术的支撑下支持在线学习（E-Learning）的崭新的在线教育。

E-Learning 是线上自主式学习的过程，学生不仅可以阅读、听课、做练习，还可以进行学习交流；在线教学的教师可以在信息技术的支撑下轻松完成在线辅导、测验，甚至模拟实验、评估评价等教学环节。这种教育方式对传统教育的内涵进行了重新阐释。在网络技术、计算机技术、物联网技术、大数据技术、人工智能技术等进一步发展成熟的趋势下，互联网+教育应势而起，不断驱使教育向着开放、共享及终身学习的方向拓展。

2. 人的多元智能是个性化人才培养的理论根据

在传统的学校教育中，评价学习成果的指标是统一的。近些年的心理学研究证明，人的智能呈现多元特征，这为互联网+教育的个性化服务目标提供了理论根据。

现代心理测量学的创始人弗朗西斯·高尔顿（Francis Galton）认为，人越聪明，表现出的直觉的敏锐程度越高。他设计了第一个正规的智力测验方法，即让人区别不同音量的声音、不同亮度的光线和不同重量的物品。测试的结果表明，在确定判断智能的标准上，自认为很聪明的高尔顿并不成功；但是他对于智能可以测量的预言，则被证明是正确的，基于此才有了现代有目标的智力测验或标准考试。

美国心理学家霍华德·加德纳自 20 世纪 80 年代开始基于试验研究人的智能及其测量，并在研究中提出了对近几十年教育教学发展有很大影响的多元智能理论。他在研究中发现，人类的智能是一系列彼此几乎独立的能力，它们之间的关系相当松散，难以互相预测。人类的智能并不像单一的、万能的机器那样，不管什么工作任务及什么样的周围环境，都能以一定的马力连续运转。他将人的智能分为以下几种。

（1）语言智能。语言智能涉及对口头语言和书面语言的敏感性，涉及学习语言的能力和运用语言实现一定目标的能力。律师、议员、作家、诗人，都是语言智能高度发达的人。

（2）逻辑-数学智能。逻辑-数学智能涉及对问题逻辑分析的能力，涉及进行数学运算的能力和利用科学方法调查分析问题的能力。数学家、逻辑学家和科学家使用逻辑-数学智能。

（3）音乐智能。音乐智能包括音乐的表现力、创作能力和欣赏能力。音乐智能和语言智能几乎是平行的，通常，人们把语言能力叫作智能，而把音乐能力叫作天赋。

（4）身体-动觉智能。身体-动觉智能是指使用整个身体或身体的某个部位来解决问题或创造产品的能力。不要以为运用身体-动觉智能是舞蹈家、演员和运动员的专利，其实木匠、外科医生、顶尖科学家、机械工人和很多有其他技术倾向的专家，也需要有这种智能。

（5）空间智能。空间智能是辨认、运用广阔的空间中的物体的能力；是辨认、运用有限区域内的物体的能力。雕塑家、外科医生、飞行员都需要有这方面的智能。空间智能在不同的文化中所表现出来的方式是不同的。

（6）人际智能。人际智能表现为一个人理解他人目的、动机和愿望，并最终与他人一起有效工作的能力。推销员、教师、领袖都需要有较好的人际智能。

（7）自我认知智能。自我认知智能表现为设计理解自己的能力，以及找到符合自己特点的有效工作方式并据此调节自己生活的能力。

（8）博物学家智能。博物学家智能最关键的能力，是辨别个体是否为某个物种（群体）中的一员；识别一个物种内的成员，发现与物种详尽的其他物种的存在，并能够表示出几个物种之间正式的或非正式的关系。比如有人可以通过发动机的声音来判断汽车，可以分辨植物和动物等，这些都属于博物学家智能。

同时拥有语言智能和逻辑-数学智能，对学生和任何其他必须定期参加各种考试的人来说，都是一个福音。目前常规教育主要通过对学生的语言智能和逻辑智能状况的考核来评价学生的智能水平。然而，每个人都有独特的智能组合，人们可以选择忽视、低估或承认这种独特性。作为教育者应该承认这种独特性，才能更好地利用以多种智能形式表现出来的人的自我认知智能。

不容置疑，对于不同的需求应该提出不同的教育目标，同时提出针对不同教育目标的评价体系。多智能评价体系应该在考试设计上有充分的体现。就网络教育平台的评价体系而言，目前针对信息型知识的评判技术比较成熟，可以通过比较客观题答案和标准答案来评判。而在方法型知识和能力型知识评价方面，目前仍然有很多尚未攻克的难题，这也是互联网+教育中有待深入研究的关键技术，需要随着人工智能和虚拟现实等技术的发展来逐步解决和完善。

随着大数据的发展，通过数据挖掘和深度学习，可以从数据中发现规律性的问题，从而寻求正确的解决方案，这是互联网+教育的一个优势。通过数据分析，可以不断调整教学目标，以达到教学过程持续改进的目的。

3.1.3 教育多样性与课堂设计

蔡元培先生曾经说过："教育文化为一国立国之根本，而科学研究为一切事业之基础。"（《蔡元培言行录》，1932）他还曾说，"生活的改良，社会的改造，甚而至于艺术的创作，无不随科学的进步而进步，故吾国而不言新文化就罢了，果要发展新文化，尤不可不于科学的发展，特别注意啊。"（《蔡元培全集（第六卷）》）他透彻地阐述了教育与科学研究之间相互依存的关系。教育随着科学进步而发展，科学是教育的内容，教育也必须遵循科学的规律。

网络技术带来了新的知识获取渠道。互联网的教学平台，以及 MOOC 和 SPOC 等各种课程的出现，使得人们获取知识的渠道更趋向于个性化，这对传统课堂提出了很大的挑战。要想落实面向"信息革命"的教学改革和达到真正面向需求的目标，需要重新梳理和分析目前课堂中所讲述的知识。

网络的信息爆炸，让人们获取知识的方式发生了变化，学生的学习已经从对知识的需求转化为对知识加工的需求。那么，就需要对传统课堂上所讲授的知识与学生的学习需求，以及能力提高的教育目标进行分析，寻求一种协同的方式来设计课堂，这才是当代教育变革的真正内涵。

1. 知识多样性与课堂

1）知识的多样性

知识本身就具有多样性，既有信息型知识，也有方法型知识，还有能力型知识。显然，获得这些知识的方法应该是不同的，即使对相同的学生而言也是如此。

（1）信息型知识。那些成熟的概念和已经被人们探明的规律应该归属于信息型知识，现在有很多办法可获取这样的知识，其中，互联网应该是最有效的信息来源。假如想去一个陌生的地方旅行，就现在的技术而言，只要没有语言障碍，你可以在网上做足功课。你不仅可以了解那里的风土人情、风景，还可以知道交通、饮食等各种信息，而且图文并茂。因此，借助互联网技术，目前对信息型知识的获取几乎毫无障碍。

（2）方法型知识。工程技术相关的技能、某种设备的使用方法等属于方法型知识。方法型知识在某种程度上已经不只是指知识了，更多是指技能。这类知识无论是从网络上学习，还是有老师或师傅手把手教授，都不足以让学生完全掌握。学生需要真正参与实践、重复操作，才能发现里面的技巧，从而真正学到手。对这类知识不仅是学得，更多的是习得，且要在习得的过程中体会和领悟。

（3）能力型知识。能从工程中抽取出问题并加以解决，这属于推理演绎归纳综合的能力型知识。这种知识就是我们通常所说的分析问题和解决问题的能力。这种知识的获得必须经历一个相对复杂的学习和领会过程。在这个过程中，不仅需要一定量的信息型知识的积累，还需要掌握一定的解决问题的方法，在一些成熟的实践活动中掌握常用的逻辑分析和综合归纳方法，最终在解决一些简单问题的过程中逐渐培养分析问题和解决问题的能力。

所以，教育本身是个过程，不是一朝一夕能够完成的事情，也许这就是教育的"育"字所蕴含的丰富内涵吧。

2）有效的能力培养与知识的多样性分解

目前社会各界人士对大学课程设置有很多抱怨，认为课程设计不合理，所讲的内容大多没用。但什么是有用的呢？其实，在大学学习期间，最重要的是去掌握方法，获得分析问题和解决问题的能力。可这些能力怎么获得呢？其实，在一些课程的学习中，完全能够实现学习基本方法和提高能力的目标，只是需要教师和学生一起利用好这些知识素材，从而学习到方法并提高能力。

例如，如果欲按照 1:1 手工复制描绘如图 3-2（a）所示的图形，就需要给出该图中几何元素的固定位置和大小尺寸。这是工科学生基础课程"工程制图"中的一个基础内容。如图 3-2（b）所示为标注尺寸后的图形。

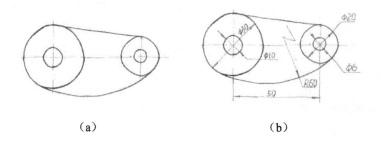

（a）   （b）

图 3-2 知识多样性示例

（1）分解信息型知识。图 3-2（b）中标注了四个直径尺寸、一个半径尺寸及一个水平的线性尺寸。不难发现，尺寸的格式是相似的，都有线段、箭头和数字，并且直径加注符号 ϕ，半径加注符号 R。其实这是国家标准规定的一系列内容中的一项——尺寸样式，而且国家标准对箭头的长度、数字的大小和样式均有很详细的规定。显然这种知识属于信息型知识，你只要翻阅相关国家标准的规定，便可以对现行的一系列规定了如指掌。你只要了解这些规定，并按照标准执行，在使用时就不会出现样式的错误。

（2）联系方法型知识。当想按照已经给定尺寸的图形来复制该图时，你会发现有多种绘制方法。通常"工程制图"课堂上会讲授一些常规的方法，但无论是采用徒手绘制，还是用直尺和圆规绘制，或者用计算机软件绘制，具体操作可能不同，但一定会先绘制基准线上的四个圆，然后才能连接直线段和圆弧段，这就是方法型知识。这种知识要遵循一些规律，而且在具体绘制时的复杂度和难度会随图形尺寸等的改变而变化。教师把方法讲得再清楚，仍然不能满足变化多端的图形需要。这种方法型知识的学习就需要学生自己在实际操练中去体会和总结。

（3）发现能力型知识。要把该图作为一个基础训练，则需要精心分析和发散拓展。最简单形象的方法是把它看作自行车的链轮传动，将圆看作两个轮子，则整个轮廓便是链条。这样，如果把问题引入改变已知圆的大小和拉长两圆之间的距离，便产生了问题的变体。链条总长不变，这些参数的变化，会对传动有什么样的影响？这些参数该不该有变化范围限制？尺寸参数的变化对传动效率有什么样的影响？这些问题都是可以拓展思维的。这就是课程中的能力型知识学习。

由此可以看出，教学关键并不是教学内容本身是否有用，而是课堂的设计是否能让这些内容有用。

3）信息技术与有效的课堂设计

知识是多样的，因而课堂必须是多样的。习惯上，一般把课排成讲课和习题课或者实验课，现在也许增加了讨论课，但这些都是形式。如果不调整课堂的设计，一切都不会改变。课堂教学中的主要问题该转化为：这个课堂所讲授的知识点中哪些是信息型的？哪些是方法型的？哪些是能力型的？乃至该用什么样的教学方法和形式落实它们？

网络教育平台可从知识的多样性出发，采取不同的技术手段和表现形式，设计不同的教学环节来辅助，以更有效地完成教学。对于信息型知识，网络教育平台可以采用文字、视频等多种形式加以实现，还能以知识网络的组织，用知识导图的形式呈现给学习者，既便于学生查找，也有利于学生顺利完成知识体系架构的建立。对于方法型知识，可以通过视频或真实化影像或讲解再现，这样可使学生重复学习，深入理解。而对于能力型知识，则可以通过在线交流和开放性讨论，甚至使用虚拟场景的试验环节等辅助完成。对于学校教育部分，可以将小课堂的力量集中在能力训练上，以达到更好的综合学习效果。

2. 对象多样性与教育目标

如果把教育看成一种人类活动，则受教育的人群各种各样：从年龄分，学龄前儿童、少年、青年、成年和老年；从身体状况分，特殊人士和普通人。无论如何分，各种人群因其个体的不同，所需的教育不同。这种教育需求的多样性，需要用不同的教育目标来实现。

1）基础教育

基础教育是一个动态的概念，是指人建立基本人格和认识社会、自然的通识教育。通识教育为受教育者提供通行于不同人群之间的知识和价值观。目前，中国事实上的基础教育，是指初中（含初中）以前的所有教育形式，狭义上是指九年义务教育，广义上还包括家庭教育和必要的社会生活知识教育等。严格来讲，高中阶段的教育并不属于基础教育，但随着中国发展水平的提高，预计到 2020 年会基本普及高中阶段教育。

基础教育的受教育人群是未成年人。这个阶段是人格培养、兴趣培养，以及学习习惯形成的重要阶段。我国学校形式的基础教育具有基本相同的教育目标、内容和方式，是以知识学习为主体的素质教育模式。知识学习固然重要，但基础教育更应该承担人口素质教育的重任。这种素质主要包括两个方面：一个是社会素质，即认识社会、道德、法律、人本身和自然等方面的通识基础，具有使身心健康的基础；另一个是科学素质，即了解自然世界的基本规律、认识自然的基本方法和具有探究自然问题的好奇心与学习精神。

2）专业教育

专业教育往往是在完成基础教育之后，根据个人的职业取向而接受的教育。专业教育的目标是使受教育者具有某种专业所需的基本知识和专业特长，并具有某种从业技能或能力。专业教育的教育对象往往是成年人或接近成年的（16～18 岁）、人格基本成熟的未成年人。我国专业教育的形式有很多种——职业高中、中等专业技术学校、高等专业技术学院和全日制本科大学，分别培养满足社会各专业、各技术层次需求的人。就专业教育而言，高级技术工人与高级研究型人才在工业生产中的地位同等重要。

专业教育办学目标要明确。大学是不是都要办成一样的？回答应该是否定的。所有大学只有一个目标，就等于没目标。办学无特色必然导致培养学生的目标不明。随着网络教学资源的不断丰富和大规模在线教育的发展，高等教育的办学特色问题显得尤为重要。这就需要将一些基础性的、通用性的、信息型的知识提炼出来，充分利用网络来完成。而课堂教学则要根据办学特色，精炼、制订和选择具体的教学内容、教学手段。例如，我国需要高水平的技术工人，这就需要高等院校培养高水平的技术工人。但一些人认为工人不需要受过高等教育，其实这是极其错误的观念。在 21 世纪，工业生产中所需要的工人必须能够独立操纵一些智能设备，而这只有同时具备高知识水平和操作技能的人才能胜任。在发达国家，操纵数控机床的高级蓝领，不仅需要完成大学教育基础，还需要 6～7 年的生产实践才能考证上岗。培养这种人才不仅要体现在办学特色上，还需要教育管理部门合理评价，以及改变用人机制。

3. 内容的多样性与教育形式

随着在线教育平台日新月异，特别是开放性的课程日益增多，现在想学什么都可以在网络上找到，"Google" "百度" 在很多情况下已经成了动词。网络在线教育发展到如此程度，那么学校教育是不是已经成了夕阳产业？是不是实体课堂就该消亡？很多研究表明，答案是否定的。因为学习是一种人类活动，是一种包括比较复杂的心理活动的思维和实践过程，学习者与教育者的沟通和交流是学习过程中不可缺少的重要环节。

研究表明，影响交流的因素有很多，其中的核心因素是差距。交流者间的差距过大，会影响学习者的自信力；交流者间的差距过小，会使学习者对学习失去兴趣。往往学习者在入门学习时的目标与最终目标会有很大的差距，这种差距会造成学习者的心理负担，特别是一些已经具有一定其他知识背景的人，他们往往对新知识有思维差距，会对新知识产生思维上的排斥心理。此时，计算机等网络终端便无能为力了，需要教育者建立一个像梯子一样在起点和终点间起必要联系的沟通通道，使学习者起步时不太艰难。这样可以使学习者在一个比较容易实现的目标驱动下，不断接近最终目标，而不会在学习过程中跨越过大，存在逆反反应。而在入门阶段，教育者与学习者之间的沟通至关重要。此时，由于学习者的知识背景不同，学习者之间的差距明显，这种差距会使他们拥有相互学习的机会。群体越大，学习者的差距等级越多，可能学习时越容易形成交流，这也是 MOOC 教学中讨论环节形成的必要条件。

任何一个学科，就其内容而言，都存在学科内部的一些结构特点。每个学科内部必然有信息型、方法型和能力型的知识点。很显然，知识的内容不同，人员的知识背景不同，甚至学习的目标不同，都需要设置网络在线、传统课堂等不同形式进行教育教学；学生必须按照这些学科和知识的特点采取不同的学习渠道，这才是最有效的学习。对于教育机构和学校，在课程的教学改革中，需要将传统知识和新知识做必要的划分，使不同内容的知识应用不同的教育形式进行传播和讲授，甚至训练和评价。这才是在网络时代该有的互联网+教育的模式。

4. 教育内涵深化

网络化知识体系中所需的能力与教育深化有着密不可分的关系，甚至因果关系，因此，必须对互联网对知识获取和学习方法的影响进行深入的研究。

1）知识爆炸使数据成了生产资料

人类的发明创造带来技术的不断进步，而技术进步影响着人们的生活方式和人们对自然与社会的认识。始于 18 世纪 60 年代的工业革命是以大规模工厂化生产取代手工生产的一场生产与科技革命，机器的发明及运用使世界进入了"机器时代"。20 世纪初期，工业革命进入了电气化阶段，各种自动化设备进入生活的每个角落。20 世纪 70 年代，发达国家基本实现了各种产业的机械化和电气化。至此，人们用各种工具取代人的原始劳动，使得人使用工具和开发生产工具的能力成为教育中不可或缺的内容，而各种工具也使得教育的方法发生了变化。另外，各种工具的开发和使用改变了人们的生活方式与视野，甚至改变了人的思维方式，使教育的方式方法发生了根本变化。机械化和电气化为代表的技术革命将职业学习融入了正规教育，且在其中占了较大比重。没有受过基础教育的人越来越难适应工业化的社会和生活需要。

人们不仅可以从学校、成人身上学习知识，还可以通过报纸、杂志、书籍、广播和电视等渠道获取知识。我国的机械化和电气化过程相对落后，但近些年通过引进、消化后再创新，这种落后的局面已经逐步改善了。不难发现，这些技术变革不仅带给人们思维和能力上的变化，也使得教育的内涵发生了根本的改变，素质教育和各种先进教育理念逐渐被国人接受。20 世纪 80 年代，信息技术从实验室走进人们的生活，使全球进入全面信息化的时代，这也是一次新意义下的工业革命。20 世纪 80 年代的畅销书《第三次浪潮》展望了这次革命给世界带来的变化。几十年过去了，这次浪潮远比《第三次浪潮》所预言的冲击力要大很多。信息化给人类生产生活及教育带来的变化不仅在于网络平台的引入，更在于数据成了生产资料。

知识还是原来的知识，但人对知识的需求形式已经发生了变化，人更需要的是对知识的再加工能力。

2）网络化资源改变知识获取渠道

在信息网络化时代，各种媒体（包括传统媒体、网络媒体和移动自媒体）每时每刻都在发布着各种各样的信息，它们均有可能形成碎片化知识。人们不再像以前那样把一切资料都套上标准结构，而是将碎片拼凑成整体的新观念，把收集到的片段资料组织成自己的模式。计算机可以记忆和联系大量因素，有助于深入探讨某类问题；大数据技术可以帮助人们过滤大批资料，找出潜在的趋势；数据分析技术可以把碎片拼凑成比较有意义的整体；

信息处理技术可以帮助人们评估不同决策的后果，从而得到更为系统和完整的决策。在这样的技术现状下，人需要有什么样的能力、学习什么、如何学习，是当前形势下教育应有的内涵。

在信息并不发达的时期，我们只能被动地接受外在的事实和别人传授的知识，通过有限的信息研究科学规律，创造新技术，发现新问题。现在，信息已经铺天盖地，人们必须主动地挖掘真相。对个人而言，这是一种很大的压力，因此，在知识爆炸时期，教育需要提供两方面的学习内容——足够的信息和综合能力训练。

3）开放式教学资源是互联网+教育的基本条件

在技术高度发展的阶段，学科的界限将逐渐模糊，这一趋势在20世纪末21世纪初已经基本形成。重要科研成果大量出现在传统学科的交叉点上，交叉学科的建设也更加普遍，发达国家的研究团体里已很难见到清一色的同专业现象。信息是分散和膨胀的，信息以多媒体形式呈现，这使知识，特别是信息型和方法型知识的碎片化成为可能。

网络化的信息技术，特别是移动网络终端的普及，使人们几乎可以随时随地获取信息，这样的时间和环境随机性更适宜碎片化知识的获取与学习。这种知识传播方式必然造成学生不再齐头并进，即使同班的学生也可能按照自己的兴趣爱好，以不同的方式获取自己想学的知识信息，这样的学习过程会使个体间的差别更加明显。当周围的人越来越不同时，需要有更多的信息去了解人群的行为模式，以便共事和共处，以及完成共同的事业目标。在这种情况下，个人不断吸收信息，使整个信息流速加快，同时，这样的信息循环将打破原来的信息结构，并重新建立一个新的系统，以使具有整体性的知识体系能以离散的方式传递出去，并使人们接受、运用。

此时更需要将教学资源呈现给人们，而这种开放性教学资源只能以互联网作为平台，也就是采用互联网+教育的模式。

4）忘记旧模式才能产生新思维

人的脑容量是有限的。在传统教育中，"站在巨人的肩膀上"经常被提及，以表示科学研究的继承性，而且随着人类社会不断发展，无论是文化还是技术，这种继承性是必然存在的且在发展中越来越重要。然而，对个体学习者而言，继承不能完全等同于积累。在以往的教育中，人需要记住很多知识才能熟练应用它们。但在信息爆炸时代，新的情报不断涌现，遗忘成了必然。同时，新信息和新知识，甚至新方法通常是对旧知识的修正，而不是简单叠加。这就需要人们淘汰旧的知识，甚至旧的思维模式。在这个时代，人们需要加速过滤信息，这也意味着信息停留的时间变得越来越短。一用即弃的学习方式逐渐被人们所熟悉。

新思维正是在不断摒弃中建立的。这应该是互联网+教育所面临的实际境况。

5）综合能力将是最重要的学习能力

知识是碎片化的，时间也是碎片化的，那么知识的运用是否也能碎片化呢？显然不行。要想发现问题和解决问题，必须从碎片化的信息中找到联系，才能真正解决问题。科学的进步和创新是一点一滴地集合不同方向的信息发展而来的，这是因为社会越来越综合化，社会的发展需要有广博知识和一定实践经验的人。因此，在知识爆炸时代，人们最该有的能力是综合能力，因为人们需要挖掘表面上毫无关联的事物的潜在关系。

6）教师应从领导者转向推动者

人工智能技术研究结合了信息化技术和思维科学。近些年的认知科学对人类的学习能力进行了深入研究，产生了突破性的成果。这些研究成果不仅可用来制造机器人和产生能学习的计算系统，在更深的层面上，其也带动了教育本身的发展。因为教育内涵的本质是改变学习者的思维，而这些学习者不是机器，是有不同背景的个体。教育者与学习者之间的关系是相互作用的关系。在教育中，沟通变得越来越重要。

在传统教学中，教师往往处于领导者的角色。但是，在互联网+教育的发展中，教师的角色会发生变化，因为传播知识不再是教师的主要任务，推动学生学习才是教师的主要任务。研究表明：从心理学角度来说，任何一个有独立意识的人（包括儿童）都不希望被认为是不聪明的。如果一个人意识到自己不够聪明，这将会影响其学习的积极性，遏制其学习的内在动机。因此，教师如何扮演好引领者的角色，便成为教育活动组织中的重要因素。教育的真正内涵应该是唤起学习者学习的内在动机，让学习者通过学习具备并提高自己的学习能力。

3.2 "互联网+"变革教育理念

教育是人类社会文化延续发展中非常重要的一种人类活动，其既传承文化，又对技术的积累和创新起着能量蓄积和传递阶梯的作用。它不仅与社会科学和人文科学的发展紧密相关，也随着工业技术的发展不断进步。

随着各种技术的创新，人类对人（包括人的生理和心理）的研究也越来越深入。人自身的主观因素，无论是心理还是生理层面的，对教育的效果都存在不能忽视的影响。在学习过程中，人的内在动机往往是学习的原动力，而教育问题的复杂性正在于此。实现良性教育必须满足以下几个条件：

（1）先进的教育理念，能调动学生的学习积极性，触发其内在学习动力；

（2）优良的教学方法，包括知识的分解与课堂设计；

（3）适合的教学手段，包括传统课堂和网络在内的各种媒体手段，能针对不同知识类型和学生特点采用最有效的技术与手段；

（4）科学的教学评价体系，包括对学习效果的过程控制，以及成果验收，这对学习者有导向作用。

随着人文社科与心理学等专业的发展，以及对人思维的研究越发深入，各种教育理念不断涌现。计算机技术的发展则使智能化技术逐渐渗透到人们的日常生活中，使人们的学习习惯和知识获取渠道发生了翻天覆地的变化。教育在这种技术进步中不断地发展，产生了很多新理念，并不断地在教学中实践这些理念。当今世界，信息技术对教育的意义是划时代的。在手段上，基于网络的各种教育理念改变了教育的形式；在观念上，各种对思维的研究使人们重新得以认识自身，也使对人才的需求和教育的目标与评价发生了变化。

互联网+教育是一种有着颠覆传统教育能量的教育变革。这种变革不仅是形式的变革，更重要的是内容的变革。如果不能实现内容的梳理和变革，无论是平台建设还是系统架构都是缺乏生命力的。因此，在探讨互联网+教育的实践内容之前，必须了解和学习教育的新理念，而且之后也应不断地学习更新教育理念。

3.2.1 教育新理念

1. 认知科学（Cognitive Science）与建构（Construction）主义教育

认知科学是 1975 年美国学者将哲学、心理学、语言学、人类学、计算机科学和神经科学六大学科整合在一起而产生的一个新兴学科，主要研究"在认识过程中信息是如何传递的"。认知科学是研究人类感知和思维信息处理过程的科学，包括从感觉的输入到复杂问题的求解，从人类个体到人类社会的智能活动，以及人类智能和机器智能的性质。认知科学是现代心理学、信息科学、神经科学、数学、科学语言学、人类学乃至自然哲学等学科交叉发展的结果。认知科学的兴起和发展标志着对以人类为中心的认知与智能活动的研究已进入新的阶段。认知科学的研究将使人类自我了解和自我控制，从而把人类的知识和智能提高到前所未有的高度。

皮亚杰（J. Piaget）是认知科学领域最有影响的一位心理学家，他通过研究儿童认知过程奠定了建构主义教育的理论基础。他认为儿童是在与周围环境相互作用的过程中逐步建构起关于外部世界的知识，从而使自身认知结构得到发展的。儿童与环境相互作用的过程有两个：一是个体把外界刺激所提供的信息整合到自己原有认知结构中的过程，称为同化；二是个体的认知结构因外部刺激的影响而发生改变的过程，称为顺应。可见，同化是认知结构数量的扩充，而顺应则是认知结构性质的改变。人们学习的过程是不断同化和顺应，在和环境（或称为学习对象）相互作用的过程中，反复经历认知的"平衡—不平衡—新的平衡"，并在此循环往复中不断丰富、提高和发展。

简而言之，在学习过程中，如果人们用现有的认识能够同化新信息，即处于一种平衡的认知状态；而当现有的认识不能同化新信息的时候，平衡就被打破，此时必须建立一种新的平衡状态。这就是在学习新学科时人们所处的一种状态。学习就是弥补差距，这种差距可能来自环境，来自知识本身，来自学习者的基础与目标的距离，而这些都可能造成学习障碍，因此，教育者必须从中建立一个阶梯，将差距变小，才能使学习成为有效学习。

建构主义学习理论认为，学习是学习者基于原有的知识经验在大脑中生成和建构自己理解的过程，是通过学习者在所参与的社会文化活动中与环境（包括人文环境和自然环境）互动完成的。学习者最终所掌握的技能和知识，并不是通过教师传授得到的，而是在一定的情境下，通过一定的社会文化活动，借助其他人（包括教师和学习伙伴）的帮助，利用必要的学习资料，通过意义建构的方式获得的。因此，更强调学习者的主动性，是自主学习教育心理的理论基础。

在此研究基础上，拓展出很多新的教学改革实践模式，如讨论型课程或项目型课程，STEM（Science、Technology、Engineering、Mathematics）或 STEAM（Science、Technology、Engineering、Art、Mathematics）教育等。在这些教学实践中，人们发现思维的丰富需要以知识积累为基础，同时拓展新的知识。但在这个过程中，除了简单的知识积累，还需要遗忘，因为人们在接触全新思维和知识的时候，必须摒弃或修正旧的思维和知识。

认知科学的发展首先在原来的六个支撑学科内部产生了六个新兴学科，即心智哲学、认知心理学、认知语言学（或称语言与认知）、认知人类学（或称文化、进化与认知）、人工智能和认知神经科学。认知科学的六个支撑学科之间互相交叉，又产生了 11 个新兴交叉学科：①控制论；②神经语言学；③神经心理学；④认知过程仿真；⑤计算语言学；⑥心理语言学；⑦心理哲学；⑧语言哲学；⑨人类语言学；⑩认知人类学；⑪脑进化。认知科学研究是人工智能发展的哲学和心理学基础。

2. STEM 与 STEAM 教育

1）STEM 教育

STEM 教育是将科学、技术、工程和数学这几个本来分散的学科自然地组合成整体来进行教育的理念。现在的学科发展呈现多学科交叉的趋势，研究生长点也多处于各学科的交汇处，需要学生具有综合能力。STEM 的教育理念是鼓励学生跨学科解决问题，这种在教育过程中实现学科交叉的教学模式，可以促进教师在教学过程中的跨学科融合，在某种意义上改变学习者和从教者的思维模式，使其不受单一学科知识体系的束缚。

STEM 教育往往通过解决真实世界中的问题来让学生从整体上综合地掌握四个学科的概念和技能，并运用技能解决问题。这种综合解决问题的能力可以通过项目设计完成。这是目前教学实践中使用最为广泛的模式，即跨学科的项目设计模式。

STEM 教育建立在建构主义和认知科学的研究成果之上。布鲁因等人指出，STEM 教育与认知科学的主张一致：

（1）学习是建构而不是接受的过程；

（2）动机和信念在认知过程中至关重要；

（3）社会性互动是认知发展的基础；

（4）知识、策略和专门技术是情境化的。

由此可见，STEM 教育是一种典型的建构主义教学实践：为学习者提供学习情境，让他们积极地建构知识，从而强化对知识的记忆和促进迁移；以小组为单位进行活动，为知识的社会建构提供优越条件。因此，实践 STEM 教学模式首先要符合建构性学习所强调的探究、发现、协助等基本要求。

融合的 STEM 教育的核心特征是跨学科、趣味性、体验性、情境性、协作性、设计性、实证性和技术增强性等。其能培养学生掌握知识和技能，并使其灵活进行知识迁移应用，以解决真实世界的问题。针对 STEM 教育整合的课程设计，美国马里兰大学赫希巴奇提出了两种最基本的课程模式：相关课程（The Correlated Curriculum）模式和广域课程（The Broad Fields Curriculum）模式。

在教学过程中，通常将四个独立学科的知识紧密关联。在实现整合时有三种取向：学科知识整合取向、生活经验整合取向、学习者中心整合取向。STEM 项目设计强调将知识蕴含于情境化的真实问题中，强调让学生主动积极地利用各学科的相关知识设计解决方案，从而跨越学科界限，提高学生解决实际问题的能力。

2）STEAM 教育

STEAM 教育的教育理念是在 2011 年由美国弗吉尼亚理工学院暨州立大学学者 Georgette Yakman 提出的，他在 STEM 中间加入了 A（Art，艺术），加入艺术的意义是非常有挑战性的。

在科学和技术范畴中，通常人们的概念是正确与否，如求解一个数学方程，有唯一解是最理想的状态。然而，现实世界中的问题通常并不是单一答案的问题，通常答案并不是"非黑即白"。艺术家的思维通常就不是"非黑即白"的，将这样的思维渗透到科学教育中，便可以帮助人们打开思路，使其更容易地找到解决问题的方法。特别是随着互联网+教育的发展，很多信息型知识可以从网络上获取，因而课堂教学应该更多地着力于面向实际的、非标准化的拓展内容。因此，STEAM 教育理念越来越受大学课程的重视。

3. MOOC 与 SPOC

随着网络技术的迅速发展，多媒体技术、人工智能技术、大数据处理技术等的发展，人们展现知识的手段越发丰富，课程内容讲解不再单调。更重要的是，互联网的普遍应用，已经改变了人们的习惯，包括阅读习惯、知识获取习惯，甚至学习习惯。这种习惯的改变必然带来思维的改变。学习者在网络上获取知识的主要方式打破了以往知识获取过程的系统性，同时，知识爆炸需要人们在某些方面获取碎片化的信息。然而，知识仍是系统的，那么将碎片化的知识系统展现出来，并且被学习者所接受，帮助其建构出自己的理解和个性化的知识系统，便是对现代教育提出的更高要求。此时，以课程形式组织，并能碎片化重组知识的在线课程模式便成为潮流。MOOC 和 SPOC 均是这种课程的不同形式。

MOOC 强调大规模和开放，由于这些特点，其教学对象呈现多样性。多样性的教学对象使每个学生根据其自身的基础和兴趣自主选择课程内容。MOOC 的课程内容多以微课的形式呈现，碎片化的知识传播可以便于学生做出自主选择，同时顺应了知识爆炸时代的碎片化趋势；MOOC 课程的线上交流和学生、助教之间的互动讨论是学习过程中必不可少的环节，而且互动的效果直接影响课程的实际运行效果。因此，在课堂的学生评价中，其会与传统课堂有很大区别。MOOC 更具有教育的社会性，是成人化、社会化教育的一种非常可取的形式。

在 MOOC 平台的作用下，在线学习从结构化、系统化知识的准确传递变成了有导向的协同共享学习；从必须受制于学习体系控制的学习变成了学生自身控制的学习；从正式学习变成了可移动的混合式学习；从有计划的学习模式变成了满足学生自定步调的生成性学习。还有一点最重要的变化，是在网络平台功能设计方面，MOOC 可以完成各种大数据的统计和分析工作，不仅可以对学生的学习成效进行客观性评价，还能对学生的学习行为进行分析，以过程评价代替以往传统教学中的单一评价方式。

在全世界掀起 MOOC 浪潮之后，MOOC 受到了我国教育决策部门和教育研究者的关注与重视。但对于学校教育，直接利用 MOOC 代替课堂教学还存在相当多的问题，于是产生了 SPOC 等 MOOC 的创新形式，旨在解决 MOOC 学习过程中的学习支持服务问题。

SPOC 是针对一种特殊群体而设置的在线课程，一般学校在实际教学中更多会选择这种模式。不仅国外的各大高校有自己的这类教学平台，国内的高校也纷纷建立这样的平台，主要是为了建立满足校内学生需求的在线课程，供教师在实际课堂教学中参考使用。教师在教学实际中可以将这些平台作为学生课前预习、课后复习，以及课中讨论的平台。

4. 培养成长型思维模式

成长型思维是近年来风靡美国教育界的一个心理学概念。所谓成长型思维是与僵化型或固定型思维相对应的，即用一种可变的具有生长能力的心智模式来对待学习和问题。在现代教育中，应培养这种成长型思维，使学生建立一种可以改变的心智模式，即对于自己的智力、能力、性格等建立可以改变的基本看法。成长型思维和僵化型思维的主要区别就是面临问题、困难，以及是否坚持等情况下态度的不同，以及对自己能力、智力、现状等评价时的态度不同。

培养成长型思维的教育理念是斯坦福大学心理学教授 Carol Dweck 经过实验后提出的，她认为人最成功的重要素质是努力、坚持和毅力。表 3-1 列出了僵化型思维与成长型思维面对同一情况的不同表述，这九种不同的回答将会引导人们产生不同的行为。"换个说法，换个思维"，也是成长型思维的要点。

表 3-1　僵化型思维与成长型思维面对同一情况的不同表述

僵化型思维	成长型思维
我就是不懂。	我忽略了什么吗？
我放弃了。	我得试试我学过的（别的）方法。
我犯错误了。	犯错能让我变得更好。
这太难了。	我可能需要更多的时间和精力（才能搞定）。
已经挺好的了。	这真的是我的最好成绩吗？
我不可能像她一样聪明。	她是怎么做的，我也要试试看。
我不能做得更好了。	我还能做得更好，我要继续试试！
我阅读不太好。	我要训练我的阅读能力。
我不擅长这个。	我正在提高。

　　培养成长型思维并不是与互联网+教育直接相关的教育理念，但是在现代教育观念中，教育的最终效果取决于学生的主观动机，无论什么形式的教育，最终都会因学生思维习惯不同而得到不同的结果。特别是对于基础教育，在课程设计中必须要考虑培养成长型思维，否则会使教育效果事倍功半。

3.2.2　创新思维教育

　　创新驱动全球经济社会发展，已是人类社会进步的动力源。而教育是一种服务于人才培养、知识创造与传承的社会文化活动，必然应满足服务创新创业的要求，自然承担起培养创新能力的任务。

　　创新不仅是人类发展的需要，也是人本身的一种需要。有心理学研究发现，人的童年期是人生最快乐的一个阶段，而这种快乐是源源不断的个人思维创新带来的兴奋。当人慢慢长大，接触新事物的频率越来越低，人的快乐感就开始下降。可见，人的学习习惯是带来快乐的根本方法。另外，思维科学研究发现，人类的思维发展是从认知到理解，从理解到创造的发展，创造性思维应该是思维的最高形式和境界。从这个意义上来说，无论是对人生还是对人类发展，创新都应该是教育的目的。

1. 基础教育是创新思维教育的基石

　　成长型思维是人自信和坚持力的主要根源，是人成功的主要因素。人的教育是漫长的、终生的过程。具有成长型思维会使人不断地学习和进步。这种基础思维一般是在幼年培养的。家庭教育和基础教育除了给儿童爱心、健康的生活和学习习惯，培养儿童的学习兴趣和好奇心，还应该培养积极的心智，也就是要培养成长型思维模式。只要涉及思维的培养，就不是简单的事情，而需要一定的教育和训练过程来实现。任何一种思维均需要认知和习惯的过程才能形成。在基础教育阶段要培养这种成长思维，这样才有助于学生具备生长性的学习习惯，也才有助于创新思维的教育。

基础教育是儿童期和少年期的正规教育形式。在孩提时代，儿童喜欢在纸上涂鸦，用橡皮泥捏出各种形状，以及用乐高积木堆叠成房屋、交通工具等，这些都有助于创造性思维的形成。如果学校教育过于刻板，以考试为教育的核心，必然会造成学生对知识的死记硬背，导致学生创造力和创新精神丧失。因此，学校教育应在知识学习的过程中，引入新的教学理念，将知识融汇在各种教学活动中，实现创新性思维训练的平衡。

创造性思维训练是现代课程的设计目标，而创造性思维需要发散思维和归纳思维的融合。发散思维可以从不同的角度来分析同一个问题，以寻求最优的解决思路。在知识爆炸的今天，我们需要解决的问题越来越复杂，解决这些问题在多数情况下需要多学科融合的方法，需要具有知识迁移和多学科融会贯通的综合方法。因此，在基础教育中便应该渗透、培养这样的发散思维。

在很多情况下，所学的知识并不能对任何活动或问题解决都提供实用的方法，也不可能绝对准确无误地概括世界的法则，通常需要针对具体问题的情境对原有知识进行再加工和再创造。因此，在基础教育过程中，应该引导学生去解决或解释生活中的具体问题。

任何知识都不可能以实体的形式存在于个体之外，尽管某种符号体系赋予了知识一定的外在形式，这些形式在一定程度上也获得了较为普遍的认同，但这并不意味着学生对这种知识有同样的理解。真正的理解只能由学生基于自己的经验背景来建构，这取决于在特定情况下的学习活动过程。因此，在基础教育中应该使学生建立理解的思维模式和习惯。

数字技术与教育的融合，不仅带来了 MOOC，还带来了创客教育。创客教育是面向解决实际问题的，从概念到成品的，基于项目设计的课程形式，是 STEM 教育理念的一种实践应用。这种教育形式目前在美国是教学实践的热点，国内也有一些中学和大学开始进行类似的教学试验，这为学生的创新性思维训练搭建了一个平台。在学习的个性化时代，MOOC 和创客教育需要结合互补，以使学生不但可通过在线学习获得知识，而且还能在学校的创客空间设计制作，充分发挥创造才能。

2. 大学教育是创新思维教育的实践

大学教育是一种以成人为教育对象的人才教育，对于多数人来说也是一种专业型教育。

成人区别于未成年人的特点主要在于自主和独立，以及自我控制力。当然，前提是在基础教育结束后，人们已经具有了真正的独立人格和自主思维。大学教育应该是以自主学习为主的一种学习模式，这种自主和独立表现在：自我激发的自主学习动机；具有计划性的学习方法；有能效的学习时间安排。

对于成年的学生而言，他们在以往各种形式的学习及生活经历中，已经形成了有关的知识经验，对任何事情都有自己的看法。即使有些问题他们从来没有接触过，没有现成的经验可以借鉴，但是当问题呈现在他们面前时，他们还是会基于以往的经验，依靠他们的认知能力，形成对问题的解释，提出他们的假设。因此，大学教育应该刺激新知识的生长点，引导学生从原有的知识经验中，生长新的知识经验。由于经验背景的差异不可避免，学生对问题的看法和理解经常是千差万别的。在大学教育中，教师与学生、学生与学生之间需要共同针对某些问题进行探索，并在探索的过程中相互交流和质疑，了解彼此的想法。其实，在学生中，这些差异本身就是一种宝贵的资源。大学教师的作用不再只是传递知识，更多的应该是引导学生进行自主学习。

随着信息技术创新的驱动，目前在高等学校出现了多种教学实践改革，如课程出现了讨论形式、项目形式等，这些从不同角度实践了以上所介绍的教学理念。

3.2.3 教育评价与创新教育

随着技术的进步，人们对自身的研究也在不断深化。对人脑电波的研究，直接影响着人们对人思维的认识；对人脑营养物质的研究，直接影响着人们对人心理障碍的认识和控制。这些都有意无意地影响着教育观念与手段的发展和进步。计算机相关技术的进步，特别是互联网、云计算、大数据等技术的发展，使得数据统计方法在教育领域深入发展，从而使教育评价正逐渐趋向量化，并逐步完善和科学化。教育的结果终归是要通过受教育者来呈现的，因此，对教育的评价具有一定的复杂性。

1. 教育的评价与测量

教育评价一般是指对教育这一社会文化活动做出评价。教育本身是一种人类的文化活动，对这种复杂活动进行的评价不可能是简单的评价。对事物进行评价的目的，是为了发展和改善。各种教育评价是为了更好地利用教育资源，让其为人类发展提供更多的知识和人才，同时也为了促进教学方法和教育观念的进步。

1）教育评价的本质

教育评价的本质是对教育的价值做出判断。价值最初是在商品交换中概括出来的一个经济学概念，"价值"的哲学概念一般指存在、存在者的数量值，或者一定数量值的存在或存在者。换句话说，价值是要靠数量来表示的。既然需要判断价值，教育的价值该如何量化衡量就是教育评价中需要首先解决的最重要环节。而教育是人类的一种文化活动，文化活动的价值是由参加活动的人的变化，以及该活动对社会的影响来体现的，教育的内涵决定了其价值是指教育能够满足人和社会需要的程度。由此不难发现，教育评价有两个层次的含义：首先，教育具有等价交换的本质，这就是教育的社会需求，是其社会性和经济性；其次，教育具有可以被量化测量的特性，这是其科学性。

2）教育的价值

教育活动的文化性决定了其价值在定义上不会像物化商品那样直接和简单，但从社会需求的角度，可从教育对人的发展的价值和教育对社会的价值两个方面加以描述。

教育对人的发展的价值主要体现在教育对人的精神和物质需要的满足，也即受教育者就业的职业技能需要、自我实现的成就需要、个人追求善与美的心理需要、安全需要和社交需要等。教育可以提高人的价值实现能力和身体素质，这种结果是靠增长人的知识、培养人的个性、满足心理和身体发育的需要获得的。这样的教育结果会增强人的创造自觉性，以使人全面自由地发展，使受教育者最大可能地实现其个人价值，使每个受教育者具有个体价值社会化的条件。另外，个体的需要是社会需要的一个重要的组成部分，教育的社会价值主要指教育的政治、经济和文化价值。教育的政治价值主要体现为教育对维护和巩固政治制度的作用；教育的经济价值主要体现为提高人的劳动技能，促进生产力的发展；教育的文化价值主要体现为传递和继承文化，发展和创造文化，而创造文化应该是教育成就的综合社会成果。

同时，教育对社会的价值很大程度上是通过受教育的人的发展驱动的，因此，教育价值受社会的政治、经济、文化、人才需要等的影响，也受人的个体需求和个体认识的影响。这就形成了教育价值观的多样性。因此，对同一教育现象，人的教育价值观不同，对教育的要求不同，会得出完全不同的评价结论。例如，当前有些中小学，为了单纯追求升学率这一指标，应用封闭集训式题海战术的教育方法来完成课程教学。对于这种有悖于学生身心健康的教育方法，社会评价却并不是同一个谴责的声音，这反映了教育评价的复杂性。然而，不同的评价结果必然会反映在对教育的不同要求上。因此，人们对社会需求和自我完善的教育需求，又是通过社会各阶层具有不同教育价值观的人们对教育的不同要求反映出来的，这又反映了教育评价对教育发展影响的复杂性。

3）教育评价的客观性

对事物的评价从本质上来说是一种认识活动。评价不仅是行为主体生活状况的反映，而且是评价主体世界观的体现。教育评价应该是以事实判断为基础的价值判断，理性和实事求是是其客观性的保证。

教育作为一种以人的学习为主体的文化活动，其最终效果必须遵循教育规律，这与人的认知规律和个体心理有密切的联系。教育评价必须基于对教育客观规律本身的认识，同时还要考虑对满足人和社会需要的价值关系的认识。这就构成了教育评价的两个尺度：符合教育规律，符合教育目标。只有同时符合这两个尺度的教育评价才是科学的。

教育评价从其不同角度、不同目的等出发，可以对教育中所涉及的机构、人员、社会资源等各个方面做出不同内容和范围的评价。社会对教育的评价有宏观评价，也有微观评价。宏观评价是以教育领域为对象的评价，涉及关于教育管理的宏观决策。具体教育实践中更多涉及的是微观评价，微观评价是以某教育机构或学生群体为对象的教育评价。

4）教育评价的方式与种类

对教育机构的评价有很多方式。在我国现行的教育体制中，对教育机构的评价既有行政管理机构以管理测评为目的的评价，也有民间社会行为的综合评价。比如以指导高考招生报考为目的的各种大学排名就是一种对教育机构的评价。以中国大学排行榜为例，该排行榜是采用三级评价指标体系进行综合评价的。其由人才培养、办学设施和社会影响构成一级评价指标，这些指标下的二级指标覆盖办学投入、教学质量、师资队伍、教学科研、办学层次、生源竞争力、校友认可、媒体影响八个方面。每年的指标在一级指标不变的条件下会对二级指标和三级指标进行部分调整。中国大学排名有三个主要评价体系，每年的结果不完全一致。这从侧面反映出，教育评价结果不是绝对的，它与评价者的目的侧重有一定关系。

微观评价通常可细化到对教育过程中某个教学活动的评价，以及对教育中的教育对象或教育者的评价。在对具体对象进行评价时，会有不同的内容评价，如教学条件评价、教学过程评价和教学成果评价等。可采用不同的评价基准对群体中个体的相对水平进行评价，或者对个体本身经历教育过程中的差异性进行评价，甚至对个体水平进行绝对评价。这样的评价一般是通过各种测量，或者测评进行的。例如，教学过程中的测验便是个体评价的一种方法；学生给课程打分也是一种教学评价。

有的教育评价在教育活动开始前进行，这是预测性评价，可以对教育目标是否能够实现进行预测性估计。在做出方案调整的决策之前，一般需要进行预测性评价。在教育活动过程中进行的评价，是形成性评价，这种评价可以用于进一步调整方案。在教学活动结束后所做评价是终结性评价。可见，在教育过程中，评价一直在进行着。

教育评价所涉及的范围很广泛，分类复杂，粗略可分为学生评价、教师评价、教学评价、课程评价、学校与教育机构评价、教育政策与教育项目评价等。无论是上述哪种教育评价，都会或多或少起到导向功能，特别是较为权威的评价机构所做出的相关评价。评价的指标会影响教育工作的走向，指导教育机构调整内容和改进教育方法，对教育管理部门的管理也会起到数据服务的作用。

5）教育评价与教育测量

教育评价与教育测量紧密相关，教育测量是教育评价的基础。教育测量是依据一定的法则（标准）用数值来描述教育领域内事物的水平，是事实判断的过程。教育测量与教育评价有着根本区别。教育测量本质上是一个事实判断过程，而教育评价本质上是一个价值判断过程。它们的区别主要表现在以下两个方面。

（1）教育测量在法则（标准）确定后，如果排除测量误差的影响，对不同的人进行测量应能得到相同的结果，即教育测量具有较强的客观性；而教育评价是对教育活动的价值做出判断，由于评价主体的价值观念和标准有所不同，因此，其判断的结果可能是不同的。

（2）教育测量是在事实判断基础上，量化事实的过程；但教育评价可定量，也可定性进行。教育测量的结果是教育评价的主要依据之一，而教育评价价值的标准是多方面的。比如，学生的考试成绩是一个测量数值，学生相对某个群体的排名次序也是一个测量数值。这两个数值可以说明学生对知识的掌握程度，以及这个学生在该群体中的水平，这就是教育测量的过程。但并不能以此来评价该学生学习的努力程度，或者评价其在学习过程中的收获，后面这两个指标具有评价属性，要通过他的平时成绩，以及基础条件等因素来综合判断。真正对教育决策产生影响的应该是后者，因为教育者可以分析学生是否进步了、学生是否有技能缺陷、有没有补救的办法等。

可见，教育评价在教学中的作用是非常重要的，对教学有直接的指导作用。科学的测量方法和合理的评价体系将对教学产生明显的正面影响。现代教育评价不是单纯以测量直接评价的，而是逐渐从单纯的测量到封闭式的目标评价，再到开放式评价、多元化评价判断。美国学者格朗兰德（N. E. Gronlund）在 1971 年用下式表达教育评价的概念：

评价=测量（量的记录）或非测量（质的记录）+ 价值的判断

自 20 世纪 90 年代以来，教育发达国家和地区相继进行了多元化学生评价改革，它的理论基础是建构主义学习理论和多元化智力理论。现实生活是非结构化的，没有现成的答案，教育的最终目的是让学生成为一个主动的探索者、一个训练有素的思考者。只有在非结构化的情境中，学生才需要表现出主动探索，展示其判断力和创造力。多元化学生评价是指不单纯采用标准化测验，而是采用多种途径，在非结构化的情境中评价学生学习结果的一系列评价方法。评价方式由没有固定答案的反应题、短文、写作、口头演说、展示、实验、作品选等形式组成。多元化学生评价克服了学科成绩测验偏重知识记忆的缺点，注重对学生理解能力、操作能力、应用及创造能力的评价。

2. 现代教育评价体系

课程是教育实践的过程载体，课程的设计和实施是教育的核心活动，对课程的评价是教学评价的主要研究课题。

1）泰勒的课程评价体系

20 世纪 40 年代，美国心理学家泰勒经过 8 年潜心研究，提出了现代教育课程评价体系，泰勒也因此被称为教育评价之父。他所提出的评价体系是以目标为核心的评价体系。在这之前，人们往往用测试取代课程评价乃至整个教育评价。人们进行测试的目的是鉴别学生的某些特征与能力，其对测试结果的分析主要集中于学生，总是从学生身上寻找失败的原因。泰勒的课程评价体系把评价与测试严格区别开来，这种独到见解深刻反映了课程评价的实质，开创了课程评价的新纪元。泰勒课程评价体系的提出标志着课程评价科学化的开端。

泰勒说："评价是一个确定实际发生的行为变化程度的过程。评价过程实质上是一个确定课程与教学计划实际达到教育目标程度的过程。"他提出的课程设计方法是，首先确定教育或课程推进过程最后要实现的目标。课程的具体目标应当是在总体目标指导下提出来的、能够达成的分目标，即在教学环节中能够具体操作并能够在评价过程中检查其达成度的具体实施目标。目标只有在具体的情境中才能够体现出它的具体内容、目标指向和目标特点。也就是说，在具体的课程设计中，首先，要明确目标情境以什么方式呈现在不同的教学环节和课程实施过程中；然后，进行目标评价，确定如何收集、提取和分析信息，以及在提取过程中使用什么样的方法和手段来实现目标，确定评价所使用的计分方法、计分单位和计分形式，还有权重；最后，确定提取样本数据的手段，在评价过程中，只有提取样本和证据才能进行有效评价。

归纳起来，泰勒的课程评价体系就是确定教育目标，进行课程设计、评价，其首次指出了教育目标、课程设计和评价之间存在密切的联系。评价是从教育目标入手的，因此，目标的定义应该明确，这样才能知道实际上达到目标的程度，然后确定评价的情境，使学生呈现教育目标所指向的那种行为。

泰勒的评价体系是以行为为目标的，使行为具有目的性和计划性，指出了目标制订、课程内容安排、教学组织方式与结果评价之间的不可分割性。这一评价体系从确定目标到结果的分析利用，结构紧凑，逻辑严密。这一评价体系反对过去只注意分数、计算均分的简单做法，而是对学生各方面的实际进步进行综合性评价，即不仅评价学生学了多少知识，而且评价学生的智能、身体健康状况及思想道德水平。

但这一评价体系也有局限性，主要表现为：对目标没有自身的评价，即对目标的合理性没有加以评价；只观察了预期目标有无达到，而对非预期性效果没有评价；所定目标在大多数情况下是由教育管理者提出的，很少考虑学生需要；不能用统一的目标来评价自由发展的人；重结果，轻过程。

2）CIPP 评价体系

CIPP 是斯塔佛比姆（D. L. Stufflebeam）于 1996 年针对泰勒课程评价体系的不足提出的，由背景（Context）评价、输入（Input）评价、过程（Process）评价和成果（Product）评价组成。

该评价体系重视过程性评价，可在课程进行中调整目标，从而体现了评价不是为了证明（Prove），而是为了改进（Improve）。这是教育观念的一个重要改变，它把封闭式的评价引向了全面的开放式评价。

初始的 CIPP 主要包括上述四种评价，即四个步骤。从 21 世纪初开始，斯塔佛比姆重新反思自己的评价实践，感觉四个步骤的 CIPP 还不足以描述和评价长期的、真正成功的改革方案。为此，他对其做出了补充和完善，把成果评价分解为影响（Impact）评价、成效（Effectiveness）评价、可持续性（Sustainability）评价和可应用性（Transportability）评价四个阶段，由此构成了七个步骤的评价体系。

3）目标游离评价体系

目标游离评价体系是由迈克尔·斯克里文（Michael Scriven）提出的。这是以学生自主学习为导向的一种评价体系，是对泰勒课程评价体系的另一种修正。该评价体系的出发点是主张对教育活动的评价不应受方案设计者和使用者的影响。

在教育过程中，由于受教育者的个性因素，必然会产生一些不是目标描述范围内的附带成果。因此，他提出应从课程方案执行的结果来判定其价值，评价活动的重点应由"目标是什么"改为"实现了什么目标"。它与上述两种评价体系最大的区别是，其做出评价结论的依据不是方案制订者预定的目标，评价活动从反映管理者、决策者的意图转变为反映局外人的意愿。因此，它具有更大的客观性，也反映了评价者的自主性和将教育过程视为受教育者个人自我创造、自我实现、自由发展的民主观念，从根本上体现了以个人需要为价值取向的评价标准。

迈克尔·斯克里文提出，目标游离评价体系应遵循 18 个步骤：说明、当事人、受评价者和评价的背景、资源、功能、输送系统、消费者、需要与价值、标准、历程、成果、概括、成本、比较、重要性、建议、报告、后设评价。这些步骤并非特定的执行程序，在评价活动中，它们有时要循环进行。

4）心理建构评价体系

这是由古巴和林肯等人基于建构主义教学理论提出的一种评价体系。其认为现实不是一种绝对客观的、外在于人的事物，评价本身也不可能纯粹外在于人地进行，它是参与评价的所有人，包括评价者和评价对象相互作用，形成共同的心理建构的过程。这种评价体系更强调教育评价中的多元性价值。建构主义哲学在教学中的应用是全方位的，在对知识的认识、获取知识的方法，以及评价手段方面均具有冲击作用。

首先，知识不再是对现实的纯粹客观的反映，它只不过是人们对客观世界的一种解释、假设或假说，它不是问题的最终答案，它必将随着人们认识程度的深入而不断地变革、升华和改写，出现新的解释和假设；知识也并不能绝对准确无误地概括世界的法则，在具体的问题解决中，知识是不可能一用就准、一用就灵的，而需要针对具体问题的情境对原有知识进行再加工和再创造；知识更不可能以实体的形式存在于个体之外，这就意味着学生对知识通常有着不一样的理解，真正的理解是由学生基于自己的经验背景而建构起来的。因此学习的过程是学生从被同化到顺应的过程。学习不是简单的信息积累，它包含了新旧知识经验的冲突，以及由此而引发的认知结构的重组。

因此，教师应当把学生原有的知识经验作为新知识的生长点，引导学生从原有的知识经验中生长新的知识经验。教学不是知识的传递，而是知识的处理和转换。教师与学生、学生与学生之间需要共同针对某些问题进行探索，并在探索的过程中相互交流和质疑。教师必须提供学生元认知工具和心理测量工具，帮助学生构建自己对知识的理解。教师应认识到，教学目标包括认知目标和情感目标，从而激发学生的学习兴趣，引发和保持学生的学习动机。

可见，这种评价体系是一种完全开放的、具有多元性价值估计的一种评价。

3. 互联网教育平台上的教学评价

互联网教育平台上的教学模式已经逐渐稳定。MOOC 和 SPOC 两种形式在国内均受到重视。MOOC 以大规模和网络学习为特点，与传统教学相比，其教学评价和学生评价具有比较明显的新特点。

1）MOOC 课程中的评价问题

课程中的学生评价应该包括两部分内容，即学习效果的评价和学习行为的过程评价。MOOC 平台除了提供知识点的学习素材和视频，还设计了过程型的测试题和讨论。这两部分内容既是教学的手段，也是学生学习过程评价的渠道。一般测试包括线上测试、学生互评和随堂嵌入的过程测评。

MOOC 与普通课堂最大的不同是网络平台的互动条件。课程讨论区往往是对学生学习进行评价的重要内容。MOOC 教学应鼓励学生自主学习，而自主学习的一种方式就是参与课堂讨论，以在讨论过程中构建对知识的理解。因此，对讨论区的参与程度和互动效果，也是学生评价的主要项目。

由于 MOOC 课程中需要对学生学习过程进行评价，因此，MOOC 课程的设计与传统课堂授课的课堂设计大不一样。问题设计，特别是讨论题目的设计是 MOOC 课程设计中非常重要的问题，也是课程评价的重要指标。

在现代评价体系中，单一的终极目标评价模式已经被证明不是最好的评价模式，那么对学生的评价必然要增加对学生学习行为的分析，而这正是互联网教育平台的优势所在。

2）网络学习行为分析对网络课程的影响

人的行为是心理作用的一种外在表现，也是人与环境相互作用的结果。人的行为必然受环境的影响。在网络环境下，影响学习行为的因素主要有学生自身的学习动机、学习目标与学生个体先验知识的差距、课程内容设计与学生预设目标的差距，以及学生群体行为对个体的作用。

网络课程的学习者在学习过程中的角色相对独立，即使其与施教者存在互动也不是直接的，这种互动对学习者的心理影响相对小，因此学习者的学习行为与课堂的关系更加松散。这在给学习者更多自主余地的同时，也会对学习者的评价造成一定难度。学习时间碎片化，学习群体事件不同步，学习者学习的频次不统一、方法不同、先验知识不同、动机不同，导致学习的行为也必然不同。这些个体差异，使对于学习者学习行为的分析变得重要起来。这些行为分析，不仅可以用于评价课堂的教学效果，还可以用于分析学习者获取知识的能力，甚至是学习者学习的动机。

在对网络课程的过程评价中，学习者的网络学习行为分析数据是重要的参考数据，而在网络课程的设计研究中，对网络学习行为数据的分析又是很重要的基础。

学习者的网络学习行为一般从结构上来分，包括操作行为、认知行为、协作行为和问题解决行为；从信息操作上来分，包括信息查询行为、信息组织和加工行为、信息运用行为和信息发布行为；从交互方式上来分，包括交互对象的选择和交互时间的差异。对这些行为数据进行获取和分析加工，才能提取出对教学有用的信息。这需要应用大数据技术、数据挖掘技术及行为科学模型分析等方面的研究来实现。

3.3　"互联网+"变革教育形式

如果从技术创新角度来观察，远程教育可轻松地与本地教育进行无缝连接，成为实体教育的全面、有效补充，进而促使整个教育产业发生翻天覆地的变化。我们可以深刻感受到互联网各项技术的发展对教育形式改变的触动，教育变得可移动、时时可学、处处能学。

依托于无处不在的互联网和无线移动网络，以及异彩纷呈的多媒体技术，师生利用移动设备（如手机）通过移动教学服务器实现时时可学、处处能学的移动教育。移动教育即通过某一移动教育系统有机地统一教育资源、教师和学生，并在移动智能终端的帮助下呈现学习内容，提供师生之间双向互动交流的渠道，从而实现随时随地学习。

3.3.1　随时随地学习

随时随地学习是移动学习区别于传统教育的最大特点，它使得教育的场所和时间不再局限于固定地点与时间，更加灵活，这也是其最吸引人之处。

现代社会知识更新快、生活节奏快、时间宝贵，导致碎片化时间增多。在日常生活中，坐地铁、等人，甚至走路，都会花费大量的时间。为了充分利用这些碎片化时间，人们对随时随地学习的需求也越来越迫切，各类移动教育软件应运而生。人们可以利用移动终端（手机、平板电脑等）上的各类移动教育相关软件随时学习，既节约了时间，又增加了学习时间。

对有随时随地学习需求的人群进行统计分析发现，需求产生的原因主要有三种：应试教育、职业发展和兴趣爱好（见表 3-2）。

表 3-2　随时随地学习人群统计分析

产生需求原因	人群特点	学习兴趣点	学习需求强度
应试教育	学生及家长 （中学生最多）	各阶段、各科辅导 应考咨询	最强
职业发展	高等教育或白领	证书获取 专业知识获取	中等
兴趣爱好	全民	全面	最弱

为满足随时随地学习的巨大市场需求，相关移动教育平台和教育 App 得到了迅猛发展。

3.3.2 教育类 App

随着移动互联网的迅速发展、智能手机的普及，各类 App 如雨后春笋般出现，尤其是教育类 App。越来越多的用户开始利用移动平台接受在线教育。来自"友盟"的一份数据显示，在 2014 年度，教育类 App 增速迅猛，一线城市用户量的全年增幅达到 90.7%，二线城市用户量增幅达到了 68.75%，其他城市用户量增幅也达 39.01%。其原因在于，教育类的 App 不仅可以帮助学生更好、更高效地学习，还可以培养学生自主学习的兴趣，激发学生潜能。另外，某些 App 有很强的互动性，家长可以和孩子一同参与，让亲子关系更融洽。

据统计，目前教育类或学习类 App 数量已经超过 3 万个。教育类 App 越来越主流，用户除了可以不受时间、空间的限制，还可以自主选择教师、知识和学习方式。教育类 App 的核心用户群体主要是学生和上班一族，这类群体中包括大部分需要指导或本身学习意愿较强烈的用户，教育类 App 极大地促进了这类用户的主动学习。而对主动性较差的用户来说，其需要趣味性强的教育类 App。例如，开心词场通过游戏帮助学生记单词，把一本词汇书分成很多关卡，通过游戏闯关的方式帮助用户完成背诵，并且其免费的性质也从一定程度上刺激了学生学习的主动性。另外，游戏通过 PK 功能更有效地带动了用户之间的互动，刺激了用户的上进心。

对于上班族来说，其碎片化时间非常多，同时生活和工作的压力大，必须抽出一定的时间去学习。教育类 App 恰恰满足了上班族的使用习惯，提供的知识点更碎片化，同时保留了精华内容。由于学习欲望强烈且有针对性，教育类 App 使得上班族的碎片化时间利用十分高效。

1. App 分类排行榜

2019 年 6 月底在 App Store 中以教育为关键词搜索，出现 201395 个搜索结果。观察教育类 App 的销售排行榜，分别按照付费、免费和畅销将其列出，如图 3-3 所示。

　　（a）付费排行榜　　　　　　（b）免费排行榜　　　　　　（c）畅销排行榜

图 3-3　教育类 App 在 App Store 中的销售排行榜

统计发现，付费 App 主要以语言类、考证题库类和幼儿教育类为主；免费 App 以考证题库类、语言类、工具类和平台类为主；畅销 App 中考证题库类最受欢迎，其使用人群主要集中在家长（尤其幼儿家长）、学生和上班族。

2. 教育类 App 分类

根据应用目标不同，教育类 App 目前主要类型有幼儿教育类、考试类、工具类和语言类。

1）幼儿教育类 App

几款典型的幼儿教育类 App 如图 3-4 所示，这类 App 涵盖早期教育、艺术与创意、自然科学、数学、语言与阅读、综合益智六个主题。其中，语言与阅读类 App 最受用户欢迎，特别是以语言与阅读为主题的儿童教育类 App 最多，如识字类的"猪迪克识字"、学英语的"叽里呱啦"、看童话故事的"咔哒故事"等。

图 3-4　几款典型的幼儿教育类 App

其次是综合益智类 App，占比为 19.6%。再次是早期教育类 App、艺术与创意类 App，而数学类 App、自然科学类 App 的比例则较小。此类 App 注重儿童早期的全面知识学习和智力情感开发，开发商应尽量多设计不同主题的、有价值的 App 来弥补市场的空缺。

如果将儿童分为婴儿（0～3 岁）、学前儿童（3～6 岁）、小学低年级（6～8 岁）及小学高年级（8～12 岁），则学前儿童是儿童教育类 App 的最大用户群体，其次是小学低年级儿童，再次是婴儿，最后是小学高年级儿童。这说明学前教育类 App 及小学低年级教育类 App 市场受众很广，也说明了这个年龄段的市场已经得到了充分重视和开发。

咔哒故事（见图 3-5）是杭州红花朵朵网络技术有限公司专门针对学前儿童研发的软件产品，其内容全部免费，包括儿童故事、睡前故事、有声故事、儿童读物、绘本、童话、童谣、古诗、英语、英语绘本、胎教、儿歌、三字经等。儿童可以通过阅读咔哒故事中的睡前故事、绘本等来丰富知识，活跃思维和想象力，提高认知能力。该软件的理念是让儿童感知世界的美好，激发儿童无限潜能，创造儿童美好人生。

图 3-5 幼儿教育类 App 部分界面（咔哒故事）

2）考试类 App

这类 App 是针对各类考试复习的 App，其中题库占了绝大部分。题库类 App 构建难度较低，数量较多，基本上为各科考试题库，也包括最受欢迎的考证题库。题库类 App 最适合在校学生或有明确考证需求的人群。以下列举两个典型的考试类 App。

（1）猿题库（见图 3-6）。该 App 由北京粉笔未来科技有限公司开发，主要为初、高中学生提供全国各省市近六年高考真题和近四年模拟题，并匹配各省考试大纲和命题方向，可让学生按考区、学科、知识点等自主选择真题或模拟题进行练习。另外，它还针对高三学生提供总复习模式，同时提供各科题目的优质解析。

图 3-6 考试类 App 部分应用界面（猿题库）

（2）万题库（见图 3-7）。它由北京美好明天科技发展有限公司开发，主要为广大学员提供多类重要考试的移动、智能学习、练习及模拟考试服务。万题库的用户以在校大学生、各类职业人群为主。目前，万题库产品的日活、月活、留存率、使用时长等各项指标均保持行业领先水平。其中，"二建万题库"利用人工智能算法，实现了一对一智能出题和逐题视频解析，其所提供的视频由业界名师讲解，声情并茂；其智能评测功能，能够精确预测考分；其提供错题自动备案，可使学生随时随地进行收藏和做笔记。

图 3-7　考试类 App 部分应用界面（万题库）

　　3）工具类 App

　　工具类 App 主要是字典类 App，这类 App 的主要功能是搜索与辅助，因此，其不仅需要具备丰富完备的字、词数据库和查询功能，还需要具备翻译词句、点读、指译、关联学习等功能。

　　以"新华字典"（见图 3-8）为例，它是由 Long Gao 公司研发的一款字典程序，可以查阅 20818 个汉字（包括简、繁体），是目前为止 App Store 中收录汉字最全的汉字字典程序。其不仅具有笔画、部首索引功能，还具有更强大的逐字搜索能力，是驾驭汉语、提高工作

图 3-8　工具类 App 部分应用界面（新华字典）

效率的好工具。其操作简单，不需要网络环境，只要输入拼音、五笔或汉字，即可查询，并且可根据需要把检索模式设置为前方一致或部分一致。搜索结果中显示各个汉字的笔画数、部首和五笔信息。它对每个汉字都有基本解释，有的还有详细解释，在基本解释界面，触摸详细的连接，就会显示详细解释的界面。它还具有强大的逐字搜索功能，在基本或详细解释界面中，触摸界面，选择其中任何一个汉字，就会显示有关这个汉字的解释界面。

4）语言类 App

语言类 App 主要为满足各类对外语学习有需求的人群，其中英语辅助学习 App 最多，其他语种的学习类 App 则以韩语和日语居多。有些 App 包含多语种学习，如"开心词场"等。以下列举两款典型的学习类 App。

（1）开心词场由上海互加文化传播有限公司开发（见图 3-9），是由沪江网推出的多语种、多级别、跨平台背词工具，其服务的不同年龄层用户已超千万。多样化的题型、简单明了的学习过程记录使其深受用户的喜爱。

图 3-9　语言类 App 部分应用界面（开心词场）

（2）扇贝单词由南京贝湾教育科技有限公司开发（见图 3-10）。扇贝单词的学习记录和扇贝网完全同步，移动端主要以词汇复习为主，通过浏览器则可以使用更加丰富的功能，包括自行添加单词、例句和笔记，选择学习流行美剧、书籍中的词汇，以及阅读原版新闻等。扇贝单词能够根据使用者的学习程度和复习结果，动态调整学习材料和方式，帮助用户从易到难循序渐进。

3. 教育类 App 发展趋势

1）社交化

随着教育类 App 数量的增多，相应教育内容和方式总量也不断增多，导致用户选择困难。数据表明，App 被下载一部分依赖于其下载量和评价；另一部分则通过熟人介绍，口碑宣传。

图 3-10　语言类 App 部分应用界面（扇贝单词）

在 App Store 教育类软件排行榜上，排名靠前的 App 大多都在向社交方向发展。以"腾讯课堂"为例，腾讯课堂基于 QQ 庞大的用户群，依赖于腾讯深度社交基因的属性，成为在线教育培训的利器。这种强社交关系让用户在学习过程中不仅可以通过 QQ 交流学习心得，还可以通过视频进行面对面的探讨。教育类 App 可以通过整合强势社交工具如 QQ 群、微博、微信朋友圈、QQ 空间等作为推广渠道，使用户将自己喜欢的课程通过社交工具分享给其他好友，或者依靠朋友的分享找到自己感兴趣的课程，从而达到了学习的目的，同时也带动了品牌效应。

目前大多数的教育资源都是免费的。作为值得加速投资的行业，教育类 App 也可通过前期的免费政策来培养用户既有的行为习惯和忠诚度，这也是其真正的盈利策略。

2）人性化

在使用 App 时，人们主要关注其趣味性、互动性、教学内容，以及其是否拥有大量丰富的内容，并不断更新。

人们在选择 App 时，将从技术和内容方面对 App 进行评价。在技术方面，首先要看 App 的安装包大小，及其运行是否顺畅；其次看其界面设计是否清晰及易于操作；最后看其功能区域设计是否符合用户习惯。在内容方面，主要看它能否满足用户群需求，是否趣味性强，能否有效激发学习者的兴趣。

3.3.3　移动校园

移动校园是一种基于传统互联网和移动互联网技术，以手机、平板电脑等小型化移动通信设备为信息载体，为学习者营造情景交互式的学习范围，实现在学习环境、学习资源和学习活动上均以学习者为中心的虚拟校园。学校不仅指传统意义上的学校，如普通高等院校等，也包括各种有目的、有计划开展社区教育、职业技能培训、师资培训、干部培训等的机构。同样，学习者不仅局限于在校学生，也包括所有接受教育的人员。

移动校园以数字校园信息化建设为基础，将学校丰富的学术资源、不断创新的教学理念和日常的学习、教务、生活，与远程教育、资源共享、信息交互、无线接入、移动终端等信息化技术发展的最新成果相融合，在学校教学理念与信息化发展思想的统一指导下进行移动式展现，从而推动学校教学、科研、管理等各项工作的全面开展，形成多元化、人文化、智慧化的信息服务环境，有力支撑学校事业又好又快地发展，提高学校教学质量和工作效率。

移动校园不仅可以为学习者提供学习相关活动，也可以为传统学校提供访问校园各种信息资源的入口，使学校的教职工、学生、校友都可以通过手机获得个性化的信息和服务，从而集校园各种应用系统于一身，实现移动式办公和学习。

移动校园的建设，目前从技术上来讲，已经完全成熟，而且很多一线、二线城市的大、中、小学都已经建设了完整的移动校园。一个实用的移动教育系统必须同时兼顾学生、教师和教育资源三个方面，并将其有机结合。一般来说，移动校园由社交系统、开放平台、服务系统和消息系统四部分组成。其中，社交系统整合教职工、学生及校友；开放平台整合校园各种应用；服务系统整合校内、校外的信息资源；消息系统则推送各类校园通知等资源。

（1）社交系统：依托校内固定社交关系，充分利用学校教学、科研、文化生活和社会服务相关信息资源，挖掘师生之间的各种合作、交流等社交关系，让师生能够便捷地在网络中建立社交圈子，分享信息，优化校园学习氛围；也可以通过与校外社交网络的互联互通实现更广泛的交流与协作。

（2）开放平台：为学校搭建统一移动应用框架，具有开放性、安全性、通用性等特点。通过为校园用户提供公共应用实现与校园移动门户对接，实现手机一站式访问。

（3）服务系统：类似于微信公众平台，允许学校各部门、教师、学生创建个性化的服务账号，为众多订阅用户提供有价值的信息推送，如校园政策导读、考试服务、心理咨询等。

（4）消息系统：通过即时通信和信息推送机制，将重要信息，如工作通知、信息公告等及时推送到校园用户手机上，以便用户第一时间获取和阅读。

目前，移动校园已经逐渐在各级学校普及应用，各类培训机构也纷纷建设了自己的移动校园。移动校园在开展移动学习、学校教学、招生、教务管理及校园文化建设等方面取得了非常好的效果。

3.3.4　实时交互式教育

实时交互式教育作为远程教育的一种重要形式，主要依托计算机网络通信技术和多媒体技术，以网络作为载体，实施教学活动，即任何地方的用户都能够通过网络进行学习，师生双方能进行实时的、双向交互的教与学活动。

其欲达到良好的教学效果，主要取决于两部分：硬件系统和教学者。其中，硬件系统是实现实时交互式教育的基础。为通过高清、快速的双向视频系统促进师生实时交流，为学习者提供随时随地的远程学习支持服务，其要求硬件系统能够接入多路信号进行录播，不同的教学画面能够平滑切换；操作简单，不需要专业人员介入；自动生成多种格式的视频文件且画面质量好，文件小，以便网络共享。同时为实现实时交互式教育，还应提供多人语音、多路视频、共享白板、共享电子文档、文件传输、即时文字等多种交流方式。

对于实时交互式教育，仅仅有好的硬件系统是远远不够的，其对教学者也有较高的要求。一般来说，教学者应当具备良好的组织能力、良好的表达和沟通能力，语言幽默、风趣、有感染力；熟练掌握相应的系统和平台，可以快速应对和解决有可能出现的各种情况（耳麦没音、回输啸叫、突然掉线等），对随时出现的情形和异常情况，可以恰当应对，随机应变。

3.3.5　网络虚拟教育

网络虚拟教育是远程教育的另一种重要形式。目前比较流行的网络虚拟教育平台以虚拟校园为主。虚拟校园是互联网在教育领域的体现和延续。

在美国，虚拟校园已从单纯的网络成人教育和高等教育逐渐渗透到基础教育领域。虚拟校园与实体学校一样，可以从公共财政中获得资金支持。VLACS（Virtual Learning Academy Charter School，其主页见图 3-11）是新罕布什尔州第一所线上虚拟公立学校，成立于 2007 年。该学校覆盖初、高中，学生能根据个人节奏随时随地地学习。VLACS 可以给学生提供各类课程，供学生自由选择。学生可以选择全天学习或半天学习，依学生个人情况而定。VLACS 还会给学生配备一对一的导师，学生可以通过邮件、电话、面谈等各种方式和导师联系。学生生活、学习上碰到任何问题都可以随时随地和导师沟通。导师每月至少主动和学生联系一次，了解学生情况，帮助学生解决其所面临的问题。通过线上硬性知识学习、线下个性化指导，VLACS 的模式得到越来越多的认可。VLACS 期待通过最前沿的科技给学生提供最适合学生的个性化教育，让学生学在当下，成就明天。

在日本，千叶市中央区的远程教育高中——明圣高中于 2000 年开设了日本第一所网络高中，即明圣网络学习国（见图 3-12）。学生不用去学校就可以通过网络完成高中学习，取得高中毕业资格。其主要面向"想上学，却因某些原因无法去学校"的学生。考虑到远程教学过程中的学生只能自己学习，没有同学，容易感到孤独，因此，校方通过这个平台将接受远程教育的学生连接起来。

图 3-11   VLACS 主页

图 3-12   明圣高中网络高中

学生在教室里开始上课后，要观看 20～30 分钟的视频教学，之后通过小测验来检测其理解程度。包括测验在内，一节课一般是 50 分钟。每上一次课学生都会得到"学习积分"，一些汉字游戏或英语单词游戏也可以增加积分，而使用积分可以购买虚拟人物的服装和家具。另外，学校要求学生每年提交四篇小论文。学生在这里学习三年，修够了学分就可以取得高中毕业资格。

学生可以设定自己在网络上的形象。学生可以选择自己喜欢的时间去学校"上学"，在网络学校的教室、校园中，可以通过文字对话与同学们交流。在"老师办公室"前设有问题箱，学生可与老师沟通学习、生活上的烦恼。

虚拟校园可以打破时空限制，促进个性化教育，提高学生学习体验和学习兴趣，而在传统教育中，学习能力、接受能力不同的学生很难根据自己的节奏来进行个性化的学习。学生不仅喜欢互动、合作的学习方式，也喜欢能"自定进度"的个性化学习方式。虚拟校园给学生提供了更大的灵活性和更多的选择权利，使他们能够根据自身的实际情况调节学习进度，并对自己的时间进行合理管理。可以说，个性化教学让每位学生的需求都得到了最大限度的满足。

3.4　"互联网+"催生教育新业态

互联网与教育相结合将成为未来教育产业的主要发展方向，本节将针对互联网+教育产业新形势及其创业模式和产业链发展进行讨论。

3.4.1　互联网+教育产业新形势

从国家政策层面来看，"十三五"规划基于提高教育质量，提出促进教育公平、重视建设现代职业教育体系、支持和规范民办教育等五大要点，以及开放二胎政策等，对扩大教育市场产生了强大驱动力。从资本角度来看，目前营利性民办教育企业登陆 A 股的相关政策正在逐步松动，教育产业密集登陆资本市场。我国的资本市场的估值水平又明显高于海外。在经济转型和并购浪潮的驱动下，众多上市公司以教育作为转型方向，教育已成为 A 股主板重要风口。从市场角度来看，2016 年中国教育培训产业的市场规模达到了 1.8 万亿元，2017 年达到了 1.98 亿元，2018 年突破了 2 万亿元大关，预计到 2020 年，其市场规模可达 3.36 亿元。因此，政府、资本和市场等成为教育产业市场空间的重要驱动力，一个全新的教育产业正在呼之欲出。

从 2014 年开始，资本市场对互联网教育的关注度陡然提升，先是阿里巴巴领头与新加坡投资公司淡马锡和启明创投注资近 1 亿美元投资国际互联网教育巨头 Tutorgroup 旗下的 VIPABC；然后 YY 教育宣布成立 100 教育，大举进军互联网教育行业；之后，BAT 巨头纷纷内部孵化或外部并购平台、内容与工具类产品，加速互联网教育行业布局。另外，以新东方、好未来为代表的传统教育机构，也在加速向互联网靠拢。互联网巨头加速布局和传统教育机构积极靠拢的背后，是互联网教育所蕴藏的万亿元金矿。数据显示，2014 年中国家庭教育支出超过 1 万亿元，2018 年该数字已超过 2 万亿元。考虑到中国家庭投入占比和收入仍在快速提升，互联网教育市场上未来十年不存在成长的天花板。然而，资本迅速涌入的同时，行业内也存在巨大的风险。据统计，2014 年平均每天有 3 家新成立的在线教育公司上线，当年有超过 10 亿元资金涌入在线教育；但同时，平均每天也有近 3 家在线教育公司宣告破产。

互联网+教育整个产业具有广阔前景，其未来发展将主要集中在课程研发、O2O 中间渠道、工具开发和内容提供四个方向。

3.4.2　互联网+教育创业模式

"互联网+"概念的提出使得任何行业都可将传统的线下模式迁至线上。目前,互联网教育行业的竞争,已经进入商业模式竞争阶段。无论是互联网巨头在互联网教育领域的投资布局、大型培训机构的互联网教育转型,还是创业公司在互联网教育领域的创业,无不着眼于投资项目的商业模式创新。在商业模式创新上有成就的企业,如 YY 教育,则得以迅速崛起,成为互联网教育领域的领军企业。

根据各类互联网+教育在运营模式、盈利模式、产品服务体系等方面的不同,目前涌现的互联网+教育主流商业模式包括 MOOC、B2B、B2C、C2C、SNS、O2O 六类。

3.4.3　互联网+教育产业链

产业链是产业经济学中的一个概念。产业链形成的表象是产业聚集,实质是相关产业围绕某一主导产业在内的上游产业或下游产业。教育领域各种关联的产业实质上就是各级学校(包括培训机构)之间的链接,通过打通断环或孤环,把教育产业链上的某一环做大、做强,这是教育产业链构建和完善的更深一层的意义。教育产业链的内容是各类教育机构提供的产品,包括胎儿教育、学前教育、基础教育、课外辅导、高等教育、成人教育、职业教育、老年教育等各类教育形式。

成熟的互联网+教育产业链由内容提供商、服务提供商、网络提供商及终端设备四部分组成,并且其分工与合作明确。但目前其产业链尚未成熟,产业结构较为混乱,产业链各部分的合作与规则尚未建立。但可以明确的是,产业链的每个参与者都争相向服务提供商的角色进行转型,并利用自身的优势和经验抢占移动学习平台。在转型中,内容资源和客户资源成为其成功转型移动学习服务提供商的最大优势。

以传统教育中的书籍出版商为例,外研社作为拥有强大内容资源的英文书籍出版商,也在向教育服务提供商转型。在移动学习方面,外研社成功开发了应用软件——外研社手机词典,同时还推出了移动英语学习软件。外研社利用自身优质的内容资源、强大的用户基础和品牌影响力开拓移动学习的市场。在互联网+教育产业链形成与整合时期,传统的英语学习产品面临着时代更替的挑战,这就促使很多企业进行战略转型。随着智能手机和平板电脑等移动设备的日渐普及,以及应用程序的日渐丰富成熟,英语学习机逐渐被基于移动设备的 App 所替代,而在英语学习机产业链上的参与者也面临着转型和变革。

可见,互联网+教育发展的主要挑战来源于内容、技术与产业链成熟度三个方面。

(1)在内容上,对于版权的保护成为行业环境健康发展的必备因素,尤其是对数字发行版权的保护,已成为互联网+教育内容资源的焦点。这就使拥有内容资源的参与者更具有竞争优势。此外,如何将内容资源数字化、可视化,使用户易于学习和吸收,也是互联网+教育面临的重要挑战。

（2）在技术上，智能手机的设计和应用包括屏幕大小、电池续航时间与键盘设计是否能适应多功能互动式的学习需求也是互联网+教育面临的一个挑战。

（3）尚未成熟的产业链与未完善的产业机制也是互联网+教育产业发展所面临的重大挑战。

3.5 小结

虽然人们讨论的教育一般是指由教育机构完成的教育。但通俗地讲，教育的核心目的是希望人能站得更高，看得更远。随着技术的发展，人们对自身的心理、生理机能的研究越来越深入，对人的学习能力及认知规律的研究也越来越丰富，对人与社会、人与自然的认识已逐渐深刻，加之现代技术使教育的手段不断变化，人们对教育对人类影响的认识也在变化，教育的内涵也随着科学技术的发展而逐渐深化。

互联网+教育的发展改变着教育的形式、教育的内容、教育的理念，使教育的内涵更加丰富，也更接近于人的心理需要。同时，互联网技术与教育不仅是工具和用户的关系，而且将逐渐融为一体，改变人们认识世界、获得知识的方法，同时给教育提出一系列的新课题，从而推动教育的发展。

技术的不断发展和创新，必将导致教育领域发生翻天覆地的变化。不管互联网+教育以何种形式存在，其前进的脚步是无法停顿的。在这个过程中，如何实现情感教育却是值得我们深思的问题。

第 4 章
Chapter 4
互联网+教育技术引领

中国社会在形态上已经进入了信息化时代,无论是网民数量还是网络经济发展的速度,均堪称世界第一。那么，互联网技术创新给教育领域带来了什么样的冲击呢？以云计算、物联网、大数据、人工智能、移动互联网（简称云物大智移）为代表的新一代信息技术等技术革命正把教育带向教学自组织、学习社交化、思维可视化的 4.0 时代。互联网+教育势必给传统班级制教育带来深刻革命，但其并不是传统教育的掘墓人，而是引领传统教育改造升级的推动力。政府、学校、家庭应以开放的心态迎接互联网+教育带来的历史性机遇和挑战。

4.1　互联网刺激教育发展

互联网+教育的发展,不仅使传统教学机构的课程从组织结构到基本内容都发生了巨大变化，帮助教师树立了先进的教学理念，改变了课堂教学手段，而且更令人兴奋的是，整个教育产业生态也发生了革命性的变化。

4.1.1　互联网提供海量知识资源

与人类社会的进步和社会活动的不断扩展相适应，人们的信息需求日益增长，信息的内容和范围更加广泛，信息交流手段和方式、方法也更加先进与多样化。信息作为社会的一种基本要素，其作用已渗透到人类社会活动的各个方面。

互联网将全球的智慧联结在一起，为人类提供了海量的资源。其中，与学校教育、课程教学及教师教育相关的课件、教案、论文、试题、数据库等资料，以及视频、音频、图片、动画等多媒体素材，在互联网上随处可见。

根据中国互联网中心 2017 年 7 月公布的《第 40 次中国互联网络发展状况统计报告》最新统计数据显示:截至 2017 年 6 月,中国网民规模达 7.51 亿人,互联网普及率为 54.3%。调查结果显示，公共服务类各细分领域应用用户规模均有所增长，其中，在线教育用户规模达 1.44 亿人，较 2016 年年底增加 662 万人；在线教育用户使用率为 19.2%，较 2016 年年底增加 0.4 个百分点。其中，手机在线教育用户规模为 1.20 亿人，与 2016 年年底相比增长 2192 万人；手机在线教育用户使用率为 16.6%，相比 2016 年年底增长 2.5 个百分点。

国家对教育行业的高度重视，以及云计算等新技术的应用和推广，促进了在线教育的兴起和发展。传统的教育培训机构、大型互联网企业、垂直领域的创业企业，都纷纷对在线教育领域布局。这导致众多优质教育资源迅速聚集，包括中小学教育、职业考试、职业技能培训、语言培训、出国留学、兴趣教育、儿童早教、大学生/研究生教育、综合教育等在内的各热门需求领域的海量知识资源均汇入互联网,为我国互联网+教育的发展积累了宝贵的经验,并提供了良好的数据资源和基础设施。

互联网的普及与网上所存储的海量知识和信息,促进了教育和科研的扁平化。虽然学习者可能身处教育并不发达的城市或乡村,但只要能连上互联网,就可以听到或看到国内外一流教师的讲课视频或下载他们的课件与辅导材料。不管学习者是在一流大学还是普通大学,都可以下载最新的研究成果,获得最前沿的信息。有了互联网,世界就是平的。信息扁平化给了学习者和研究者更多机会。互联网不仅是知识的巨大宝藏,而且拉近了学习者和国内外一流教师之间的距离。

4.1.2 互联网技术引领教育

未来的教育对象是伴随着互联网发展而成长起来的"互联网原住民"。因此,未来线上、线下相结合的教育模式,将使教育如虎添翼。线上教育将集中最丰富的优质资源,提高教学学习效率,提高学习便捷性,而线下教育则将提升人与人之间的互动性,同时实施人品教育、人格教育、智慧教育等。因此,线上、线下相结合的教育模式,便成了未来教育体系不可分割的部分。

自 2014 年起,在线教育在中国呈井喷态势,微课、MOOC、翻转课堂作为未来的学习模式,早已奏响了新一轮教学改革的进行曲。改革意味着新的市场和新的机遇,历经十数年的沉淀,在线教育市场前景极为广阔,将对学生学习模式造成颠覆性改变,互联网技术将引领教育更好、更快地发展。

4.2 互联网技术推动教育模式变化

4.2.1 教育模式的演变

从古代的私塾,到现在的小学、中学、大学,社会的发展和技术的进步,不仅使教育模式发生了巨大的变化,而且使受教育的门槛越来越低,人数越来越多。

计算机、通信、传媒技术的发展,催生了现代远程教育模式。1840 年,英国人伊萨克·皮特曼(I. Peterman)把速记教程邮寄给学生,开创了函授教育的先河,人们将其称为远程教育的第一代。进入 20 世纪后,随着电子信息技术的发展、视听技术和大众媒体的广泛普及与应用,尤其是电视的普及,电视、电话、电影等逐步介入教学领域,人们将其称为远程教育的第二代。中国基于广播电视的远程教育早期实践可以追溯到 20 世纪五六十年代，在之前兴起的函授教育和成人业余教育的基础上，各地政府结合广播电视传输网络，利用黑白电视在天津、北京、上海等中心城市成立了区域性的广播电视大学。面向全国的广播电视大学是 1978 年由邓小平同志亲自倡导并批示创办的。几十年来，广播电视大学伴随着中国改革开放的伟大历史进程不断发展壮大。自 20 世纪 90 年代起，互联网的快速发展给社会带来了巨大的变化，教育模式也出现了跨越式的发展。2002 年，美国麻省理工学院（MIT）启动了一个伟大的项目，即开放共享课件 OCW（Open Course Ware）。通过该项目，MIT 逐步把其所开设的全部课程的教学材料和课件公布在网上，供全世界的求知者和教育者免费使用。2003 年 9 月 30 日，MIT 开放课件正式对外发布。MIT 定期将课程视频、音频、图片等分别放到 YouTube 平台（全球最大的视频分享网站）、iTunes 平台（苹果公司开发的数字媒体平台）和 Flickr 平台（图片储存、分享服务平台）上。经过多年努力，截至目前，MIT 已经有 2260 门课程的课件被放到了互联网上，课件内容涵盖了 MIT 5 个学院、30 个专业的所有学科，在世界范围内引起了广泛关注。MIT OCW 课程被翻译成西班牙语、葡萄牙语、汉语、泰语、日语、韩语、土语、波斯语等，并在全球建立了近 300 个镜像网站，其使用者遍布全球 200 多个国家，其应用推动教育模式进入了一个崭新的历史时期。

受 MIT OCW 项目的影响，2003 年 4 月，我国教育部颁布《教育部关于启动高等学校教学质量与教学改革工程精品课程建设工作的通知》（教高〔2003〕1 号），正式启动国家精品课程建设项目。国家精品课程是我国高等教育"质量工程"的重要组成部分，是在我国高等教育快速发展、规模不断扩大、进入大众化阶段，以及教育信息化进程不断深入的背景下开展的一项重大的教育教学改革工程。其建设理念是推动优质资源整合、共享和应用，推进信息技术支持下的教学建设和教学改革，实现优质资源的开放共享。

自 2012 年以来，MOOC 对高等教育产生了巨大的影响。最有代表性的国际 MOOC 平台是 Coursera、edX 及 Udacity 三大平台。其中，Coursera 和 edX 两大平台均定位于与世界一流大学合作，哈佛大学、耶鲁大学、MIT、斯坦福大学、牛津大学、剑桥大学等世界一流大学在互联网上为其提供各类高水平的大学课程。而 Udacity 的课程则以信息技术类为主。2013 年，MOOC 大规模进军中国市场，国内部分顶尖大学加入 Coursera、Udacity、edX 三大平台。除此之外，国内 MOOC 平台后来居上，尤其以教育部的"中国大学慕课平台"和清华大学的"学堂在线"最具影响力。

MOOC 带来的变革无疑是令人兴奋的。因为它不仅极大地降低了教育成本，促进了教育公平，而且还不断尝试引进更多的技术手段，提供交互性更强、更为个性化的教学体验。与传统课堂相比，MOOC 更像理想课堂，它能够跳出讲台的束缚，遵行"怎样把知识讲得更清楚、更好就怎么讲"的原则，也更便于学生自己掌控听课节奏，让学生可以与上万名学习者共同交流，从而更好地吸收和理解知识。各教学机构为了对线上、线下教学模式各取所长，又推出了混合式教学模式，比如翻转课堂、SPOC 等。这种模式将基本的知识讲解放在线上，让教师有更多的时间与学生面对面交流、分享、答疑解惑。线上的教师只要教得足够好，就可以教授成千上万的学生，而且能够获得良好的教学效果。随着大数据技术的发展，互联网教学平台可以对每位学生的学习情况进行详细记录，并利用数据挖掘算法，发现教学大数据背后的信息金矿，从而为每位学生提供个性化的指导。同时，它也能帮助教师了解教学的效果，从而使教师科学、全面地提升教学质量。

以 MOOC 为代表的新型教育模式已经对全球高等教育产生了深刻影响，对国内高等教育更是如此，它是对基于印刷术的传统课堂教学结构与教学流程的彻底颠覆，由此将引发教师角色、课程模式、管理模式等一系列变革。在信息时代，高等教育资源已不再是一花独放、一校独有了。北京大学原校长周其凤在其演讲中曾表示，MOOC 对于北大而言"也许是关系到存亡的问题"。清华大学原校长陈吉宁更是坦陈："这场变革犹如一场海啸。"

4.2.2　大数据推动教育模式继续演变

有人说 21 世纪将是生命科学的时代，也有人说 21 世纪将是知识经济的时代，但大量的事实强有力地告诉我们，21 世纪必将是大数据的时代，是智能信息处理的黄金时代。

近年来，大数据已经成为科技界和企业界关注的热点。2012 年 3 月，美国奥巴马政府宣布投资 2 亿美元启动"大数据研究和发展计划"，这是继 1993 年美国宣布"信息高速公路"计划后的又一次重大科技发展部署。美国政府认为大数据是"未来的新石油"，将"大数据研究"上升为国家意志，对未来的科技与经济发展必将带来深远影响。一个国家拥有数据的规模和运用数据的能力将成为其综合国力的重要组成部分，对数据的占有和控制也将成为国家间和企业间新的争夺焦点。

数据是与自然资源、人力资源一样重要的战略资源，隐含巨大的经济价值，已引起科技界、教育界和和企业界的高度重视。有效地组织和使用大数据，将对科技、教育及经济发展产生巨大的推动作用，孕育出前所未有的机遇。

那么何为大数据呢？"大数据"是"数据化"趋势下的必然产物。数据化最核心的理念是"一切都被记录，一切都被数字化"，它带来了两个重大的变化：一是数据量的爆炸性增长，最近两年所产生的数据量等同于 2010 年以前整个人类文明产生的数据量总和；二是数据来源的极大丰富，形成了多源异构的数据形态，其中，非结构化数据所占比重逐年增大。

大数据有四大特点：数据量巨大，从 TB 级别跃升到 PB 级别；数据类型繁多，不仅包括传统的格式化数据，还包括来自互联网的网络日志、视频、图片、地理位置信息等；处理速度快；追求高质量的数据。

历史上人类教学活动经历了两次重大变革。一是公元前 500 年左右，孔子创立私塾和苏格拉底讲学，开创了教育的先河。二是 16 世纪，夸美纽斯将工业化革命引入教学，创立课堂学习体系，教师在固定的场所以一对多的教学模式对学生进行单向灌输式教学，这种教学模式一直沿用至今。如今，伴随着大数据的发展，教学模式又会有怎样的变革？

1. 大数据催生新的教学模式

在大数据时代，学生获取知识的途径将不再限于课堂。互联网技术的快速发展，使得在线学习日益成为学习知识的重要途径。与按部就班、限定时间和空间的传统课堂教学模式相比，在线学习将为学生提供更加自主的学习空间，使学生可以自由安排学习时间和地点，并可以学到世界一流大学提供的教学课程。作为未来新的教学模式，在线学习过程并非单向观看冗长的教学录像，而是以 10 分钟左右的片段式多媒体视频为主体，配套完成相应的测试题，以促进学生回顾和理解之前的学习内容。这种交互式的短视频学习模式，可以有效减少在线学习过程中产生的疲乏，有助于学生集中注意力，提高学习效率。短视频学习模式会使学生更有成就感，激发其进一步学习的动力。此外，其克服了传统在线教育单向灌输知识的局限，通过引导学生积极学习与思考，使学生更好地构建知识架构。

在线学习不只是观看视频并加以练习这么简单。学生的学习行为会被计算机记录下来，包括鼠标的点击情况、在视频某处的重复观看和暂停、答错的题目是否会回顾复习等细节。单个学习者的行为数据似乎并没有规律可循，然而，当数据量积累到一定程度时，通过挖掘群体的学习行为模式，对数据进行分析、统计、归纳，教师就会得出该群体的学习规律，判断哪些知识点需要重点强调，并实现对不同学习者因材施教，有针对性地开展教学和指导。

通过大规模教学数据来对课程资源进行反复检验和改进，可进一步提高在线教学资源的优质性。同时，在线学习并不是孤立的记忆与练习。开放的网络教学平台为学生和学生、学生和教师之间搭建了良好的交流途径，应鼓励学生协同学习、发表观点、交流看法以培养互相学习的氛围，使学生在探讨中提出问题，在相互质疑与论证中得出正确的结论，共同成长。这样的互动过程也有助于教师掌握学生的学习情况，便于教师有针对性地答疑解惑，解决学生学习过程中的问题。此外，教师之间也可以通过交流平台对课程的教学重点、难点进行分析探讨，以便促进新的、更好的教学模式的产生，使未来新的教学模式更趋于科学化、合理化。

2. 大数据转变教学观念

伴随着信息技术的进步和大数据的不断发展，大规模在线教育平台将给教学机构的教学观念带来深刻影响。当在线学习逐渐成为学生获取知识的主要途径时，传统课程将起到辅助教学的作用。"翻转课堂"的教学组织形式，将改变以往课上教师授课、课下学生练习的教学观念：课下，学生通过网络在线学习，自学全球一流大学高质量的课程内容；课上，教师组织学生对所学知识进行复习、讨论、答疑解惑。

当在线教育可以为世界任何一个地区的学生免费提供世界一流大学的优质教育资源时，各教学机构将面临更加激烈的竞争。可以想象，此时有些优秀教师可能通过提供优质资源获得更好的发展，而有些教师则可能转变为助教的角色，为学生提供在线教育以外的辅导和帮助。当然，在我国高校，也可能有一部分教师会从基础教育中脱离出来，全身心从事科学研究，从而更好地促进科学研究的快速发展。

3. 大数据促进个性化教育

国际个性化教育协会将个性化教育定义为：为受教育者量身定制教育目标、教育计划、教育培训方法、辅导方案并加以执行，组织相关专业人员为受教育者提供学习管理策略、知识管理技术及整合有效的教育资源，帮助受教育者突破生存限制，实现自我成长、自我实现和自我超越。

为学生创造个性化教育的环境，依据学生的学习情况和个人特点开展有针对性的教学指导，是教学模式改革发展的必然趋势。个性化教育要求施教者必须了解学生已有的知识储备、学习能力及兴趣特长等。尽管过去我们也强调因材施教，但真正做到这一点并非易事，而大数据时代为其实现提供了可能。

学生通过在线学习平台进行学习，系统后台会不断记录其学习行为数据，并根据不断更新的行为数据评估学生的优缺点，分析学生的思考习惯，创建心理测量图，调整学生的学习内容和重点。

这一系列的分析离不开大数据的支撑。面对同样的教学内容，每个学生的表现和反馈内容都会被传送到后台，系统依据大规模的学习行为数据对学生进行分门别类，归纳各类的特点和相应最优的学习方法。当一个新的学生数据被输入时，系统会将其与各类进行比较并将其归于某一类，给出最适合该学生的学习模式。例如，在练习过程中，当一个学生正确完成几道同类型题目时，他将不必再重复练习此类题目，而是自动跳往另一类题目，这样不仅提高了学生的学习效率，也减轻了学生的学习负担。

此外，在大数据支撑下的个性化教育还将有助于学生强化对知识点的记忆，系统将依据特定的遗忘曲线和学生的学习历史记录，在合适的时机提醒学生之前学习的某些内容即将被遗忘，需要及时进行复习巩固，从而促进学生更加高效地学习。对大量教学数据进行归纳分析，也可以起到预测效果，以使教师了解哪些学习内容在哪个时间段更容易被学生接受、什么类型的教学方法更适合当前学习的学生、学生以何种方式才能更有效地巩固知识点等，从而形成更为科学的教学模式。

4.2.3 大数据+物联网+云计算 = 智慧课堂

2008 年，IBM 公司提出了智慧地球（Smart Planet）的概念，即采用新的信息处理技术，对大量收集、感知到的数据进行汇聚与分析，为人类生产、管理、消费等不同领域提供"智慧"，使人类社会实现所谓的智慧城市、智慧交通、智慧医疗等。而作为其在教育领域的延伸，智慧教育也成了教育信息化发展的最新愿景。

在社会信息化、经济全球化及知识爆炸的时代,知识型的人才已不能满足社会的需要,社会需要更多创新型的人才,需要具有终身学习能力的人才。近年来,各种新型信息技术的快速推广普及,对传统教育和信息化形成了巨大的挑战:传统的数字校园建设导致大量的信息孤岛与数字鸿沟,而海量存储、按需计算的云计算模式冲击着学校传统的数据中心建设,为新时期的教育信息化建设带来了新思路。以智能终端、移动互联、物联网为代表的移动化浪潮不但冲击着校园网络建设,更扭转了信息系统建设的思路与方向。让课堂教学通过知识传递形成智慧,让课堂充满智慧,是当今教育者共同的心愿。随着现代信息化技术的飞速发展和广泛应用,课堂教学方式正发生着深刻的变化,一种充分运用信息技术的新教育形态——智慧课堂悄然而生,而物联网、大数据、云计算等先进技术的飞速发展为智慧课堂的实施提供了有效的技术支持。

1. 智慧课堂的内涵

智慧课堂是数字教育的高级发展阶段,它将打破教室的藩篱,创造一个学校与家庭、社区和社会密切联系的广阔学习空间。关于智慧课堂的含义,从不同的视角来看有不同的理解。"智慧"通常包含心理学意义上的"聪敏、有见解、有谋略"和技术上的"智能化"两个层面的含义。因此,对智慧课堂的概念总体上有两种视角的理解:一种是基于教育视角的,智慧课堂认为课堂教学不是简单的"知识传授"过程,而是以"智慧"为核心的综合素质培养与生成过程,智慧课堂的根本任务是"开发学生的智慧",这里智慧课堂的概念是相对于知识课堂而言的;另一种是基于信息化视角的,智慧课堂指利用先进的信息技术手段实现课堂教学的信息化、智能化,构建富有智慧的课堂教学环境,这里智慧课堂的概念是相对于使用传统教学手段的传统课堂而言的。

2. 智慧课堂的核心特征

在"互联网+"时代,基于物联网、大数据、云计算等新一代信息技术构建的智慧课堂相较于传统课堂,在信息技术与教学的融合创新及应用上具有重要的特色,其核心特征包括以下四个方面:

(1)教学决策数据化。智慧课堂以构建的信息技术平台为支撑,基于对动态学习大数据的收集和挖掘分析,对学生学习全过程及效果进行数据化呈现,依靠数据精准地掌握学情,甚至每个学生的学习情况,并基于数据进行决策。智慧课堂可方便教师有的放矢地安排及调整教学内容的重点和难点,并为学生的私人定制化学习、个性化发展提供可能与平台。

(2)评价反馈即时化。智慧课堂教学中采取动态伴随式学习评价,重构了形成性教学评价体系,即贯穿课堂教学全过程的动态学习诊断与评价,包括课前预习测评与反馈、课堂实时检测评价与即时反馈、课后作业评价及跟踪反馈,从而实现即时、动态的诊断分析及评价信息反馈。

(3)交流互动立体化。智慧课堂教学的交流互动更加生动灵活,教师与学生之间、学生与学生之间的信息沟通和交流方式多元化，除了在课堂内进行师生互动，师生还可以借助云端平台进行课外交流，在任何时间、任何地点进行信息交流和互动，从而实现师生、生生之间全时空的持续沟通。

（4）资源推送智能化。智慧课堂为学生提供了形式多样的富媒体资源，包括微视频、电子文档、图片、语音、网页等，而且可以根据学生的个性化特点和差异，智能化地推送针对性的学习资料，满足学生富有个性的学习需求，帮助学生固强补弱，提高学习效率。

智慧课堂是当前教育信息化研究的新的热点问题，体现了学校教育信息化发展从理念到实践、从宏观到具体、落实到课堂教学的客观趋势。智慧课堂是"互联网+"时代学校教育信息化聚焦于教学、聚焦于课堂、聚焦于师生活动的必然结果。其利用"互联网+"的思维方式和大数据、物联网和云计算等新一代信息技术打造智能、高效的课堂，实现课前、课中、课后全过程应用，从而促进学生的发展。

4.3　虚拟现实技术和人工智能技术将引领教育的发展

从科技发展的角度来看，未来二三十年人类社会将演变成一个智能社会，其深度和广度我们还想象不到。下面来展望一下虚拟现实技术和人工智能技术的发展将如何影响与改变目前的教育模式。

4.3.1　虚拟现实技术引领教育的发展

模拟现实世界的方法有实物仿真、计算机仿真等。实物仿真事例很多，草船借箭就是用稻草人对人进行模拟；军事训练中用木棍模拟枪械进行拼刺刀训练等。自计算机诞生以后，计算机仿真成为模拟仿真的一个主流技术和方向。随着计算机处理能力，特别是计算机图形处理和人机交互能力的大幅度提升，20 世纪 60 年代出现了虚拟现实的概念。

今天，我们已经被数字可视媒体包围，虚拟现实被称为"下一代互联网"及"下一代移动计算平台"。虚拟现实是以计算机技术为核心，结合其他相关科学技术，生成与一定范围现实世界在视觉、听觉、触觉等方面高度近似的数字化环境，人们通过一些交互设备与该数字化环境进行交互，能够产生亲临现实世界的体验。

虚拟现实技术是多种技术的综合，包括实时三维计算机图形技术，广角立体显示技术，对观察者头、眼和手的跟踪技术，以及触觉/力觉反馈技术，立体声技术，网络传输技术，语音输入/输出技术等。

虚拟现实技术有三个典型的特征：一是沉浸感，参与者可以全身心沉浸于计算机生成的三维虚拟环境中；二是交互性，参与者可以通过一些虚拟现实交互设备和虚拟环境中的对象进行交互，产生与对应真实环境中的对象进行交互的体验，目前自然交互、体感交互是非常热的一个研究方向；三是构想性，参与者可以在虚拟环境中进行想象，或者可以构想未来世界和历史世界。

虚拟现实技术可以从两个方面改变我们的世界：一是让我们的发展变得更加科学；二是可以使广大人民群众的工作和生活更加精彩。

从教育发展变革的过程来看，纸和印刷术的出现、广播和电视技术的发展、计算机和网络技术的普及，都曾引起教育的变革。虚拟现实与教育相结合，也一定会引起教育的革命。虚拟现实采用非线性的网络结构，以逼真虚拟环境提供良好的人机交互功能，其教学内容组织安排特别强调通过学生主动参与来构建知识结构，使学生从"被动听讲"转变为"主动学习"。

1. 虚拟现实技术对教育的影响

虚拟现实技术能表现出一切人所具有的感知作用。虚拟现实技术由于具有交互性、沉浸感和构想性等特征，以及具有景物内部多方位观察与情境再现的功能，可以充分调动学习者的思维和感觉器官，从而将为教育领域的发展注入新的活力。

虚拟现实技术对教育的影响体现在以下几个方面：

1）对传统教学模式的影响

虚拟现实技术改变了传统教师主宰课堂的模式，也改变了学生被动接受知识、缺乏创新思维和创新能力等现状。多媒体、网络等技术的迅猛发展，使得提供界面友好、形象直观的交互式学习环境成为可能，而虚拟现实技术的加入则使提供图文声像并茂的学习环境成为可能。

2）对教学手段的影响

基于虚拟现实技术的互动启发式教学通过身临其境的、自主控制的人机交互提供生动活泼、直观形象的思维材料，从而给学生展示不能直接观察的事物等，使学生从思维、情感和行为等方面参与教学活动，优质高效地掌握知识点。

基于虚拟现实技术的发现式教学是一种以解决问题为中心的教学形式，其在实训教学中可以让学生进入问题存在的环境，进而引导学生进行探究。这种方法能提供良好的人机交互，还允许学生出错并自行了解错误原因及后果，从而使学生发现解决问题的方法。

3）对教学实验的影响

实验是多数教学活动中必不可少的一部分。在远程教学实验中，往往因为实验设备、产地、经费等方面的原因，一些教学实验无法进行。虚拟现实技术可以弥补这个不足，它可使学生足不出户便能参加实验，并获得真实的体验，从而丰富感性认识。同时，虚拟现实技术的引入还能避免真实试验或操作所带来的各种危险。

4）对学习方式的影响

虚拟现实技术可以虚拟历史人物、教师、学生、医生等各种人物形象，创设人性化的学习环境，使远程教育的气氛更加活跃、自然、亲切。

5）对角色的影响

虚拟现实的沉浸感和交互性使学生能够在虚拟的学习环境中扮演一个角色，并全身心地投入学习环境中，这非常有利于学生的技能训练。

将虚拟现实技术应用于远程教育领域，虚拟教学设施会使学习者沉浸在逼真的虚拟学习环境中，并以参与者的角色全身心投入学习，从而有助于增强学习者学习的自主性。学习者由传统远程教育中完全被动的知识接受者转变为有交互行为的新型学习者。对于远程教育本身而言，虚拟现实技术的应用可以扩展远程教育学科，增强远程学习效果，弥补远程教学条件的不足，从而对远程教育的教学效果、实验教学、教学手段产生直接而深入的影响。

2. 虚拟现实技术在远程教育中的应用场景

现代远程教育作为交互式的网络教育，需要对课堂场景、教学设备、实验情景进行逼真模拟以达到理想的教学效果，这使得现代远程教育和虚拟现实技术的结合成了必然。利用虚拟现实技术实现时空虚拟、内容虚拟、学习设备虚拟、角色虚拟，将为远程教育带来长远的发展空间。

1）增强课件效果，丰富课程资源

目前，远程教育课程资源无外乎以音频、视频或多媒体课件、文字材料的形式存在，欠缺生动性与直观性，很多课程对于学习者尤其是初学者来说仍停留在初步感知阶段。而虚拟现实技术对于空间的虚拟，可以实现对学习对象在空间上的无限制扩大或缩小，使学习者进行更细致的观察；利用三维图形图像生成技术制作虚拟包装内容，并通过实时图形渲染技术及摄像机跟踪技术，将包装内容与现场拍摄画面完美融合，可实现对课程内容的虚拟包装。

2）构建虚拟学习环境，实现远程教育导航

现代远程教育面临的一个问题是，在学习过程中，学习者没有在学校或教室中学习的真实感。远程学习不同于全日制教育，学习者作为独立个体完成学习过程，缺乏一个共同的空间来激发学习者之间的互动行为。引入虚拟现实技术，能够构造虚拟校园，模拟虚拟教师，打造虚拟学习环境，这将为学习者提供一个逼真的学习场景，从而使其获得较强的学习体验，得到更为丰富的非结构化知识体系和社会体验。对虚拟学习环境进行有效组织与重构，以三维可视化的方式对校园实景、学习场景进行模拟，对学习者从入学到毕业一系列的教学活动进行演示和交互导航，可以引导远程学习者实施学习活动，通过虚拟校园全方位感受校园生活。

3）构建虚拟实验环境，实现远程技能训练

在远程教育领域，教学机构与学生在空间上分离，致使需要动手实践及培训的学科往往无法顺利开展，远程学习者只能学习理论知识或观看实验类资源，无法实际参与其中，这成了制约远程教育教学质量的一个重要因素。通过虚拟现实技术，学习者可以利用个人计算机和特定虚拟现实设备进行虚拟实验，并且实验结果可以随学习者的操作而发生变化，相比直接观看录制的实验过程，这种方式更有助于学习者加深对理论知识的理解，增强其动手能力。虚拟实验具有实践实验的真实性、可控性，同时具有较高的自由性、安全性。

4）实现多人协作的虚拟学习环境

分布式虚拟现实，是指位于不同物理环境位置的用户通过网络，利用人机交互设备产生多维的、用户之间彼此相关的虚拟情景环境。这种基于网络的虚拟现实系统，可供多用户同时参与，在虚拟空间中实现异地用户的统一与互联，使用户通过姿势、声音、文字等实现实时生动的交流，一起学习、训练甚至协同参与同一学习项目，进行同一任务的演练。这给传统远程教育中学习者相对独立的学习行为带来了变革，学习者在逼真的学习情境下、在与他人协作交流的过程中，积累了知识，提升了技能，获得了更好的学习效果。

目前，虚拟现实技术在教育领域的应用如下：

（1）科研方面。当前，有些科学研究由于受到人力、物力等客观条件的限制，不能很好地开展，使用虚拟现实技术可以帮助科研人员顺利地进行这类科学研究。我国高校在许多领域都利用虚拟现实技术进行相关课题研究，如北京航空航天大学在分布式飞行模拟方面应用虚拟现实技术；浙江大学在建筑方面进行虚拟规划、虚拟设计。

（2）虚拟学习环境。虚拟现实系统可以虚拟历史人物、教师、学生等各种人物形象，创设交互式学习环境。目前，一体化虚拟学习环境（Integrated Virtual Learning Environment，IVLE）的研究在欧美国家比较普遍。所谓一体化虚拟学习环境，就是在网络环境下将虚拟学习环境（VLE）与数字图书馆（DL）的资源和服务融为一体，实现课程服务体系与图书馆资源及教师课件资源紧密融合，使学生能够在一个一站式、无缝链接的学习平台上完成学习任务的数字化学习环境。英国联合信息系统委员会（Joint Information System Committee，JISC）是一体化虚拟学习环境研究的倡导者，由该组织资助的 INSPIRAL（Investigating Portals for Information Resources and Learning）、DELIVER（Digital Electronic Library Integration within Virtual Environments）等项目都是比较成功的一体化虚拟学习环境的案例，而国内在这方面的研究尚处在起步阶段，只有复旦大学的 DLIVE 系统等几个项目。

（3）虚拟实验室。虚拟实验室是一种基于 Web 技术、虚拟现实技术构建的开放式网络化的虚拟实验教学系统，是现有各种教学实验室的数字化和虚拟化。虚拟实验室由虚拟实验台、虚拟器材库和开放式实验室管理系统组成。虚拟实验室为开设各种虚拟实验课程提供了全新的教学环境。虚拟实验台与真实实验台类似，可供学生自己动手配置、连接、调节和使用实验仪器设备。教师可利用虚拟器材库中的器材自由搭建任意合理的典型实验，或者实验案例，这一点是虚拟实验室有别于一般实验教学课件的重要特征。目前，我国这方面的相关研究力量包括北京航空航天大学虚拟现实新技术国家重点实验室、中国科学院计算技术研究所虚拟现实技术实验室、北京师范大学虚拟现实与可视化技术研究所等。

（4）虚拟实训基地。使用虚拟现实技术建立起来的虚拟实训基地，其"设备"与"部件"多是虚拟的，并可以根据需要随时生成新设备，从而使实践训练能及时跟上技术发展。虚拟现实技术可以使学生在虚拟学习环境中扮演角色，这有利于学生进行各种技能训练。例如：使用虚拟飞机驾驶训练系统，学员可以反复操作控制设备，学习在各种天气情况下驾驶飞机起飞、降落，通过反复训练达到熟练掌握驾驶技术的目的。

将虚拟现实技术引入课堂，与课中教学知识点进行深度整合，可为学生创造真实学习情境。在课堂上，赤壁之战可以"围观"了、人的体内可以"旅游"了⋯⋯所有极大、极小、极抽象和极具体验感的知识点，都可以立体学习了。在教学实践中，亲身经历、亲身感受比空洞抽象的说教更具说服力，主动地去交互与被动地去观看有质的差别。因此，虚拟现实技术可以广泛用于学习情景的创设，增加学习内容的形象性和趣味性，进而实现模拟训练。采用虚拟现实技术进行学习和教育，不仅可以减少现实空间中某些训练操作的困难和危险，更可以大幅度降低训练费用。可以说，虚拟现实技术将是继多媒体技术、计算机网络技术之后，在教育领域内最具有应用前景的一项技术。

4.3.2 人工智能技术引领教育的发展

2016年3月9日和2017年5月23日，在两场全球关注的"人机世纪大战"中，AlphaGo分别战胜了人类最强大脑韩国棋手李世石和中国棋手柯洁。这两次人机大战让人工智能成为万众瞩目、路人皆知的热门词汇。人工智能技术及其相关产业成了各个国家角逐高科技的新战场，各国纷纷发布人工智能发展规划或战略。2017年7月20日，《国务院关于印发新一代人工智能发展规划的通知》提出，前瞻布局新一代人工智能重大科技项目，到2030年中国人工智能产业竞争力达到国际领先水平，人工智能核心产业规模超过1万亿元，带动相关产业规模超过10万亿元。那么，什么是人工智能呢？

自古以来，人们就发现，蜜蜂会酿蜜，燕子能筑巢，蜘蛛善织网，这似乎是天经地义的事。无论是酿蜜、筑巢还是织网，这些有利于动物自身生存的行为，蜜蜂、燕子或蜘蛛天生就会。生物学家把动物这种不学就会的能力称为本能。与动物一样，人也具有本能，如初生的婴儿会哭，会吮奶，这都是本能的表现。

与本能相对照的，就是智能。智能，不仅人类有，有些动物也有，只是后者所具有的智能水平较低而已。例如，猩猩能用树枝去取挂在高处的香蕉；警犬能凭嗅觉去抓隐藏的罪犯。至于人类，从原始的刀耕火种，到今天的遨游太空，这一切无不体现了人类智能的伟大作用。它使人类摆脱了愚昧、落后，一步步走向文明、进步。记忆、思考、观察、想象、学习、推理、类比、判断、决策、发明、创造等都属于人类智能的范畴。因此，智能通常泛指人类认识世界、改造世界的能力。

人类的智能是物质运动的一种特定形式。长期以来，人们就梦想着使机器也具有这种智能，以便更好地为人类服务。当然，这个美好的愿望直到 1946 年计算机产生之后才有了实现的可能。

一般来说，人工智能是专门研究如何用机器来承担本来需要人类智能才能完成的工作，探索和模拟人的感觉及思维过程规律的一门学科。具体地说，人工智能是由人来编制计算机程序，让机器去执行本来需要人类智能方可完成的任务。因此，人工智能又称机器智能。在某种意义下，也可以说人工智能就是精巧的计算机软件。

人工智能的标志性事件是 1956 年在美国达特茅斯（Dartmouth）大学召开的一个为期两个月的会议。这年夏天，10 位朝气蓬勃的年轻人在美国汉诺威的达特茅斯大学举行了一次暑期讨论会，介绍与交流数学、逻辑学、心理学、语言学、哲学、控制论、信息论、计算机科学等领域的最新成果和进展情况，探讨机器与人之间的相互关系。在交流探讨中，与会者萌发了一个朴素的思想，即设法使计算机具有人的智能。他们大胆地预言，25 年后，这一设想将会初见成效。作为这次会议筹备者之一的达特茅斯大学数学系助教约翰·麦卡锡（Jonh McCartyh）首先提出了"人工智能"（Artificial Intelligent）这一名称，当即得到大家的赞同。

美国斯坦福大学人工智能研究中心的尼尔逊教授对人工智能下了这样一个定义："人工智能是关于知识的学科——怎样表示知识及怎样获得知识并使用知识的科学。"美国麻省理工学院的教授温斯顿认为："人工智能就是研究如何使计算机去做过去只有人才能做的智能工作。"这些说法反映了人工智能学科的基本思想和基本内容，即人工智能是研究人类智能活动的规律，构造具有一定智能的人工系统，也就是研究如何应用计算机的软硬件来模拟人类某些智能行为的基本理论、方法和技术。

1. 人工智能才是在线教育真正的突破点

人工智能要实现的是与人类的紧密贴合，甚至未来要实现"思考即学习"。在教育行业，随着各种人工智能技术的逐渐成熟，人工智能必将成为未来教育变革的重要驱动力。语音识别、图像识别、手写识别、语音分析等技术的发展，让机器模拟人来答疑、做服务成为可能，这类应用将会越来越多。最初机器是用来辅助人工教学的，未来的趋势则是人辅助机器，而这个过程会一次次重塑未来的学习和教育。

未来人们只需要一个机器人或一款智能头盔就可以完成所有的学习。现在人类教学场景非常简单，在线教育也仅仅通过图像、视频等多媒体的方式来表现教学知识点。在未来的人工智能教育时代，将实现虚拟现实立体型的综合教学模式。人机交互被认为是人工智能领域的重要一环，未来教育不只是学生与教师交互，同时也可以是学生与知识交互，每一个知识点都可以立体展现。

但无论人工智能发展到什么阶段，检索是最基本的需求。几乎可以肯定的是，将来的搜索方式会脱离文字搜索。语音搜索与 OCR 识别技术正在迅速提升搜索准确度，现在不少公司都有这样的技术，只需要说一句话或给个提示，机器就可以展现精确的结果。更智能的搜索是基于意识的搜索，大脑只要一想就可以出结果，这是当前机器学习与可穿戴设备领域都在探索的方向。

人工智能的发展顺序是：弱人工智能、与人类智能相当的"强人工智能"和全面超过人类智能的"超人工智能"。目前，弱人工智能已经渗入我们生活的方方面面：搜索引擎、实时在线地图、Siri 等手机语音助手都运用了人工智能技术。但人工智能要从情感、行为和认知三个维度全面模拟人类，还有很长的路要走。而"超人工智能"还只是科幻小说和影视作品中的想象。

虽然互联网+教育在我国已经扎根并发展了起来，但目前做得比较多的还是内容建设、工具建设、线上线下结合等工作，这样的在线教育仍具有局限性。在线教育的真正突破点是技术发展支持下的个性化学习体验。也就是说，只有人工智能技术的发展及其与教育的深入融合，才能够打破目前在线教育的局限性，真正实现优质高效的远程教育。试想，未来人工智能技术实现突破后，有可能会出现高水平的机器人教师，它们会根据教学中的提问和解题中的问题，构建一个学生的学习优势、弱势模型，从而实现因材施教。这样才能在随时、随地、随意学习的基础上，达到"学好"的效果。

2. 人工智能技术将给教育带来深刻变革

教育中的人工智能可以实现什么？如何实现？人工智能是否能打开学习黑匣子，让我们更深入地了解学习是怎么发生的？数据收集及数据处理是否可以帮助我们优化学习路径？通过梳理，我们认为人工智能可能会在以下几个领域影响教育行业。

1）自动批改作业

计算机科学家乔纳森研发了一款可进行英语语法纠错的软件，不同于其他同类型软件的是，它能够联系上下文去理解句子，然后做出判断。该软件将大幅度提高英语翻译软件或程序翻译的准确性，解决不同国家之间的交流问题。

语音识别技术和语义分析技术使得自动批改作业成为可能，并可大大提高教师和助教的效率。

2）个性化学习

McGraw-Hill 教育正在开发数字课程，它从 200 万名学生中收集信息，利用人工智能为每个学生创建自适应的学习体验。当一个学生阅读材料并回答问题时，系统会根据学生对知识的掌握情况给出相关资料。系统知道应该考学生什么问题、什么样的方式学生更容易接受。系统还会在尽可能长的时间内保留学生信息，以便未来能给学生提供更多的帮助。

大数据可以描述每个学生的学习特性。据伦敦一家研究机构的分析，人的学习方法可以分为 70 种；而某机构的机器人已经积累了 1300 万名学生做过的 8 亿道题目，这为个性化教学提供了充分的依据。如果说今天课堂教学的主流方法是"从原理到应用"，那么机器人的教学方法是"从案例到原理"，并且是同时学习多个案例。事实证明，很多被原理绊脚的学生更适合"从案例到原理"的学习方法。

3）内容分析

构建识别和优化内容的模型，建立知识图谱，让学生可以更容易、更准确地发现适合自己的内容，比如分级阅读平台利用 AI 技术为不同阅读水平的学生改写或推送合适的阅读内容。

4）智能评测

如何利用人工智能实现既规模化又个性化的作业反馈，是人工智能与教育结合的一个重要场景。运用语音识别技术、语义识别技术自动化批改或归类作业，既可做到规模化自动批改，又能给出个性化反馈。

未来的人工智能教育系统，结合虚拟现实、增强现实等沉浸式、情景式教育方式，可以让人轻松愉快地学会一套专业技能、一门外语，或者某种抽象理论。学习不再枯燥乏味，不再有难度。在学习过程中，教育系统一直在评估学生的掌握和理解情况，使得考试变得没有必要。当发现学生学习某知识有障碍时，教育系统会建议学生放弃，或者先学习一些相关知识。人工智能教育系统不但能讲授专门的知识，还能传播价值观，培养学生的人格和耐心，激发其创造力等。

4.4　移动互联网重塑教育生态系统

根据百度百科的定义，移动互联网就是将移动通信和互联网二者结合起来，成为一体。它是互联网技术、平台、商业模式和应用与移动通信技术结合并实践的活动的总称。4G 时代的开启及移动终端设备的凸显为移动互联网的发展注入了巨大的能量。伴随移动终端价格的下降及 WiFi 的广泛铺设，移动网民呈爆发式增长。网民的工作、生活、学习等方面面都在一部手机上完成即将或已经成为现实。

4.4.1　移动互联网衍生出教育新模式——以微信为例

移动互联网是计算机技术发展的必然产物，其主要特点是通过智能手机、平板电脑或其他便携式通信工具来提供无线网络服务。移动通信已经成为当代发展速度最快、技术日新月异的公共技术平台，其增长的速度超乎想象。移动互联网的决定性优势就是其连接互联网的方式不受地理位置的限制。

移动互联网是移动和互联网相互融合的产物，但不是简单的加法，而是乘法。移动互联网不仅具有移动随时、随地、随身的优势，还具有传统互联网分享、开放、互动的优势，它是两者优势整合的"升级版"。移动互联网核心是使互联网应用真正实现"Anytime、Anywhere、Anyway"，是以"人"为中心。现在，人们出门在外可以不带现金，但绝不能不带智能手机。有了手机，无论身在何处，人们都能与亲人、朋友保持密切联系，能随时随地实现网上冲浪，能购物、用餐等。

与此同时，通过手机，人与人之间的社交关系也在重新定位。通过网络平台，互不认识的人可以因为某个共同关注的话题或爱好成为好友。在这个新的社交圈里，人们不分年龄，不分种族，不分社会地位，形成了平等共生的和谐局面。

移动互联网变革思维方式和工作方式，为智能化教学变革创造了技术条件。移动课堂、MOOC、教育类 App、移动教学管理是移动互联网变革教育的第一波浪潮。移动互联网的发展将促进教育资源最大化共享，使大众可以分享优质教育资源，让学习资源不受地域和时间的限制。用户通过文字、图像、音频、视频等不同的互动方式，实现学习知识的愿望。智能手机的日益普及给大众生活、学习、工作带来了巨大变化，网络服务方式也由传统的短信方式向手机微信、手机微博及第三方应用程序转变。

微信已经成了中国移动互联网的国民级应用。微信除了具有网络平台的开放性、交互性、即时性等一般特点，还具有传播便捷性、交流灵活性、内容简洁性等特点，它所提供的平等开放的人际交往平台恰恰契合青少年渴望交流、乐于自我展示的价值需要，这为创新教学模式和教育管理带来了新的途径。

微信已经成了当今社会人们的一种崭新的学习方式，而主力军便是大、中、小学生。这种新的移动学习工具被很多人称为指尖上的课堂。指尖上的微信将影响未来教育，它把受时间和地点限制的网络教育变成实时教育，学生可以通过移动工具随时随地学习。

将微信这个新的网络交流平台运用到课堂教学改革当中去，让其成为学生与同学、教师及微信好友分享学习成果的桥梁，从而拓展了教学的时间和空间，有利于调动学生的积极性、能动性和创造性，也有利于营造自主学习的氛围，是对日常课堂教学的一种有效的补充。微信可以应用于教学的各个环节，在突破传统单一的课堂教学方面具有明显优势。微信平台将教学延伸到课外，促进了教学的弹性，与传统课堂教学相比，具有明显的优势和特点：

（1）利用微信的视频、语音短信、群聊功能，学生之间可以相互交流。

（2）教师通过微信发布学生感兴趣的视频或图片，让学生自主参与讨论，可锻炼和提高学生思考问题的能力。

（3）微信平台的图文、音频、视频及多人群聊的功能使其比传统单一的课堂教学更具优势。丰富多样的素材让学生有学习的兴趣，非面对面的交流克服了学生的恐惧心理。

（4）可以利用微信平台体现不同的教学模式、展示丰富的教学功能，促进学生巩固并习得课堂知识，从而将自主学习和协作学习有机结合。

（5）教师利用微信平台能充分调动学生学习兴趣，使学生成为教学活动的主导者，促进其自主学习能力及协作学习能力的提高。

（6）对于学生众多的大堂课，通过微信群，教师可以及时动态了解学生的学习和思想状况，并适时给予帮助，从而弥补传统课堂教学中的情感缺失，增进师生感情，并极大地提高学生的学习兴趣。

随着微信的发展，它被越来越多的人群所接受，并已经成为许多人生活中不可缺少的一种社会交流工具和平台。微信作为一种更加形象的、崭新的学习方式，可以激发学习者的兴趣，同时也可以让教师真正做到因材施教，给学生更大的学习空间。

4.4.2　移动互联网助推 MOOC 的发展

作为一个全新的教育模式，MOOC 打破了传统的授课形式，将之前的网络公开课、单向的在线精品课通过网络平台系统地、完整地展现出来，使学习者可以自由选择、自行决定课程学习的时间、进度。MOOC 的特点之一就是碎片化。碎片是 MOOC 课程组织形式，它将完整的视频切割成 10 分钟左右的短视频，这种组织形式能体现视频过程的生动活泼，调动学习者的兴趣和主观能动性，从而更好地提高学习者对知识的吸收效率。

移动互联网与 MOOC 平台是不可分割的，二者的结合是必然的，如一个 10 分钟左右的视频片段，正好适合移动用户的碎片化时间。用户可运用移动终端设备登录 MOOC 平台并进入学习论坛、视频模块、互动讨论模块等，这种随时随地的访问就是 MOOC 与移动互联网有机结合的优势。将二者有机结合，它们才能相得益彰、共同提升，为教育的变革、升级铺平道路。

"互联网+"造就了一个时代，演变了一种经济形态，形成了一种新的思维方式——互联网思维。移动互联网时代的到来为教育注入了新的生命力。而 MOOC 的出现，又带来了移动互联网+MOOC 新思维。移动互联网+MOOC 不是两者的简单相加，而是移动通信技术、现代信息技术与在线教育的深度融合，衍生出新的发展生态，从而形成新的思维，并让这种思维支撑 MOOC 的发展。

移动互联网+ MOOC，不但面向大学教育，也面向中小学教育、职业教育等，从而使多层次人群足不出户就可以接受优质教育。互联网成为一个全球性的虚拟性大学，使教师的教、学生的学、信息的流动、知识的成型都可在互联网上实现。

不论进行怎样的变革，教育的核心即学生这一点不能改变，这是新时代的要求。以学生为核心的理念要求移动互联网+MOOC 的建设，应充分考虑其人性化，不能改变为学生服务的宗旨。同时，移动互联网与 MOOC 的融合发展建立了智慧化的教学管理平台，学生可以通过该平台挖掘最好的教学资源，并通过这个平台多元化、多形式、多内容的知识框架，丰富自己的选择，激发自己的兴趣，形成自己的人生价值观，从而真正地实现自我。

4.5 小结

作为互联网+教育的代表，MOOC 的兴起带动了在线教育市场的发展。在教育部的积极引导下，大规模在线开放课程平台、课程数量及在线注册学习用户规模均持续增长。在互联网的推动下，传统教育将会向个性化、移动化、智慧化转变，只有这样，优秀的教师、课程和知识库等教育资源才能被赋予更大的市场价值。从长远来看，对教育信息化要从构建终身学习的教育生态系统的角度进行规划，这样才能在信息技术的推动下，催生教育的智慧化演进。

为进一步推动我国在线开放课程建设与应用共享，促进信息技术与教育教学深度融合，推动高等学校教育教学改革，提高高等教育教学质量，2017 年 8 月，教育部正式出台文件开展国家精品在线开放课程的认定工作。这一文件的出台，将极大推动互联网+教育的发展，提升在线教育的质量，加速最新的信息技术在教育领域的广泛应用。

互联网技术打破传统教育产业发展的瓶颈，已经引领教育登上一个新的台阶，并继续推动教育向更加智慧的方向发展。而随着互联网技术的深入发展，大数据、物联网、云计算等技术将日趋成熟，在此基础上融合虚拟现实技术和人工智能技术，将真正突破在线教育的局限性，并最终实现智能教育。技术引领教育，教育引领未来，我们只有把握好互联网+教育时代的主旋律，才能立于不败之地。

第 5 章

互联网+教育技术应用

互联网+教育是传统教育产业的在线化、数据化、智能化，其本质是现代信息技术与传统教育产业跨界融合和应用创新，培育出了教育新业态、新服务、新模式。互联网+教育使用的基本支撑技术包括互联网+系统的架构模式、Web 显示层（以下简称 Web 层）技术、中间层技术、基础设施层技术等，同时还包括构筑教育网络平台必须配备的性能优化技术、网络安全技术及云服务管理技术等。

5.1 架构模式及 Web 层技术应用

恰当的架构模式是高效构筑计算机软件系统的基础。基于互联网的 Web 层技术是方便用户交互、提升用户体验的基础。在分布式应用框架中，Web 层一般由 Web 服务器端和 Web 客户端两部分组成。当 Web 服务器接收到一个 Web 客户端的 HTTP 请求时，其将会提供一个可执行服务器端程序和返回该程序所产生的响应的环境，Web 服务器将返回响应文件以供客户端浏览器浏览。

5.1.1 架构模式及其应用

架构模式一般分为单服务架构、C/S 架构、B/S 架构、多层 C/S 架构、MVC 架构、多服务架构，以及企业数据交换总线等。

1. 单服务架构

单服务架构是标准的单机系统，如 CATIA、ProEngineer、AutoCAD 等。虽然这些系统的高级版本可能提供了一些网络化的功能，但改变不了其单机系统的实质，因此，其应用往往局限于单机用户。

2. C/S 架构

客户机/服务器（Client/Server，C/S）架构就是人们所说的"胖客户端"模式。其本质属于 IPC（Inter-Process Communication，进程间通信）编程范畴，即 Client 方向 Server 方发送一个 TCP 或 UDP 数据包，然后 Server 方根据接收到的请求向 Client 方回送 TCP 或 UDP 数据包。在实际的系统设计中，该类架构主要用于前台客户端+后台数据库管理系统。一个设计良好的 C/S 架构系统，其前台界面与后台服务之间往往通过协议（自开发或采用标准协议）来通信（包括请求、回复、远程函数调用等），常用的通信协议包括 TCP/IP 协议、自定义的消息机制（封装 TCP/IP 与 Socket 编程）、RPC 协议、CORBA/IIOP 协议及 HTTP 协议。

3. B/S 架构

基于 HTTP 协议进行通信的三层 C/S 架构的应用模式又称 B/S（Brower/Server，浏览器/服务器）架构，其包括 Web 浏览器、Web 服务器和数据库服务器。在 B/S 架构中，Web 浏览器是一个用于文档检索和显示的客户应用程序，其通过超文本传输协议 HTTP 与 Web 服务器相连。Web 服务器是指驻留于互联网上的某种类型的计算机程序。当 Web 浏览器（客户端）连到数据库服务器上并请求文件或数据时，数据库服务器将处理该请求并将文件或数据发送到该浏览器上，附带的信息会告诉浏览器如何查看文件（文件类型）或数据。B/S 架构提供通用的、低成本的浏览器（包括 Internet Explorer、Firefox、Chrome 等）。

4. 多层 C/S 架构

为了进一步提高可伸缩性和并发性能，较大规模的企业信息系统通常采用多层 C/S 架构，其包括前台界面（如浏览器）、Web 服务器、中间件（或应用程序服务器）及数据库服务器。中间件专门用来完成请求转发或一些与应用逻辑相关的处理，并隔离 Web 服务器对企业数据库的访问请求，从而大幅度提高系统安全性能。

5. MVC 架构

在大中型 Web 系统设计中，往往采用 MVC（Model-View-Controller）架构，如图 5-1 所示。严格来讲，MVC 架构实际上是多层 C/S 架构的一种常用的标准化模式，或者可以说是从另一个角度去抽象这种多层 C/S 架构。在图 5-1 中，表示层指浏览器层，用于图形化展示请求结果；控制器指 Web 服务器层；模型层指数据持久化及业务逻辑实现的部分。在 MVC 架构中，表示层与模型层的代码被强制分开，而控制器（如 Servlet）则可以用来连接不同的模型和视图去完成用户的需求。

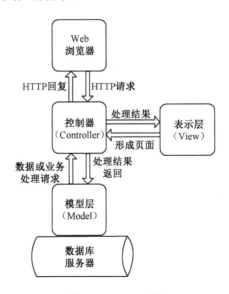

图 5-1　MVC 架构

MVC 架构已经将数据和业务规则从表示层分开，所以无论用户想要 Flash 界面还是 WAP 界面，用一个模型就能处理，从而可以最大化地重用代码。模型返回的数据没有进行格式化，所以同样的构件能被不同界面使用。使用控制器来连接不同的模型和视图，从而完成用户的需求，这样控制器可以为构造应用程序提供强有力的手段。由于运用 MVC 架构的应用程序的三个部件相互独立，改变其中一个不会影响其他两个，所以，依据这种设计思想能构造良好的松耦合构件。

6. 多服务架构

如果两个多层 C/S 架构的应用系统之间需要通信，那么就产生了多服务架构。在多服务架构的概念中，将由多层服务组成的一个节点应用（如一个基于 MVC 架构的 Web 系统）看作一个单一的服务。两个应用之间一般通过消息进行通信，并且可以互相调用对方的内部服务、模块等。在实际应用中，通常借助中间件，如消息中间件、交易中间件等来实现多服务架构的需求。多服务架构在实践中又可以具体分为异构系统集成、同构系统聚合、联邦体系结构等。如果多服务架构发生在 Web 应用之间，就成了 Web Service，即两个互联网应用（如门户网站）之间可以相互向对方开放一些内部"服务"（可以理解为功能模块、函数、过程等）。多服务架构的实质是消息机制或远程过程调用（RPC）。两个应用之间的相互配合是通过采用某种预定义的协议调用对方的"过程"来实现的。

7. 企业数据交换总线

在实践中，还有一种较常用的架构，即企业数据交换总线，它是不同的企业应用之间进行信息交换的公共通道。这种架构在大型企业不同应用系统进行信息交换时较普遍使用。在国内，其主要发生在银行业或电信业等信息化程度较高的行业，其他许多行业虽然也有类似的需求，但大多都是通过手工或半自动化来实现该项需求的，并没有达到"企业数据交换总线"的层次。关于数据总线，其实质是一个可称为连接器的软件系统，可以基于中间件（如消息中间件或交易中间件）构建，也可以基于 CORBA/IIOP 协议开发，其主要功能是按照预定义的配置或消息头定义进行数据、请求或回复的接收与分发。从理论上来讲，企业数据交换总线具有实时交易与大数据量传输的功能，但在实际应用中，成熟的企业数据交换总线主要是为实时交易设计的，对大数据量的可靠传输需求往往要单独设计。如果采用 CORBA 协议，交换总线就是对象请求代理（ORB）。另外，在交换总线上挂接的软件系统有些也可以实现代理功能，各代理之间以并行或串行的方式进行工作，通过挂接在同一交换总线上的控制器来协调各代理之间的活动。

以上介绍了各种软件系统的可选架构模式，在实际应用过程中，应根据不同的应用需求选定相应的架构模式。对于一个大中型互联网+教育系统来说，其本质是 Web 应用程序，它对系统性能、数据并发、数据安全、稳定性、鲁棒性及易于维护性等具有较高的要求，因此 MVC 架构应该是明智的选择。

5.1.2 Web 服务器端技术及其应用

Web 服务器端的工作是接收来自 HTTP 客户端的输入，将收到的输入交给内部的业务逻辑进行处理，然后将结果通过 HTTP 协议送回客户端。Web 服务器端技术主要包括 Web 服务器技术及 Web 服务器端开发技术。

1. Web 层功能

Web 层组件是为产生动态 Web 内容而设计的，它们可以基于用户的输入与上下文将来自多种源的数据格式转化为任意的数据格式。针对特定客户端的不同动作，Web 层提供屏幕流程功能来决定下一屏幕应该显示什么。同时，Web 层提供一个简单的、灵活的状态管理机制，用来在一个用户的会话期间积聚相应的事务型数据和上下文数据。Web 层作为一个软件层，把来自其他协议的请求和应答翻译为 HTTP 形式，或者把 HTTP 请求和应答翻译成其他协议的形式。Web 层使用 HTTP 协议将数据传送给客户端，数据通过 MIME 类型（一种扩展的内容分类机制）来描述。任何 HTTP 形式的客户端都能够加入一个 Web 应用以保障其对多种潜在客户端类型的支持。Web 层技术还提供了服务器的扩展机制，该机制基于服务器端脚本设计，并且采用标准的、安全的、厂商中立的方法。

Web 层一般提供 Web 档案制作及 Web 容器。Web 档案是指对一个 Web 应用进行打包和部署的单元，其包含当前 Web 应用的所有类文件与资源。Web 容器指位于服务器中的类的集合，它们相互合作以管理组件实例的生命周期，并对那些实例提供数据和服务。Web 服务器可以自动化处理会话，使开发人员从管理会话状态所需要的设计、实现、测试代码的细节中解脱出来，该技术极大地发挥了 Web 层会话状态管理的优势，而且一台 Web 应用程序服务器对会话状态管理的实现包括诸如故障恢复、集群支持等功能，系统架构师可以很容易地区分服务器平台所提供的功能，设计并选择最适合当前应用需求的平台。与此同时，Web 容器会话接口标准化技术的不断发展也使应用程序具有较好的可移植性、可伸缩性及可进化性。

2. Web 服务器端技术

最早的 Web 服务器简单地响应浏览器发来的 HTTP 请求，并将存储在服务器上的 HTML 文件返回给浏览器。一种名为 SSI（Server Side Includes）的技术可以让 Web 服务器返回 HTML 文件及更新 HTML 文件的某些内容，但其功能非常有限。第一种真正使服务器能根据运行时的具体情况动态生成 HTML 页面的技术是公共网关接口（Common Gateway Interface，CGI）技术，它使客户端和服务器端之间的动态信息交换成为可能。现在，CGI 技术已经被更加先进易用的技术，如 PHP、ASP、JSP、Python、Ruby 和 Perl 等所替代。

1）Web 服务器技术

Web 服务器一般指网站服务器，指驻留于互联网上的某种类型的计算机程序，它可以向浏览器等 Web 客户端提供文档，也可以放置网站文件让全世界浏览，还可以放置数据文件让全世界下载。目前最主流的三种 Web 服务器是 Apache、Nginx 和 IIS（Internet Information Services）。

Web 服务器的代理模型非常简单。当一个请求被送达 Web 服务器时，它只单纯地把请求传递给可以很好地处理该请求的程序，即服务器端脚本。Web 服务器仅仅提供一个可执行服务器端程序和返回程序产生的响应环境。服务器端程序通常具有事务处理、数据库连接和消息传递等功能。虽然 Web 服务器不支持事务处理或数据库连接池，但它配置了多种可扩展技术和容错技术，如负载平衡和缓冲等。

对于大型的互联网+教育系统来说，它可能需要部署应用程序服务器来支持 Web 服务器的工作。应用程序服务器通过各种协议（包括 HTTP 协议）提供访问商业逻辑的途径以供客户端应用程序使用。应用程序服务器的客户端可能运行在一台计算机、一台 Web 服务器或其他应用程序服务器上，应用程序服务器也可以管理自己的资源，包括安全、事务处理、资源池和消息队列等。同时，就像 Web 服务器一样，应用程序服务器配置了多种可扩展技术和容错技术。

在 UNIX 与 Linux 平台下，使用最广泛的免费 Web 服务器是 Apache 服务器和 Nginx 服务器，而 Windows 平台使用 IIS 服务器。在选择 Web 服务器时应考虑的因素包括性能、安全性、日志和统计、虚拟主机、代理服务器、缓冲服务和集成应用程序等，下面介绍常用的 Web 服务器。

（1）IIS 服务器。

IIS 服务器是一种 Web 服务组件，其中包括 Web 服务器、FTP 服务器、NNTP 服务器和 SMTP 服务器，分别用于网页浏览、文件传输、新闻服务和邮件发送等方面，它使得在网络（包括互联网和局域网）上发布信息成了一件很容易的事。它提供 ISAPI（Intranet Server API）作为扩展 Web 服务器功能的编程接口。同时，它还提供一个互联网数据库连接器，用于实现对数据库的查询和更新。

（2）Apache 服务器。

Apache 服务器快速、可靠，并且可通过简单的 API 扩展将 Perl/Python 等解释器编译到服务器中。它有多种产品，可以支持 SSL 技术，并支持多个虚拟主机。Apache 服务器是以进程为基础的结构，其进程要比线程消耗更多的系统开支，不太适合多处理器环境，因此，在一个 Apache Web 站点扩容时，通常是增加服务器或扩充集群节点而不是增加处理器。Apache 服务器提供了单点登录（Single Sign On，SSO）、并发限制、日志监控、负载均衡、图像即时处理、预压缩页面、音频文件处理、轻量级目录访问协议（Lightweight Directory Access Protocol，LDAP）认证和授权、带宽限制等丰富的功能，通过进一步优化 Apache 服务器配置，可以充分发挥其高性能和高可靠性。

（3）Nginx 服务器。

Nginx 服务器既是一种高性能的 HTTP 和反向代理服务器，又是一种电子邮件 IMAP/POP3/SMTP 服务器。Nginx 服务器对静态页面的支持相当出色，它不支持 CGI，但是支持更加灵活的 FastCGI。Nginx 服务器可以在大多数 UNIX/Linux 平台上编译运行，并有 Windows 移植版。在连接高并发的情况下，Nginx 服务器（能够支持高达 50000 个并发连接数的响应）是 Apache 服务器不错的替代品。Nginx 服务器可以通过设置实现许多功能，如目录保护、IP 访问限制、防盗链、下载限速、设置多域名、URL 重写、反向代理、作为缓存服务器、实现对 Web 服务的负载均衡、健康状态监测等，是优秀的轻量级 Web 服务器。

2）CGI 技术

CGI 技术是最早用来创建动态网页的技术，它可以使浏览器与服务器之间产生互动。它允许使用不同语言来编写合适的 CGI 程序，该程序被放在 Web 服务器上运行。当客户端给服务器发出请求时，服务器根据用户请求建立一个新的进程来执行指定的 CGI 程序，并将执行结果以网页形式返回给客户端的浏览器，然后进行显示。随着 CGI 技术的普及，聊天、论坛、电子商务、信息查询、全文检索等各式各样的 Web 应用蓬勃兴起，人们终于可以享受信息检索、信息交换、信息处理等更为便捷的信息服务了。现在人们普遍采用更高级的技术完成 Web 应用，常用的技术包括 PHP、ASP、JSP、Python、Ruby 和 Perl 等。

3）PHP

PHP 与微软的 ASP 相似，都是一种在服务器端执行的嵌入 HTML 文档的脚本语言，语言的风格类似于 C 语言。PHP 独特的语法混合了 C 语言、Java、Perl 及 PHP 自创的语法，它可以比 CGI 或 Perl 更快速地执行动态网页。PHP 是将程序嵌入到 HTML 文档中执行的，执行效率比完全生成 HTML 标记的 CGI 要高许多。与同样是嵌入 HTML 文档的脚本语言 JavaScript 相比，PHP 在服务器端执行，充分利用了服务器的性能。PHP 执行引擎还会将用户经常访问的 PHP 程序驻留在内存中，其他用户访问该程序时无须重新编译程序，只要直接执行内存中的代码就可以了，这也是 PHP 高效的体现之一。PHP 具有非常强大的功能，能够实现所有的 CGI 或 JavaScript 的功能，而且支持几乎所有流行的数据库及操作系统。

4）ASP

ASP 通过在页面代码中嵌入 VBScript 或 JavaScript 脚本语言来生成动态的内容。但是必须在服务器端安装适当的解释器后，才可以通过调用此解释器来执行脚本程序，然后将执行结果与静态内容结合并传送到客户端浏览器上。对于一些复杂的操作，如存取数据库、发送 E-mail 或访问文件系统，ASP 可以调用后台的 COM 组件来完成，所以说 COM 组件无限地扩充了 ASP 的功能。ASP 还提供了一些内置对象，使用这些对象可以使服务器端脚本功能更强。例如，可以从 Web 浏览器中获取用户通过 HTML 表单提交的信息，并在脚本中对这些信息进行处理，然后向 Web 浏览器发送信息。ASP 不仅仅局限于与 HTML 结合制作 Web 网站，它还可以与 XHTML 和 WML 语言结合制作 WAP 手机网站。它简单易学，并且与微软的 IIS 服务器捆绑在一起，在安装 Windows 操作系统的同时安装上 IIS 服务器就可以运行 ASP 了。

5）ASP.NET

ASP.NET 是一个统一的 Web 开发模型，它包括使用尽可能少的代码生成企业级 Web 应用程序所必需的各种服务。ASP.NET 是基于组件的、面向对象的模块化开发模式。例如，使用 Web Forms 可以在网页基础上建立强大的窗体，而当建立页面时，可以使用 ASP.NET 服务器端控件来建立常用的 UI 元素，并对它们编程以完成一般的任务。这些控件允许开发者使用内建可重用的组件和自定义组件来快速建立 Web Forms，从而使代码简单化。由于 ASP.NET 是作为.NET Framework 的一部分提供的，因此，在编写 ASP.NET 应用程序的代码时，可以访问.NET Framework 中的类。同时，ASP.NET 提供了更加广泛的底层支持，它允许使用与公共语言运行库（CLR）兼容的任何语言（包括 Visual Basic、C#、JScript .NET 和 J#）来编写其应用程序的代码。使用这些语言，开发人员可以充分利用公共语言运行库、类型安全、继承等技术开发优秀的 ASP.NET 应用程序。

6）JSP 技术

JSP（Java Server Pages）是以 Java 为基础开发的，所以它沿用了 Java 强大的 API 功能，JSP 页面中的 HTML 代码用来显示静态内容，嵌入到页面中的 Java 代码与 JSP 标记用来生成动态内容。JSP 可以被预编译，从而提高了程序的运行速度。另外，JSP 开发的应用程序经过一次编译后，可以随时随地地运行，所以在大部分系统中，代码无须修改就可以在支持 JSP 的服务器中运行。

7）Python

Python 既支持面向过程的编程也支持面向对象的编程，其语法非常严格，这一方面从语法上保证了良好的编码风格，另一方面使每个代码块不再需要起始的大括号或 begin/end 之类的标识符，减少了代码行数。Python 提供了庞大的标准库来帮助处理各种工作，包括正则表达式、文档生成、单元测试、线程、数据库、网页浏览器、CGI、FTP、电子邮件、XML、XML-RPC、HTML、WAV 文件、密码系统、GUI、Tk 及其他与系统有关的操作。另外，除了标准库，Python 还有许多其他高质量的库，如 wxPython、Twisted 和 Python 图像库等。Python 提供了一些其他语言没有的强大架构，可以表达非常复杂的逻辑。Python 还提供了非常强大的支持异步的框架，如 Eventlet Networking Library，因此，Python 适合一些可扩展的后台应用。

8）Ruby

Ruby 是面向对象的编程语言，由于它是解释型脚本语言，不用编译即可快捷地编程。同时，Ruby 具有类似 Perl 的强大的文本处理功能，其功能可以很方便地使用 C 语言来扩展，因此，可以把它当作各种库的前端来使用。Ruby 语法比较简单，类似 ALGOL 的语法。Ruby 故意舍弃了多重继承，但拥有混合插入功能，使用模块来超越类的界限以共享数据和方法。其迭代器功能可以将循环抽象化，允许将某过程片段对象化为闭包并按照对象方法进行操作。它提供了功能强大的字符串操作和正则表达式检索功能，而且可以使用 UNIX 的绝大部分系统调用，因此，单独使用 Ruby 也可以进行系统编程。其 Web 框架 Ruby on Rails 不像 Struts 那样需要大量的配置文件，而是一切，包括访问路径、URL 等都采取默认的配置，但这也是它的缺点，不能实现灵活的配置。

9）Perl

Perl 的前身是 UNIX 系统管理的一个工具，被用在无数的小任务中，后来逐渐发展成一种功能强大的程序设计语言，用作 Web 编程、数据库处理、XML 处理及系统管理。Perl 的应用非常广泛，特别适合系统管理和 Web 编程。实际上它已经被所有 UNIX（包括 Linux）捆绑作为标准部件发布，同时也用于 Windows 和几乎所有其他操作系统。

综上所述，比起 Java 和.NET，Python、Rube、Perl 这类动态语言使用起来轻便灵活、开发效率高，但整合凝聚力还不够，在运行效率、类型安全、可用资源、开发工具、技术支持及影响力等方面也有一定差距，故过去通常将其作为轻量级的解决方案。但是，随着各种技术的不断发展，特别是绿色开源开发技术的蓬勃发展，开源 Web 服务器和动态开发语言的组合越来越受重视，应用越来越广泛。LAMP（由 Linux、Apache、MySQL 和包括 PHP、Perl、Python 或 Ruby 在内的脚本语言组成）网络开发平台具有开放灵活、开发迅速、部署方便、高可配置、安全可靠、成本低廉等优点。

5.1.3　Web 客户端技术及其应用

Web 客户端的主要任务是展现信息内容，其类型不仅包括浏览器，而且包括电子邮件客户端及即时通信的客户端软件等。常用的 Web 客户端技术主要包括 HTML、CSS、DOM、JavaScript、AJAX 等。

1. Web 客户端体系结构和类型

Web 客户端能够强化数据的一致性规则，并可能实现一些业务逻辑。因此，挑选一种最满足应用需求且能给用户提供丰富接口的客户端配置很重要。现在，客户端运行设备很丰富，便携计算机、台式计算机、平板电脑或智能手机等都可作为客户端的运行设备。Web 客户端包括以下三种体系结构，在实际应用中可以根据 Web 应用程序的实际需求选择合适的 Web 客户端体系结构。

1）服务器端体系结构

在 Web 上最简单和最常用的体系结构是完全依靠服务器来提供用户界面内容、构造逻辑，以及与用户交互。在服务器端体系结构中，每个用户动作都产生一个对服务器的请求，服务器处理这个请求并计算结果，生成一个新的页面并再次发送到客户端。服务器端体系结构的工作流程如图 5-2 所示。

该结构的突出优势在于其所需客户端资源少，应用逻辑不必在客户端进行装入，并且其启动用户交互所需的网络通信量很少。

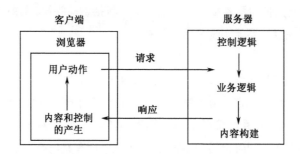

图 5-2　服务器端体系结构的工作流程

2）客户端脚本体系结构

该方式就是将脚本作为 HTML 页面的一部分，将动态内容从服务器传送给客户端。脚本通常包括一些不需要与服务器应用程序通信就能在客户端执行的应用逻辑，其他复杂逻辑仍然由服务器执行。客户端脚本体系结构的工作流程如图 5-3 所示。这种体系结构能够充分发挥客户端的计算功能，进一步提升应用程序性能。

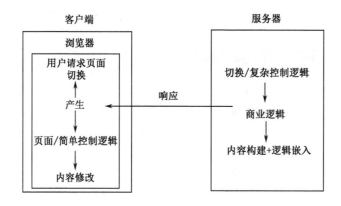

图 5-3　客户端脚本体系结构的工作流程

3）客户端应用体系结构

客户端应用体系结构的工作流程如图 5-4 所示，它提供一个运行在客户端的、功能完全的应用程序。用户可以下载这个程序，此后它将控制用户交互和内容构建。当服务器上的业务逻辑必须初始化时，通信才成为必要。

客户端应用体系结构的好处在于，它不需要很多服务器资源，它将用户界面和业务逻辑的区别去掉了。该体系结构的应用程序在和用户交互时所产生的与服务器之间的通信量很少，并且其 Web 页面可离线浏览。在实际设计中，应针对 Web 程序的不同应用场景和功能来选择合适的体系结构，进而确定适宜的 Web 客户端，即浏览器或其他 Web 客户端。

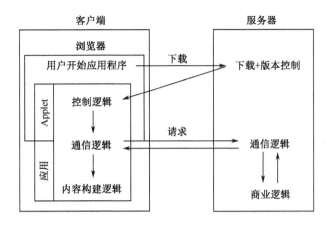

图 5-4　客户端应用体系结构的工作流程

（1）浏览器。

浏览器是最常用的 Web 客户端，它能够显示网页服务器或文件系统的 HTML 文件内容，并允许用户与这些文件进行交互。浏览器用来显示互联网或局域网的文字、图像及其他信息。这些文字或图像可以是连接其他网址的超链接，便于用户迅速及轻易地浏览各种信息。一个网页中可以包括多个文档，这些文档是分别从服务器获取的。大部分的浏览器本身支持除 HTML 外的广泛的格式，如 JPEG、PNG、GIF 等图像格式，并且能够扩展支持众多的插件。另外，许多浏览器还支持其他的 URL 类型及其相应的协议，如 FTP、Gopher、HTTPS（HTTP 协议的加密版本）。HTTP 内容类型和 URL 协议规范允许网页设计者在网页中嵌入图像、动画、视频、声音、流媒体等。

（2）其他 Web 客户端。

随着计算机网络在实际生产、生活中应用的不断扩展，Web 客户端也日益丰富起来，如用于收发电子邮件的电子邮件客户端（如 Foxmail、Outlook、Becky 等）、用于即时通信的客户端（如微信、QQ、POPO 等）、游戏客户端（如腾讯游戏客户端、畅游乐园等）、移动客户端（如滴滴出行、中国建设银行手机客户端等），以及一些用于特殊目的的 Web 客户端（如有道词典、财务数据上报客户端、腾讯视频等）。以上客户端都需要下载相应的客户端软件，用户通过客户端进行交互，客户端将用户交互翻译成数据发送给服务器，服务器处理完后给出相应结果，然后由客户端翻译成相应的表达形式表现出来。随着移动技术和智能手机的普及，移动客户端的发展呈现巨大的爆发力，其越来越成为人们日常生活、学习、工作中不可或缺的部分。

2. Web 客户端技术

Web 客户端的主要任务是展现信息内容。常用的 Web 客户端技术主要包括 HTML、CSS、JavaScript、AJAX、DOM 等。

1）HTML

HTML 是目前网络上应用最广泛的语言，也是构成网页文档的主要语言。HTML 文件也称网页，包含 HTML 文本和 HTML 标签。HTML 文本是由 HTML 命令组成的描述性文本；HTML 标签可以说明文字、图形、动画、声音、表格、链接等。目前，HTML5 逐渐成为业界标准规范，它结合 HTML4、XHTML1 及 DOM2 并进行了相应的更新，新增了 HTML 文档类型、结构化标记的元素、用于多媒体内容的标记元素、用于多媒体处理的 API 及更多的输入元素类型值等。

在应用缓存、本地存储、索引数据库和文件应用程序接口的帮助下，HTML5 能在没有互联网连接的情况下工作。同时，HTML5 能够让应用程序访问连接到计算机上的任何设备，而且更有效率的连接带来了更实时的聊天、更快的游戏速度及更好的沟通交流，服务器与客户端之间的网络套接字也比以往更加便捷。充分利用 HTML5 提供的 SVG、Canvas、WebGL、WOFF 和 CSS3 3D 效果等特性，可获得美不胜收的创意平面和三维效果。更为突出的是，HTML5 使应用程序和网络在诸如 Web Workers 和 XMLHttpRequest Level 2 等技术下更加快速，拥有强大的集成性能。总之，HTML5 技术将更加容易地将内容生动、形象、合理、巧妙、美观地集成显示在页面上，给用户以美好的视觉体验，同时辅助用户快速了解页面设计功能，高效掌握页面操作方法。

2）CSS

CSS 是一组格式设置规则，用于控制 Web 页面的外观。通过使用 CSS 样式设置页面的格式，可将页面的内容与表现形式分离。页面内容存放在 HTML 文件中，而用于定义表现形式的 CSS 规则存放在另一个文件中。将内容与表现形式分离，不仅可使维护站点的外观更加容易，而且还可以使 HTML 文件代码更加简练，从而缩短浏览器的加载时间。样式表通常保存在外部的 CSS 文件中，通过修改 CSS 文件，就可以改变网站中所有页面的布局和外观，从而可极大地提高效率。

随着 Web 2.0 技术的流行，之前的 CSS2 标准和相关技术已经满足不了日益增长的开发需求，人们需要实现更加美观、用户体验更好的界面。新一代标准 CSS3 应运而生。CSS3 基于 CSS2 设计，不仅改进了 CSS2，还增加了很多新特性。在 CSS3 之前，页面的视觉效果都通过使用图像来实现，现在，即使单纯使用 CSS3 编码也有可能达到相同的效果，这比之前用 JavaScript 去模拟这样的效果要好得多，不仅降低了复杂度，变得易维护，而且在性能上也有很大进步。目前，对于这些特性，Chrome 和 Safari 基本都支持，Firefox 支持其中的一部分。

3）JavaScript

JavaScript 是一种面向对象的脚本语言，用来向 HTML 页面添加交互行为，可以将动态的文本放入 HTML 页面。它也是一种解释性语言，不需要编译即可执行。它可以读写 HTML 元素的内容，可以在数据被提交到服务器之前验证这些数据；可以对事件做出响应，可以在用户单击某个 HTML 元素时做出响应；可以用来检测访问者的浏览器，并根据检测到的浏览器载入相应的页面；可以创建 Cookies 来存储和取回位于访问者计算机中的信息。

JavaScript 采用事件驱动，不需要经过 Web 服务器就可以对用户的输入做出响应，充分实现了 HTML 页面的交互式操作、验证，以及提供满足用户需求的逻辑功能，使用户前端不用通过与服务器端进行交互即可完成很多重要功能，大大减轻了服务器的压力，提高了工作效率。另外，JavaScript 脚本语言不依赖于操作系统，仅需要浏览器的支持。同时，有些特殊功能的实现（如 AJAX）必须依赖 JavaScript 在客户端的支持。随着引擎（如 V8）和框架（如 Node.js）技术的发展，JavaScript 逐渐被用来编写服务器端程序。

jQuery 目前已成为一个快速、简洁的 JavaScript 框架，是继 Prototype 之后又一个优秀的 JavaScript 代码库。它封装了 JavaScript 常用的功能代码，提供了一种简便的 JavaScript 设计模式。可以通过一行简单的标记将 jQuery 添加到网页中。jQuery 语法设计使开发，如操纵文档对象、选择 DOM 元素、DOM 遍历和修改、制作动画效果、事件处理、使用 AJAX 等更加便捷。jQuery 的核心特性可以总结为：具有独特的链式语法和短小清晰的多功能接口；具有高效灵活的 CSS 选择器，并且可对 CSS 选择器进行扩展；拥有便捷的插件扩展机制和丰富的插件。jQuery 兼容 CSS3，支持 HTML5，还兼容各种浏览器（jQuery 2.0 及其后续版本不再支持 IE 6/7/8 浏览器），而且 jQuery 还提供 API 让开发者自行编写插件。同时，jQuery UI 插件套件中包含大量预定义的部件（Widget）及一组用于构建高级元素（如可拖放的界面元素）的工具。总之，jQuery 模块化的使用方式使开发者可以很轻松开发功能强大的静态或动态页面。

4）AJAX

AJAX 是一种创建交互式网页应用的网页开发技术，该技术通过在后台与服务器进行少量数据交换来使网页实现异步更新。

AJAX 的核心是 JavaScript 对象 XMLHttpRequest。该对象在 IE 5 中被首次引入，它是一种支持异步请求的技术。AJAX 使用 XMLHttpRequest 向服务器提出请求并处理响应，而不阻塞用户，这样客户端 JavaScript 即可在不重载页面的情况下与 Web 服务器交换数据，即在不需要刷新页面的情况下产生局部刷新的效果。在 AJAX 中使用的 Web 标准已被良好定义，并被所有的主流浏览器支持。AJAX 应用程序独立于浏览器和平台，一般基于 AjaxPro 框架或 AJAX 组件开发，它使互联网应用程序变得更完善、更友好，并进一步提高了系统性能，优化了用户界面。

5）DOM

DOM 是 W3C 组织推荐的处理可扩展标志语言的标准编程接口。DOM 的设计以对象管理组织（OMG）的规约为基础，是面向对象方式描述的文档模型。DOM 定义了表示和修改文档所需的对象、这些对象的行为和属性，以及这些对象之间的关系，因此可以用于任何编程语言。它以一种独立于平台和语言的方式访问与修改一个文档的内容及结构，是表示和处理一个 HTML 或 XML 文档的常用方法。DOM 使用户页面可以动态地变化，如可以动态地显示或隐藏一个元素、改变它们的属性、增加一个元素等，从而大大增强了页面的交互性。

通过在 JavaScript 中使用 DOM，可以读取和改变 HTML、XHTML 及 XML 文档，实现添加、移除、改变或重排文档中的所有项目，从而重构整个文档。使用 DOM 时，其将把所有的 XML 文档信息都存于内存中。DOM 遍历简单，支持 XPath，易用性强，但其效率低，解析速度慢，内存占用量过大，对大文件来说几乎不可用。

6）其他相关技术

Web 客户端技术发展速度飞快，日新月异，正是围绕主流开发技术的其他众多支撑技术的涌动及相关技术自身的不断提升，才提升了 Web 客户端技术的整体发展水平。

首先，需要提及 W3C 组织的贡献。随着互联网发展趋势越来越明显，互联网业务量和业务复杂度不断增加，很多网页变得相当复杂。复杂业务中经常会看到一层又一层的回调处理，回调的嵌套让代码的可读性变得很差，而且很难将多个异步并行处理。W3C 标准改变了这种编程范式，它纳入了那些被认可并被广泛重复定义的东西。该标准统一了众多浏览器的差异性并扩展了基础类库功能，使开发者不必再把精力放到浏览器或某些类库的差异上，从而有了更好的编程体验，也获得了更先进的编程生产力。例如，为了减少网络传输中的无效流量，追求更高效率，W3C 组织适时推出了 HTTP 2.0 标准，用于传输二进制流，压缩 HEAD 头，并实现了多路复用，充分利用浏览器的连接数在一个 HTTP 请求中进行多个资源的传输，大幅度提升了用户体验。同时，W3C 组织与市场和技术界一直保持高度紧密的联系：为了适应 Web 开发工程化的市场需求，将 Module 和 Module Loader 纳入 W3C 标准，用于支持模块化和组件化；针对不断升级的前后端交互，制订了 Generator 上层封装规范；针对音频、视频等富媒体传输制订了 WebRTC 和 Web Audio 等规范。W3C 标准的魅力就在于它承担了编程和范式的工作，推动了浏览器技术的进化和规范，让开发者可以把精力完全投入自己的业务中。

其次，移动端 Web 应用的迅猛发展刺激并大幅度推动了 Web 客户端技术水平的全方位提升。相比于计算机上的 Web 开发，移动端 Web 开发还需要解决更多的问题，如多分辨率问题、不同网络环境的网页加载优化问题、交互带来的一系列体验问题、Web 本地化问题、远程调试问题、移动安全问题等。产业界和科学家已经或正在解决这些问题，例如，可通过 React 系列技术来适应不同设备需要，重塑屏幕，重新定义像素尺寸，并使用流式布局，通过百分比来响应不同的终端尺寸。该技术仍在继续发展中，它使快速响应业务变为可能。随着前端工程化的普及，各种前端集成开发解决方案相继出现，Vue、Angular、Knockout 等优秀的前端开发框架应运而生。Node.js 提供了技术栈的融合，作为前后端分离的桥梁，它完美封装了 Google V8 引擎，对一些特殊用例进行了优化，提供了替代的 API，使 Google V8 在非浏览器环境下运行得更好。在 Node.js 与 io.js 重新整合之后，前端也拥有了部署和发布整个应用的能力，这是一个质的突破。随着用户体验变得越来越重要，小前端的发展趋势很明显，Web APIs 将会成为 Web App 和 Mobile App 的一个中心点。前端基于后端的

RESTful 服务构建应用，这将对后端服务化、云数据和云安全提出很高的要求，其中有太多未知的问题需要探索，但也给前端开发者提供了无数的可能。

再次，对于 Web 前端开发工具和框架，除了前面提到的 Web 移动端开发工具和框架，这里再做一些补充。在 Web 开发工程化的发展趋势下，Web 前端开发集成环境（IDE）的作用逐渐凸显出来，虽然 Web 后端开发集成环境大多可用于前端开发，但专业用于前端开发的 IDE 由于小巧、紧凑而更加受欢迎。这些 IDE 往往集成了 HTML/CSS/ JavaScript 编辑调试环境，提供用户支持，减少了在开发过程中出现的效率低下的重复性工作。Web 前端调试时，需要前端浏览器的配合，主流的浏览器均提供了页面调试工具，如 Chrome 自带的元素审查工具，以及 IE 或 Firebug 的开发者工具条等。Web 前端集成开发框架的发展为 Web 应用的快速开发提供了良好的支持，目前较为流行的框架包括 Bootstrap、Adobe Flex、ExtJS、EasyUI、MiniUI、jQuery UI 等，这些框架往往提供了优美、直观且给力的 Web 设计工具包、很多流行且样式简洁的 UI 组件、栅格系统及一些常用的 JavaScript 插件等，在此基础上，用户花费很短的时间即可开发跨浏览器兼容且美观大气的 Web 前端页面。

最后，介绍一下 Web 3D 技术的发展现状。Web 已经由静态步入动态，并正在逐渐由二维走向三维，从而将用户带入五彩缤纷的虚拟现实世界。目前,走向实用化阶段的 Web 3D 核心技术有基于 VRML、XML、Java、动画脚本语言及流式传输的技术，它们为网络教学资源和有效学习环境设计，以及开发、组织不同形式的网络教学活动提供了更为灵活的选择空间。由于采用了不同的技术内核，不同的技术有不同的实现原理、技术特征和应用特点（见表 5-1）。

表 5-1　Web 3D 的核心技术对比

核心技术	实现原理	技术特征	应用特点
基于 VRML 技术	服务器端提供 VRML 文件和支持资源，浏览器通过插件将描述性的文本解析为对应的类型，并在显示器上呈现	通过编程、三维建模工具和 VRML 可视化软件实现；在虚拟三维场景展示时，文件数据量很大	高版本浏览器预装插件；文件传输慢，下载时间长；呈现的图像质量不高；与其他技术集成能力弱，兼容性不好；适合三维对象和场景的展示
基于 XML 技术	将用户自定义的三维数据集成到 XML 文档中，浏览器对其进行解析后实时展现给用户	通过三维建模工具和可视化软件实现；在三维对象和场景展示时，文件数据量小	需要安装插件；文件传输快，可被快速下载；呈现的图像质量较高；与其他技术集成能力强，兼容性好；适合三维对象和场景的展示
基于 Java 技术	通过浏览器执行程序，直接将三维模型渲染后实时展现三维实体	通过编程和三维建模工具实现；在三维对象和场景展示时，文件数据量小	不需要安装插件；文件传输快，可被快速下载；呈现的图像质量非常高；兼容性好；适合三维对象和场景的展示

核心技术	实现原理	技术特征	应用特点
基于动画脚本语言技术	在网络动画中加入脚本描述,脚本通过控制各幅图像来实现三维对象	通过脚本语言编程实现;在三维对象和场景展示时,文件数据量较小	需要安装插件;文件传输快,可被快速下载;呈现的图像质量随压缩率可调;兼容性好;适合三维对象和场景的展示
基于流式传输技术	直接将交互的虚拟场景嵌入到视频中	通过实景照片和场景集成(缝合)软件实现;在场景模拟时,文件数据量较小	需要安装插件;用户可快速浏览文件;三维场景的质量高;兼容性好;可实现 360 度全景虚拟环境

5.2 中间层技术及其应用

中间层一般指"互联网+"平台中承上启下的一层,它在基础设施层所提供资源的基础上为用户提供服务,通过集成 API 为客户提供定制开发接口。

5.2.1 REST 和 SOAP

目前实现 Web Service 的两种方式是 REST 和 SOAP。SOAP 需要用到网络服务描述语言(Web Services Description Language,WSDL)、目录服务(统一描述、发现和集成,Universal Description, Discovery and Integration,UDDI)等,而 REST 则直接利用 HTTP 协议实现,是轻量级的 Web Service 实现方式。

1. REST

REST(Representational State Transfer)是针对 Web 服务提出的一种架构风格,由 Roy Fielding 首次提出。Fielding 指出,使用符合代表性状态传输设计约束的 Web 上部署的组件,可以充分利用 Web 的有用特性,从而使互联网达到最佳的工作效果。REST 把网络上的所有事物都抽象为资源,把对资源的操作抽象为 CRUD(Create/Read/Update/Delete,创建/读取/更新/删除),对应 HTTP 的 PUT、GET、POST 和 DELETE。注意,此处的资源不是静态的数据,而是数据加上状态,是随时间变化的,每个资源有一个唯一的标识,即 URL。REST 提出了一些设计概念和准则:

(1)网络上的所有事物都被抽象为资源(Resource);

(2)每个资源有一个唯一的资源标识(Resource Identifier);

（3）通过通用的连接器接口（Generic Connector Interface）对资源进行操作；

（4）对资源的各种操作不会改变资源标识；

（5）所有的操作都是无状态的（Stateless）。

2. SOAP

在 Web 服务发展的初期，XML 格式化消息的第一个主要用途是应用于 XML-RPC 协议，其中 RPC 代表远程过程调用。在 XML-RPC 协议中，客户端发送一条特定消息，该消息必须包括名称、运行服务的程序及输入参数。由于 XML-RPC 协议只能使用有限的数据类型种类和一些简单的数据结构，因此，在使用过程中人们发现这个协议不够强大，于是就出现了 SOAP（Simple Object Access Protocol，简单对象访问协议）。最初，SOAP 是作为 XML-RPC 协议的扩展而发展起来的，它主要强调的是，通过从 WSDL 文件中所获得的方法和变量名来进行远程过程调用。现在，通过不断发展，人们发现了更多使用 SOAP 的方式，而不只是使用一个 SOAP 信封来传送 XML 格式化消息。XML-RPC 协议只有简单的数据类型种类，而 SOAP 则通过利用不断发展的 XML Schema 来定义数据类型。同时，SOAP 也能够利用 XML 命名空间。如此一来，SOAP 消息的开头部分就可以是任何类型的 XML 命名空间声明，其代价是在系统之间增加了更多的复杂性和不兼容性。

3. REST 和 SOAP 的选择

SOAP 提供 Web 服务需要客户端发出命令，以使服务器按照该命令做出特定的操作，而 REST 则强调资源及对具体资源进行寻址。SOAP 作为一个基于 RPC 的架构，其动词数量是没有限制的；而 REST 只使用 HTTP 标准的四个动词（POST、GET、PUT 和 DELETE）来进行请求和响应，以避免歧义并使用资源寻址来处理其可变性。SOAP 面对的应用需求是 RPC，而 REST 面对的应用需求是分布式超媒体系统。REST 的架构风格更强调数据，请求和响应消息都是对数据的封装；而 SOAP 的架构风格更强调接口，其消息封装的是过程调用。REST 是面向资源的，而 SOAP 是面向接口的。在 REST 架构下，HTTP 是承载协议，也是应用协议；而在 SOAP 架构下，HTTP 只是承载协议，SOAP 才是应用协议。

总之，SOAP 和 REST 都是有效的方案，但在具体场合下采用哪种方案更好，则取决于 Web 应用程序设计人员。基于"通用"传输协议是 SOAP 的一个优点。REST 目前基于 HTTP/HTTPS，而 SOAP 则可支持任何传输协议，从 HTTP /HTTPS 到 SMTP，甚至 JMS（Java Messaging Service，Java 消息传递服务）。这两种技术也可以混合搭配使用。REST 很好理解且极易上手，不过由于它缺乏标准，因此只被看作一种架构方法。与之相比，SOAP 是一个工业标准，它具备良好定义的协议，以及一套良好确立的规则，在大型和小型系统中均可采用。

REST 的适用场合如下：

（1）有限的带宽和资源。REST 返回的结构可以采用由开发者定义的任何格式。同时，由于 REST 采用 HTTP 标准动词，因此任何浏览器都能支持。除此之外，REST 还可以使用目前大多数浏览器支持的 XMLHttpRequest 对象，这为 AJAX 增色不少。

（2）完全无状态的操作。对于那些需要多步执行的操作，REST 并非最佳选择，采用 SOAP 更合适。但是，如果需要无状态的 CRUD 操作，那么应采用 REST。

（3）缓存考虑。若要利用无状态操作的特性使信息可被缓存，那么 REST 是很好的选择。

SOAP 的适用场合如下：

（1）异步处理与调用。如果 Web 应用需要确保可靠性与安全性，那么采用 SOAP。SOAP 1.2 版本为确保这种操作补充定义了 WSRM（WS-Reliable Messaging）等标准。

（2）形式化契约。若提供者/消费者双方必须就交换格式取得一致，那么采用 SOAP 更合适。SOAP 1.2 为这种交互提供了严格的规范。

（3）有状态的操作。如果 Web 应用需要上下文信息与对话状态管理，那么应采用 SOAP。SOAP 1.2 为此补充定义了 WS-Security、WS-Transactions 和 WS-Coordination 等标准。相比之下，REST 要求开发者自己实现这些框架性工作。

综上所述，REST 和 SOAP 各有用武之地。它们在安全性和传输层等方面都有潜在的问题，不过它们都能完成任务，而且在许多情况下，它们都丰富了 Web 应用的技术手段。在互联网+教育领域，一般情况下，提供给教师、学生和教务部门的跨平台网络服务大多是数据服务，使用 REST 将是不二的选择；而针对远程网络考试及提供给第三方平台的数据服务等特殊需求，则使用 SOAP 更为妥当。

5.2.2　多租户技术

多租户技术（Multi-tenancy Technology）也称多重租赁技术，是一种软件架构技术，用来解决多用户环境下共用相同的系统或程序组件且仍确保各用户间数据隔离性的问题。在云计算时代，在共用的数据中心内，以单一系统架构与服务提供多数客户端相同或定制的服务，并且仍然可以保障客户的数据隔离性，是非常必要的，这使多租户技术成为重要的支撑技术。

多租户即多个租户共用一个实例，租户的数据既有隔离又有共享。多租户技术的重点是要实现不同租户间应用程序环境的隔离及数据的隔离，以便维持不同租户间应用程序不相互干扰，同时，实现数据保密。多租户技术可通过许多不同的方式来切割用户的应用程序环境或数据，保障多租户之间的隔离。在数据方面，供应商通过切割数据库、切割存储区、切割结构描述或表格来隔离租户的数据，必要时会进行对称或非对称加密以保护敏感数据，但不同的隔离法有不同的实现复杂度与风险；在程序方面，供应商提供强大的运行环境，利用应用程序挂载（Hosting），在进程（Process）上切割不同租户的应用程序运行环境，并在无法跨越进程通信的情况下以运行线程的方式隔离，以便保护各租户的应用程序运行环境；在系统方面，供应商提供强大的计算能力，利用虚拟化技术将实体运算单元切割成不同的虚拟机，各租户可使用其中一台或数台虚拟机作为应用程序与数据的保存环境。

多租户技术催生了 SaaS（Software as a Service）和 PaaS（Platform as a Service）两种模式的云平台。PaaS 为开发者或业务系统提供了一套共享的开发框架和平台以进行开发与测试，该平台提供完备的常用服务，如短信服务、邮件服务、分布式文件系统服务、域名备案服务、网络端负载均衡服务、数据库端负载主从热备服务、分片服务、VPN 服务、HTTPS 服务、线上服务器监控统计服务等。SaaS 的多租户是个人或企业用户，他们共享 SaaS 提供的应用程序和数据库服务。在实现数据隔离方面，SaaS 基本上对于所有的后台应用表都使用租户 ID 进行隔离，而 PaaS 对一些关键底层技术层面的表和元数据往往不进行数据隔离。

互联网+教育系统一般属于 SaaS 云平台范畴，这种 SaaS 多租户平台在数据存储上往往采用以下三种方案：

（1）独立数据库，即一个租户一个数据库。这种方案的用户数据隔离级别最高，安全性最好，但成本也高。采用这种方案有助于简化数据模型的扩展设计，满足不同租户的独特需求。当出现故障时，其恢复数据比较简单。但该方案增大了数据库的安装数量，随之带来维护成本和购置成本的增加。

（2）共享数据库但隔离数据架构，即多个或所有租户共享数据库，但一个租户只对应一个数据库对象。在这种方案中，每个数据库可以支持更多的租户数量，并且为安全性要求较高的租户提供一定程度的逻辑数据隔离，虽然并不是完全隔离。但是由于其数据隔离，跨租户统计数据存在一定的困难，如果出现故障，其数据恢复比较困难。

（3）共享数据库和数据架构，即租户共享同一个数据库及数据库对象，但在表中通过租户 ID 区分不同租户的数据。这种方案共享程度最高，维护和购置成本最低，允许每个数据库支持的租户数量最多。但其隔离级别最低，安全性最低，需要在设计开发时加大对安全的开发量。另外，其数据备份和恢复最困难，需要逐表、逐条备份和还原。

可见，在大多租户不使用太多运算资源的情况下，多租户技术可以让多个租户共用一个应用程序或运算环境，从而有效地降低了供应商投入环境建置的成本，使得硬件成本、操作系统与相关软件的授权成本等都因为多租户技术而由多个租户一起分担。总之，在云计算流行的大环境下，多租户技术被广泛用于开发各式云服务，不论是 IaaS、PaaS 还是 SaaS，都可以看到多租户技术的影子。

5.2.3　应用服务器

随着互联网的发展壮大，"主机/终端"及"客户机/服务器"等传统应用系统模式已不能满足新的需求，于是产生了新的分布式应用系统。相应地，新的开发模式，即所谓的"浏览器/服务器"模式和"瘦客户机"模式也应运而生。应用服务器便是一种实现这些模式的核心技术。应用服务器作为服务器执行共享业务应用程序的底层系统软件,是存在于服务器中心架构中间层的一个软件框架。它通过多种协议把商业逻辑暴露给客户端应用程序,提供访问商业逻辑的途径以供客户端应用程序使用。目前流行的应用服务器包括 Apache 的 Tomcat、IBM 的 WebSphere、Caucho Technology 的 Resin、Macromedia 的 JRun、BEA 的 WebLogic 等。

对于 Web 应用程序,应用服务器和 Web 服务器运行在相同的环境中,应用服务器支持动态网页的创建和服务的部署,比如集群、故障切换、负载均衡等,所以开发者只要关注实现业务的逻辑即可。与 Web 服务器专门处理 HTTP 请求功能相比,应用服务器提供的是客户端应用程序可以调用的方法,它通过很多协议(包括 HTTP 协议)来为应用程序提供商业逻辑。在大多数情形下,应用服务器通过组件的应用程序接口把商业逻辑暴露给客户端应用程序。另外,应用服务器还可以管理自己的资源,如安全、资源池和消息等。就像 Web 服务器一样,应用服务器也配置了多种可扩展技术和容错技术。

对于互联网+教育系统来说,不论是提供给教师使用的内容管理系统,还是提供给学生使用的学习管理系统,都避免不了大量的交互。其中,简单的交互,如用户直接与数据库的交互可以通过 Web 服务器直接获得,也可以将数据查找逻辑放在应用服务器上,此时,脚本只需简单地调用应用服务器的查找服务方法即可。当将数据查找逻辑从 HTML 代码中分离之后,其可重用性大大提高,不同页面或不同客户端均可调用该逻辑实现数据查询功能。然而,对于一些复杂逻辑的交互,如对于论坛、网上付费系统等,则数据查找逻辑必须设计部署在应用服务器上以供用户调用。

需要指出的是,Web Service 的发展已经模糊了应用服务器和 Web 服务器之间的界线。当通过 REST 或 SOAP 给服务器传送请求时,Web 服务器处理数据和响应的能力与以前的应用服务器相差无几。另外,现在大多数应用服务器也包含了 Web 服务器,Web 服务器成了应用服务器的一个子集。即使这样,一般的互联网+教育系统按照实际需要,通常会把 Web 服务器独立配置,和应用服务器一前一后,这种功能的分离有助于提高性能,也为集群部署、配置提供了更好的灵活性。

5.2.4 分布式缓存

当传统数据库面临大规模数据访问时,磁盘 I/O 往往成为性能瓶颈,从而导致过高的响应延迟。分布式缓存将高速内存作为数据对象的存储介质,以 key/value 形式存储数据,因此,在理想情况下,其可以获得 DRAM 级的读写性能。

分布式缓存系统通过在固定数目的集群节点内存中缓存数据和对象来减少读取数据库的次数,从而提高网站的速度。其优点是缓存容量可扩展(静态扩展),缺点是扩展过程中需要大量配置，没有容错机制。弹性缓存平台的出现将分布式缓存技术推上一个新台阶，它基于冗余机制实现了可动态扩展且在具有容错能力的集群节点间分布存储数据的功能，具有高可用性。但由于其采用复制备份策略，这对系统性能造成了一定的影响。弹性应用平台随之出现并不断发展，它代表了云环境下分布式缓存系统未来的发展方向。弹性应用平台是弹性缓存与代码执行的组合体，它将业务逻辑代码转移到数据所在节点执行，可以极大地降低数据传输开销，提升系统性能。典型的弹性应用平台包括 Gigaspaces XAP，Windows Azure AppFabric Caching 等，它们均为用户提供了功能强大的、同时兼顾速度和规模的 PaaS 服务。

分布式缓存由一个服务器端实现管理和控制，同时配备多个客户端节点存储数据，可以进一步提高数据的读取速率。分布式缓存支持弹性扩展，通过动态增加或减少节点来应对变化的数据访问负载，提供可预测的性能与扩展性，并能够最大限度地提高资源利用率。它基于冗余机制实现高可用性，无单点失效，支持故障的自动发现，透明地实施故障切换，不会因服务器故障而导致缓存服务中断或数据丢失。在动态扩展或失效恢复时，其无须人工配置，自动选取备份节点。分布式缓存将任务代码转移到各数据节点并行执行，客户端聚合返回结果，从而有效避免了缓存数据的移动与传输。

分布式缓存的典型应用场景包括以下几类：

（1）页面缓存。分布式缓存用来缓存 Web 页面的内容片段，包括 HTML、CSS 和图片等。

（2）应用对象缓存。缓存系统作为对象关系映射框架（Object Relation Mapping，ORM）的二级缓存对外提供服务，目的是减轻数据库的负载压力，加速应用访问。

（3）状态缓存。缓存的状态包括会话状态及应用横向扩展时的状态等。这类数据一般是难以恢复的，对可用性要求较高，多用于高可用集群。

（4）并行处理。其通常涉及大量需要共享的中间计算结果。

（5）事件处理。分布式缓存提供了针对事件流的连续查询处理技术，满足实时性需求。

（6）极限事务处理。分布式缓存为事务型应用提供了高吞吐率、低延时的解决方案，支持高并发事务请求处理，多用于铁路、金融服务和电信等领域。

分布式缓存作为一种关键的快速传送技术，可以为事务型应用提供高吞吐率、低延时的技术解决方案。其延迟写机制可提供更短的响应时间；其数据库的事务处理负载极小；其分阶段事件驱动架构可以支持大规模、高并发的事务处理请求。此外，由于分布式缓存在内存中管理事务并提供数据的一致性保障，采用数据复制技术实现高可用性，具有较优的扩展性与性能组合等优势，其成为互联网+教育领域及其他分布式、云计算领域不可或缺的中间层技术。

5.2.5　并行计算

并行计算是计算机系统中能同时执行两个或更多个处理的一种计算方法，其主要目的是节省大型和复杂问题的解决时间。并行计算分为时间上的并行和空间上的并行。时间上的并行是指流水线技术，而空间上的并行则是指用多个处理器并发执行计算。并行计算的目的是提供单处理器无法提供的性能，使用多处理器求解单个问题。

并行计算机是由一组处理单元组成的，这组处理单元通过相互之间的通信与协作，以更快的速度共同完成一项大规模的计算任务。随着软硬件技术的不断革新，并行计算机融合了流水线技术、虚拟存储和缓存技术、半导体存储技术、集成电路技术、精简指令系统计算技术、向量寄存器技术、微处理器技术及总线协议等相关技术，形成了较大规模共享存储多处理器系统，而且这种体系架构已经基本上统治了服务器和桌面工作站市场。同时，基于消息传递机制的并行计算机也开始不断涌现，如 Intel Paragon 等。不同体系架构的融合和商品化微处理器、网络设备的发展，以及 MPI/PVM 等并行编程标准的发布，催生了分布式存储的集群架构并行计算机，如 IBM SP2 系列集群系统。在这些系统中，各个节点采用的都是标准的商品化计算机，它们之间通过高速网络进行连接。

今天，国内几乎所有的高性能计算机厂商都生产这种具有极高性价比的高性能计算机，并行计算机已经进入了一个新的时代，并行计算的应用达到了前所未有的广度和深度。随着互联网+教育功能的不断扩展及并发量的不断扩张，并行计算技术将成为互联网+教育快速提供教学服务的基础支撑技术。

并行计算硬件支撑技术主要包含处理器、存储器和流水线三个方面的技术，这三个方面的技术决定了并行的效率和效果。并行计算当然也离不开软件技术的支撑。并行软件可分成并行系统软件和并行应用软件两大类：并行系统软件主要指并行编译系统和并行操作系统；并行应用软件主要指各种软件工具和应用软件包。软件中涉及的程序的并行性主要包括程序的相关性和网络互连两方面。

云计算是在并行计算的基础上发展起来的，两者在很多方面都有共性，但云计算并不等同于并行计算。并行计算追求高性能，通常用于特定的科学领域及专业的用户，而云计算虽然萌芽于并行计算，但其对单节点的计算能力要求低，它是分布式计算、并行计算和网格计算的综合发展，或者说是这些概念的商业实现。云计算不但包括分布式计算，还包括分布式存储和分布式缓存，而且，随着分布式处理软件框架（如 Hadoop 等）的不断发展和应用，云计算将在需要大容量存储和大数据运算的场景中（如互联网+教育领域）发挥优势。

5.2.6　访问控制

访问控制是按用户身份及其所归属的某项定义组来限制用户对某些信息项的访问，或者限制其对某些控制功能的使用的一种技术。访问控制是系统实现保密性、完整性、可用性和合法使用性的重要基础，是网络安全防范和资源保护的关键策略之一，可使主体依据某些控制策略、权限对客体本身或其资源进行不同的授权访问。

1. 访问控制的目的和功能

访问控制的主要功能是保证合法用户访问授权保护的网络资源，防止非法的主体进入受保护的网络资源，或者防止合法用户对受保护的网络资源进行非授权的访问。访问控制首先需要对用户身份的合法性进行验证，同时利用控制策略进行管理；当验证用户身份和访问权限后，还需要对其越权操作进行监控。因此，访问控制的内容包括认证、控制策略实现和安全审计。访问控制可以分为两个层次：物理访问控制和逻辑访问控制。物理访问控制负责保障用户、设备、门、锁和安全环境等符合标准规定，而逻辑访问控制则是在数据、应用、系统、网络和权限等层面实现的。

2. 访问控制的类型和实施机制

访问控制的主要类型有三种：自主访问控制、强制访问控制和基于角色的访问控制。其中，自主访问控制提供一种接入控制服务，其允许访问对象的属主制订针对该对象访问的控制策略，其有效性依赖于资源的所有者对安全政策的正确理解和有效落实，安全性相对较低，无法对系统资源提供严格保护；强制访问控制是系统强制主体服从访问控制策略，即由系统按照规定的规则控制用户权限及操作对象的访问，其一般通过限制访问控制、过程控制和系统限制三种方法并通过使用敏感标签对所有用户和资源强制执行安全策略，它对专用或简单系统较有效，但对通用或大型系统不太有效；基于角色的访问控制将自主访问控制和强制访问控制结合使用，并实施一些附加的、更强的访问限制，它支持三个著名的安全原则：最小权限原则、责任分离原则和数据抽象原则，因此，它减小了授权管理的复杂性，降低了管理开销，提高了企业安全策略的灵活性。

3. AAA 认证授权机制

随着虚拟专用网（VPN）、远程拨号、移动办公室等移动接入的应用日趋广泛，传统用户身份认证和访问控制机制已经无法满足需求，由此产生了 AAA 认证授权机制。AAA 认证系统的功能主要包括以下三个部分：

（1）认证：对网络用户身份进行识别后，才允许其远程登录并访问网络资源。

（2）鉴权：为远程访问控制提供方法，如一次性授权，或者给特定命令或服务鉴权。

（3）审计：主要用于网络计费、审计和制作报表。

AAA 认证系统一般运行于网络接入服务器，用于提供一个有力的认证、鉴权、审计信息采集和配置系统。网络管理者可根据需要选用适合用户需求的具体的网络协议及认证系统。例如，目前应用最广泛的 AAA 协议——RADIUS（Remote Authentication Dial In User Service，远程鉴权拨入用户服务）协议认证机制规定了网络接入服务器与 RADIUS 服务器之间的消息格式，RADIUS 服务器接受用户的连接请求，根据用户账户和密码完成鉴权后，将响应信息传递给网络接入服务器和计费服务器，网络接入服务器根据当前配置来决定针对用户的相应策略。

4. 单点登录

单点登录（SSO）技术的主要优点是可集中存储用户身份信息，用户只需向服务器验证一次身份，即可使用多个系统的资源，而无须再向各客户机验证身份，从而可提高网络用户的效率，减少网络操作的成本，增强网络的安全性。根据登录的应用类型不同，SSO 可分为以下三种类型：

（1）桌面单点登录。对桌面资源的访问管理，包括登录后统一访问系统应用资源，以及登录后访问其他应用资源。操作系统本身就是一个 SSO 系统，以 Windows 操作系统为例，它通过 Active Directory 的用户组策略并结合 SMS 工具实现了桌面策略的统一制订和统一管理。

（2）Web 单点登录。Web 技术体系结构便捷，对 Web 资源的统一访问管理易于实现，这是目前 Web 访问管理系统最为成熟的直接原因，Web 访问管理系统一般与企业信息门户结合使用，提供完整的 Web SSO 解决方案。

（3）传统 C/S 架构应用的单点登录。在传统 C/S 架构应用上，实现管理前台的统一或统一入口是关键。在后台集成方面，可以利用基于集成平台的安全服务组件，或者不基于集成平台的安全服务 API，而通过调用信息安全基础设施提供的访问管理服务来实现统一访问管理。在不同的应用系统之间，同时传递身份认证和授权信息是传统 C/S 架构统一访问管理系统面临的一项任务。采用集成平台进行认证和授权信息的传递是当前发展的一种趋势，可将 C/S 架构应用的统一访问管理系统和信息总线平台一同建设。

5. 准入控制技术

企事业机构网络系统在安装防火墙、漏洞扫描系统、入侵检测系统和病毒检测软件等安全设施后，仍可能遭受恶意攻击。其主要原因是一些用户不能及时安装系统漏洞补丁和升级病毒库等，为网络系统带来安全隐患。为了应对网络安全中出现的这种情况，网络产品生产公司及系统软件公司联手开发了网络准入控制和自防御网络产品，该产品不仅对用户身份进行认证，还对用户的接入设备进行安全状态评估（包括防病毒软件、系统补丁等），使每个接入点都具有较高的可信度和健壮性，从而保护网络基础设施。

各种准入控制技术都采用了身份认证技术。身份认证技术从软件到软硬件结合，从单一因子认证到双因素认证，从静态认证到动态认证，经历了充分的发展过程。目前常用的身份认证方式包括用户名/密码方式、公钥证书方式、动态口令方式等。无论单独采用哪种方式，都有其不足，如采用用户名/密码方式，用户名及弱密码容易被窃取或攻击；采用公钥证书方式，会涉及证书生成、发放、撤销等复杂的管理问题；采用动态口令方式，其安全性取决于个人对私钥的保管。一般来讲，身份认证技术必须满足组织机构对网络安全的具体实际需求，并能够认真完整地执行安全管理策略。目前，身份认证技术和准入控制技术进一步融合，向着综合管理和集中控制的方向发展。

准入控制技术发展很快，并出现了各种技术整合的趋势。各主要厂商在突出发展自身准入控制技术的同时，也加大了厂商之间的合作力度，准入控制标准化工作也在加快进行。可信计算组织（Trusted Computing Group，TCG）成立了可信网络连接（Trusted Network Connect，TNC）分组，TNC 计划为端点准入强制策略开发一个对所有开发商开放的架构规范，从而保证各个开发商端点准入产品的可互操作性。这些规范利用了现存的工业标准，并在需要的时候可加入新的标准和协议。准入控制技术正在向标准化、软硬件相结合的方向发展。

5.2.7　资源管理

为了使信息能够在不同用户之间通信以实现资源共享，资源管理技术成为不可或缺的中间层技术。计算机资源分为硬件资源与软件资源，独立存在的资源并不能自行发挥作用，需要对这些资源进行有效管理。

1. Web 应用管理和配置

随着 Web 应用的发展和普及，网络硬件资源和软件资源的安全、高效、共享成为当今时代的主题。随着 Web 访问量和数据的持续增长，可使用的资源管理相关策略如下：

（1）物理分离网站服务器和数据库。如果直接在服务器上搭建一个网站并将其发布在互联网上，随着访问量增大，服务器响应的速度会越来越慢，这往往是由于 Web 应用与数据库的互相影响太大导致的。此时，最好的解决方案是将 Web 应用和数据库从物理上分离，使用两台物理机分别提供不同的功能，从而使资源得以高效应用。

（2）增加前端页面缓存。随着访问 Web 应用的人数越来越多，访问数据库的操作也越来越多，导致数据连接竞争激烈。但是，数据库连接又不能开太多，否则会造成数据库机器压力增加，反而得不偿失。此时可采用前端页面缓存技术，将相对静态的页面缓存并保存在机器缓存中，这样用户再访问的时候就不必再去访问数据库。

（3）增加页面片段缓存。为了更进一步地提高性能，可尝试将动态页面的相对静态部分也缓存起来，这样可以大大提高访问速度。

（4）数据缓存。由于用户在进行操作时需要获取数据信息，为了不对同一用户进行重复操作，可以将用户的数据信息缓存到本地内存。

（5）增加网站服务器。用户的请求需要排队，服务器的处理速度来不及处理数量太大的请求，响应速度变慢，此时可采用多台服务器协同来为更多的用户服务，从而进一步提高服务器的访问性能。

（6）分库。由于数据库中连接、修改等操作太多，竞争过于激烈，数据库服务器不能同时为过多的程序服务，此时可采用数据库集群和分库策略。

（7）分表、建立数据访问层和采用分布式缓存。随着系统的持续运行，数据量大幅度增长，此时需要按照分库的思想开始做分表的工作，按照实际需要建立分库分表的规则，增加一个通用的框架来实现分库分表的数据访问，即建立持久层作为数据访问层来实现数据库的访问。如果数据访问量巨大或后端数据库为列式数据库，就需要采用分布式缓存技术来保障系统同时处理大量的动态数据。

（8）数据读写分离和廉价存储方案。在实现分库分表后可能仍然面临数据库压力过大的状况，这通常是因为数据库的读写比过高，应用数据读写分离方案可大幅度减轻数据库压力。对于较大型数据库来讲，可运用合适的架构（如 Spring 等）实现数据读写分离，同时编写一些更为廉价的存储方案（如 Big Table 等）来满足海量数据存储需求。

（9）大型分布式服务器集群。对于大型 Web 应用而言，各种各样的功能需求呈现爆发式增长趋势。这些庞大的 Web 应用的部署和维护逐渐变得困难重重，因为应用包在 N 台机器上复制、启动，需要耗费不少时间，出问题的时候很难很快找到原因，而且很有可能会出现某个应用上的 Bug 导致全站都不可用的情况。这时，需要将系统根据职责进行拆分，将其重新部署为大型的分布式应用。

整个网站架构的演变一般都经历上述类似过程，当然，每步采取的方案、演变的步骤可能有所不同。另外，由于业务不同，各网站有不同的专业技术需求（如数据库集群、数据挖掘、搜索等），在真实的演变过程中，还可借助提升硬件配置和网络环境、改造操作系统等手段来支撑更大的流量。

2. P2P 技术

P2P（Peer to Peer）技术是基于互联网环境的新的应用型技术，主要为软件技术。它在现有硬件逻辑和底层通信协议上实现端到端定位（寻址）和握手，建立对话双方稳定的连接。其涉及的技术包括 IP 地址解析、NAT 路由、防火墙、数据描述和交换的协议（如 XML、SOAP、UDDI 等）、加密、网络规模控制等。

在 P2P 技术中，通信双方既是 Server 又是 Client，具体如何表现取决于用户的要求，其信息在网络设备间直接流动，高速及时，降低了中转服务成本。在使网络信息分散的同时，相同特性的 P2P 设备可以构成存在于互联网这张大网中的子网，使信息按新方式又一次集中。

P2P 技术目前主要应用在即时通信（ICQ、QQ、IP 电话技术等）、文件和其他内容共享（BT 技术）、搜索引擎、协同工作等方面。P2P 技术将人们直接联系起来，让其可以通过互联网实现直接的交互，从而使网络沟通更为容易、资源共享更为直接，因而它在加强网络人际交流、文件交换和分布计算等方面大有用处。P2P 技术摆脱了中间服务的羁绊，它重新将人们通过网络直接联系起来，使人际知识交流更为迅速和便捷，从而提高了人们解决学习问题和处理社会事务的效率。

管理问题和安全问题是 P2P 技术所面临的最大的问题，目前最好的解决方案是 JXTA 技术。该技术提供了建立 P2P 技术网络应用的核心技术，旨在为 P2P 技术应用建立一个通用的开发平台。JXTA 技术主要包括一个独立于编程语言系统平台和网络平台的协议集，这个协议集说明了 P2P 技术应用的最基本的需求。可以说，JXTA 技术是位于操作系统或虚拟机之上的 P2P 网络服务，或者是位于应用之下的一个 P2P 堆栈，它提供了 P2P 技术应用所需的核心功能。作为一种越来越具有普遍应用价值的技术，P2P 技术对于未来的网络传播特性的影响，虽然一时还难以做出全面的描述，但是影响正在开始并会继续，而且在很大程度上会增强网络作为大众媒体的属性。

3. 网络虚拟化技术

当传统 IT 架构中的网络根据业务需求部署上线后，如果业务需求发生变动，重新修改相应网络设备（路由器、交换机、防火墙）的配置将非常烦琐。在互联网/移动互联网瞬息万变的业务环境下，网络的高稳定与高性能不足以满足业务需求，其灵活性和敏捷性反而更为关键，因此，软件定义网络（Software Defined Network, SDN）应运而生。SDN 是一种新型网络架构，是网络虚拟化的一种实现方式，它将网络设备上的控制权分离出来，由集中的控制器管理，而无须依赖底层网络设备，屏蔽了来自底层网络设备的差异。SDN 完全开放网络设备控制权，用户可以自定义任何想实现的网络路由和传输规则策略，从而实现了网络流量的灵活控制，使网络作为管道变得更加智能。

SDN 提出对控制层面进行抽象以处理高复杂度（如 OSPF、BGP、组播、区分服务、流量工程、NAT、防火墙、MPLS、冗余层等）的网络拓扑、协议、算法和控制，从而让网络工作。SDN 的核心技术是 OpenFlow，它将网络设备控制面与数据面分离，提供各种端口（物理端口、逻辑端口、OpenFlow 端口），通过用户定义的或预设的规则来匹配和处理网络包，基于 OpenFlow 规范建立交换机与 OpenFlow 控制器的连接并进行通信。借助 OpenFlow 控制器，可以集中控制和管理网络中所有的网络设备，同时可以把应用服务器的负载及时反馈到 OpenFlow 控制器，这样不仅可以轻松地实现网络虚拟化和负载均衡，还能够在不影响性能的前提下，根据网络负载动态规划路由，从而在网络负载不高的情况下选择性地关闭或挂起部分网络设备，使其进入节电模式以达到节能环保、降低运营成本的目的。

应用 SDN 后，无须对网络中每个节点的路由器反复配置，网络中的设备本身就是自动化连通的，只需要在使用时定义好简单的网络规则即可。如果不喜欢路由器自身内置的协议，可以通过编程的方式对其进行修改，以实现更好的数据交换性能。SDN 业务逻辑的开放性使得网络作为"管道"变得无限可能。如果未来云计算的业务应用模型可以简化为"云—管—端"，那么 SDN 就是"管"这一环的重要技术支撑。

4. 镜像网站技术和内容分发网络技术

将一个站点放到几台服务器上，它们分别有自己的 URL，这些服务器上的网站互称镜像网站。镜像网站的好处是，如果不能对主站进行正常访问（如服务器故障、网络故障或网速太慢等），则仍能通过镜像网站获得服务。其不便之处在于，更新网站内容的时候，需要同时更新多台服务器；需要用户记忆超过一个网址，或者需要用户选择访问多个镜像网站中的一个，而用户选择的不一定是最优的，也就是说，在用户选择的过程中，缺乏必要的可控性。

在互联网发展的初期，互联网上的网站内容很少，而且大多是静态内容，更新频率低，同时服务器运算能力低、带宽小、网速慢，热门网站的访问压力很大。镜像网站技术在这种情况下作为一种有效解决方案，被广泛采用。随着互联网的发展，越来越多的网站使用服务器端脚本动态生成内容，使得同步更新越来越困难，镜像网站技术因为不能满足这类网站的需要，渐渐地淡出了人们的视线。但有一些大型的软件下载站（如华军软件园、天空软件站等），因为符合镜像网站的条件，即下载的内容是静态的、更新频率较低的、对带宽和速度要求比较高的，因此还在使用这项技术。

内容分发网络（Content Delivery Network，CDN）技术通过在现有的互联网中增加一层新的网络架构，将网站的内容发布到最接近用户的网络"边缘"，使用户可以就近取得所需的内容，分散服务器的压力，解决互联网拥挤的状况，提高用户访问网站的响应速度，从而解决由于网络带宽小、用户访问量大、网点分布不均等原因所造成的用户访问网站响应速度慢的问题。

与镜像网站技术相比，CDN 技术利用网站代替用户去选择最优的内容服务器，增强了可控制性。CDN 其实是夹在网页浏览者和被访问的服务器中间的一层镜像或缓存，浏览者访问时使用的还是服务器原来的 URL 地址，但是看到的内容对浏览者来说其实是最优的一台镜像服务器上的页面缓存内容，这是通过调整服务器的域名解析来实现的。使用 CDN 技术的域名解析服务器需要将一个镜像服务器列表和一份来访 IP 维护到镜像服务器的对应表中。当一个用户的请求到来时，根据用户的 IP，查询对应表就可得到最优的镜像服务器的 IP 地址，然后返回给用户。这里的最优，需要综合考虑服务器的处理能力带宽、离用户的距离远近等因素。当某个地方的镜像网站流量过大、带宽消耗过快，或者出现服务器和网络等故障时，可以很方便地通过设置将用户的访问转到另一个地方。

CDN 技术也有它的局限性：在内容更新的时候，需要同步更新多台镜像服务器，因此它只适用于内容更新不太频繁，或者对实时性要求不是很高的网站；DNS 解析有缓存，当某一个镜像网站的访问需要转移时，主 DNS 服务器更改了 IP 解析结果，但各地的 DNS 服务器缓存更新会滞后一段时间，这段时间内用户的访问仍然会指向原分配服务器，因此其可控制性依然不足。目前，国内访问量较大的大型网站如新浪、网易等的资讯频道，均使用 CDN 技术，虽然网站的访问量巨大，但无论用户在什么地方访问，速度都很快，但论坛、邮箱等更新频繁、实时性要求高的网站不适合使用这种技术。

5.2.8　数据库中间件技术

在传统的架构模式中，Web 应用连接数据库直接对数据进行访问，非常简单且方便。但是随着业务数据量的不断增加，应用系统会遇到如下问题：单个表数据量太大、单个库数据量太大、单台数据服务器压力很大、数据库读写速度遇到瓶颈等。当面临以上问题时，可通过向上扩展（增加硬件性能）暂时解决问题，但当业务量继续不断增加时，则需要通过水平扩展（直接增加机器数量）把数据库分布到不同服务器上，在 Web 应用和数据库之间添加代理进行路由。这种代理即数据库中间件，它能够为海量数据提供高性能、大容量、高可用性的访问，为数据变更和消费提供准实时的保障，以及高效的异地数据同步。

Web 应用层通过分表分库中间件访问数据库，包括读操作（Select）和写操作（Update、Insert、Delete 等）。写操作会在数据库上产生变更记录，增量数据订阅与消费中间件会解析这些变更，并以统一的格式保存起来，下层应用会根据这些数据进行消费应用。数据库迁移的操作可以不需要增量数据订阅与消费中间件的数据，而由跨数据库迁移中间件自行处理。数据库中间件包括分布式数据库中间件（分表分库）、增量数据订阅与消费中间件、数据库同步（全量、增量同步，跨机房同步，数据库复制）中间件，以及跨数据库（数据源）迁移中间件。各中间件在数据库操作流程中所处的位置如图 5-5 所示。

其中，最上层是分布式数据库中间件（分表分库），负责和上层应用打交道，对 Web 应用可表现为一个独立的数据库，从而屏蔽底层复杂的系统细节。分布式数据库中间件除了基本的分表分库功能，一般还提供读写分离及水平扩容功能，如 MySQL Route 中间件。当然，读写分离本身也可以作为一个独立的中间件存在，如 Cobar、MyCAT、TDDL、DRDS、DDB 等中间件。

增量数据订阅与消费中间件提供用户对数据库的操作，这些操作会产生增量数据，下层应用可以通过监测这些增量数据进行相应的处理。其典型代表包括用于 MySQL 数据库的 Canal 中间件，以及针对 Oracle 的增量数据订阅与消费中间件 Erosa。

数据库同步中间件涉及数据库之间的同步操作，可以实现跨/同机房同步，以及异地容灾备份、分流等功能。其涉及多种数据库，处理之后的数据也可以以多种形式存储，流行的数据库同步中间件包括 Otter、JingoBus、DRC 等。

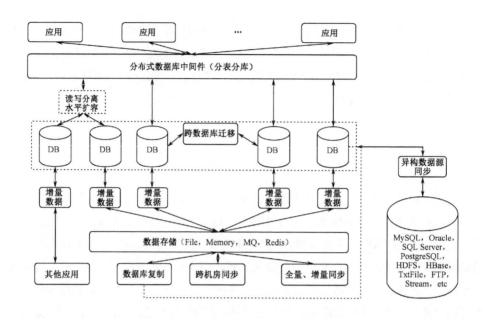

图 5-5   各中间件在数据库操作流程中所处的位置

数据库与数据库之间会有数据迁移/同步的动作，同库数据同步原理比较简单，如 MySQL 主备同步，只要在数据库层进行相应的配置即可。跨数据库同步比较复杂，如将 Oracle 数据库迁移到 MySQL 数据库。数据迁移一般经历三个阶段，首先是全量复制，即将原数据库的数据全量迁移到新数据库，在迁移的过程中也会有新的数据产生；然后是增量同步，即对新产生的数据进行同步，并持续一段时间以保证数据同步；最后是原库停写，切换新库。Yugong、DataX 等中间件均可以实现跨数据源（如 HDFS、HBase、FTP 等）的数据同步。

数据库中间件技术的出现和应用，封装了复杂烦琐的数据库应用接口和数据库操作过程，简化了应用程序的数据库操作，大幅度提高了应用程序的开发效率。基于数据库中间件开发的 Web 应用程序具有移植性好、集成方便、易于扩充及使用简单等优势，但由于高性能的应用处理需要大量的数据同步及点到点的通信，这对数据库中间件的可靠性提出了更加严格的要求。

5.2.9   企业服务总线技术

企业服务总线（Enterprise Service Bus，ESB）技术是传统中间件技术与 XML、Web 服务等技术结合的产物，其代表性产品为 SmartESB。ESB 提供了网络中最基本的连接中枢，是构筑企业神经系统的必要元素。它构筑在总线服务框架基础之上，按照多服务架构理念被规划设计为系列产品线，包括智能化的运行平台、监控平台、服务治理平台、集成开发平台等，从而保证了对多服务架构全生命周期的支撑。

ESB 技术改变了传统的软件架构，可以提供比传统中间件技术更为廉价的解决方案，同时还可以消除不同应用之间的技术差异，让不同的应用服务器协同运作，实现不同服务之间的通信和整合。从功能上看，ESB 技术提供了事件驱动和文档导向的处理模式，以及分布式的运行管理机制。它支持基于内容的路由和过滤，具备复杂数据的传输能力，并可以提供一系列的标准接口。ESB 技术为分布式异构后端服务和应用程序、分布式异构前端用户及消费者提供了隐藏复杂性，简化访问，允许开发人员使用通用的、规范的查询形式访问和互动，处理复杂的背景细节等中间件功能。

ESB 技术成功的关键是它有能力支持由业务需求而不是由现有技术所带动的增量服务和应用集成。它的总线基础服务框架能够提供系统一致性、安全性、可靠性，以及性能和扩展能力保障的基础技术手段；其集成服务功能能够提供基础的集成服务与用户定制的应用服务，支持多种集成服务模式，支持服务的封装、重用、服务组合和服务调度；其公用服务功能能够提供内置的各种公用服务，如渠道认证服务、日志服务等；其服务管理和服务标准能够提供服务配置管理的前台工具集合，并提供行业服务规约标准；其系统监控功能能够提供多角度的系统实时监控与交易报表，并提供用户定制的告警；其安全体系能够提供多种安全机制，支持和第三方安全系统的有效集成，并提供有效的安全监控机制。因此，ESB 技术具有较好的可用性、可靠性、可伸缩性、扩展性、灵活性，以及足够的安全性，支持集群物理部署和系统长期稳定、安全运行。

5.2.10　工作流技术

工作流（Workflow）技术是正在飞速发展的技术，它最基本的特性就是能够结合人工和机器的行为，能够使人与应用程序和工具进行交互，从而完成业务过程的自动化处理。

工作流技术就是工作流程的计算模型，即将工作流程中工作前后组织的逻辑和规则在计算机中以恰当的模型进行表示，并对其实施计算。其应用场景是，为实现某个业务目标，在多个参与者之间利用计算机按某种预定规则自动传递文档、信息或任务。工作流技术需要依靠工作流管理系统（Workflow Management System，WfMS）来实现，该系统的主要功能是通过计算机技术的支持去定义、执行和管理工作流，协调工作流执行过程之间及群体成员之间的信息交互。

工作流技术已成为企业信息化建设方案中必不可少的内容之一。从简单的办公自动化系统的开发，到企业 ERP 系统的实施，再到为提高企业运营效率而出现的 BPR 及 BPM 系统，工作流技术都发挥了相当重要的，甚至是关键的作用。

随着企业应用集成（Enterprise Application Integration，EAI）技术的兴起，它所涉及的各种支撑技术也在快速地发展，工作流技术为实现应用层的集成提供了有力的支撑。但是，工作流技术的流程建模工具还不完善，工作流描述语言也相对简单，尚不能很好地描述企业流程系统存在的不确定处理机制。另外，工作流模型的仿真和优化也是一个比较薄弱的环节，工作流管理工具也没有为工作流模型的仿真及仿真数据的统计和分析提供手段。因此，工作流技术的整体提升，还依赖于这些细节技术的进一步发展。

5.2.11　中间层技术应用发展趋势

中间层技术是伴随网络应用的发展而逐渐成长起来的技术体系，其具体代表除了上述提及的数据库中间件、企业服务总线等已经成熟的中间层技术产品，还包括日新月异、层出不穷的其他中间件产品。

随着网络应用需求不断增长，解决不同系统之间的网络通信、安全、传输的可靠性、语义的解析、数据和应用的整合等问题，变成中间件发展的驱动因素。因此，相继出现了解决网络应用的交易中间件、消息中间件、集成中间件等各种功能性的中间件技术和产品。目前，中间件已经成为网络应用系统开发、集成、部署、运行和管理必不可少的工具。由于中间件技术涉及网络应用的各个层面，涵盖从基础通信、数据访问到应用集成等众多的环节，因此，中间件技术呈现多样化的发展特点。传统中间件在支持相对封闭、静态、稳定、易控的企业网络环境中的企业计算和信息资源共享方面取得了巨大成功，但在新时期以开放、动态、多变的互联网和"互联网+"为代表的网络技术的冲击下，它显露出了固有的局限性，如功能专一化、产品和技术之间存在较大的异构性、跨互联网的集成和协同工作能力不足、僵化的基础设施缺乏随机应变能力等，在互联网计算带来的巨大挑战面前显得力不从心，因而它正在经历着深刻的革新。中间件正在呈现业务化、服务化、一体化、虚拟化等诸多新的发展趋势。

首先，业务化代表了中间件在对复杂业务支持方面的发展趋势。中间件的本质特征是对计算环境的抽象和对应用共性的凝练。目前的中间件可以在不同操作系统、不同网络环境下提供各种应用服务，抽取分布系统构造中的共性问题，封装这些共性问题的解决机制，对外提供简单统一的接口，从而减少开发人员在解决这些共性问题时的难度和工作量。因此，其显著特点之一就是自底向上的技术导向，它是对操作系统、网络、编程语言等基础软件能力的抽象和封装，其主要关注分布式应用构建的技术细节。而随着"互联网+"应用和技术的发展，不断出现的新的业务需求驱动了应用模式和信息系统能力的不断演进，进而要求中间件不断地凝练更多的业务共性，提供针对性支撑机制，使自底向上的技术驱动逐渐转变为自顶向下的应用层业务驱动，从而不断凝练更多的应用和业务模式以支持复杂业务的开放式多方协同和按需集成。因而，越来越多的网络应用，如业务流程、业务模型、业务规则、交互应用等将被抽象成标准的平台服务并加入中间件中，这成了中间件的重要技术特征。同时，中间件技术打破了企业间的界限，协助形成了跨行业/组织/部门的无边界信息流，使得多个业务实体可以在互联网提供的广泛连通性的基础上进行开放、灵活、可信的信息交换和互操作，实现企业间的业务协同，使企业及时响应变化并有效地支持业务战略的交付，从而快速形成新的竞争力优势。

其次，中间件将面向服务，更加易于集成。服务化代表了中间件在提升 IT 基础设施的业务敏捷性方面的发展趋势，即其支持对基于互联网的数据存储、软件和服务资源进行标准化抽象，桥接不同业务平台之间的技术异构性，并提供业务按需灵活组织的能力，让 IT 与业务密切匹配，从而提升组织的业务敏捷性。中间件的发展就是软件复用技术不断深化实现的过程。从子程序、组件、企业对象组件（分布式组件），到现代中间件，随着抽象级别的不断提升，软件复用范围也不断扩大。在"互联网+"时代，中间件发展的重要趋势就是以服务为核心，通过服务或服务组件来实现更高层次的复用、解耦合互操作。这种复用可以在不同企业之间、全球复用，从而达到复用的最高级别，并且这种复用是动态可配置的复用。

再次，在云计算、大数据和移动互联网日益普及的今天，中间件正在向一体化平台方向发展。一体化代表了种类繁多、功能相对单一的中间件产品趋向集成和整合，形成统一的互联网计算平台的发展趋势。传统中间件产品以各自问题域为核心形成了多种专门的中间件产品，如事务（交易）中间件、应用服务器、消息中间件、集成中间件等。而随着应用程序日趋复杂，一个应用程序不再只用一两个中间件就可以解决问题，用户需要一种开放的集成化中间件平台，以便更好地适应互联网计算环境的开放、动态、多变的特性。因此，种类繁多的中间件产品不可避免地走向整合。在一体化的趋势中，未来集成化的统一中间件平台所包含的各类中间件子产品共同组成了一个相互关联的有机整体，这种"集成化"绝非简单拼凑，而是一种深度整合，其发展方向是：通过灵活的微内核体系协调多个中间件产品的功能；使用统一的系统管理框架实现全局的、系统化的管理；运用统一的编程模型和编程集成环境进行开发；基于统一的互操作协议实现中间件内部互操作及部署和发布。

最后，虚拟化是实现资源整合的一种非常重要的技术手段。随着互联网及现代服务业的发展，IT 资源以服务的形式提供已成为一种新的趋势，SaaS、PaaS、MaaS 等新业务模式不断涌现，而这些 XaaS 业务模式的核心技术离不开云计算。云计算通过集群技术将多台服务器虚拟为一台服务器以实现负载的均衡和高可用性，并解决性能的可伸缩性问题。云计算不仅实现了硬件资源的虚拟化，还通过服务平台实现了服务的虚拟化、数据的虚拟化，以及软件交付模式的虚拟化。在新一代中间件发展理念中，虚拟化和服务化相结合是其非常重要的特征，二者相辅相成、相互促进、结合使用，能够在组织的 IT 架构和业务转型过程中发挥最大的优势。服务化关注的是业务驱动的 IT 基础设施的综合应用，注重业务流程的灵活性；虚拟化关注的是运行时部署的效率，注重能力提供的方便性和合理性。虚拟化有助于更快地显示部署基础设施的投资回报率（ROI）。从服务化的角度来看，虚拟化是一种把 IT 资源当作服务来提供的手段。应用程序、计算能力、存储容量、联网、编程工具，甚至通信服务和协作工具等，几乎所有 IT 资源都可以作为虚拟的云服务来提供。虚拟化的基础设施能够更有效地支持大量的现有服务和资源，从而促使组织更为深刻和广泛地进行服务化转型与改造，即虚拟化可以提高服务部署环境的使用率，降低服务部署的总成本，继而通过关联效应降低服务化建设的总成本。它提供更高的效率，巨大的可扩展性和更快、更容易的软件开发。虚拟化着眼于计算资源运行时部署的效率和成本控制，注重资源提供的方便性和合理性，这代表了今后相当长一段时间内中间件发展的重要趋势。

总之，中间件是互联网时代的 IT 基础设施，它将聚焦于消除信息孤岛，推动无边界信息流，支持开放、动态、多变的互联网环境中的复杂应用系统，实现对分布于互联网之上的各种自治信息资源（计算资源、数据资源、服务资源、软件资源）的简单、标准、快速、灵活、可信、高效能及低成本的集成、协同和综合利用，从而提高组织的 IT 基础设施的业务敏捷性，降低总体运维成本，提高研发和运营效率，促进 IT 与业务之间的匹配。未来的中间件将是互联网时代网络计算的核心基础平台，它贴近并直接服务于应用系统，提供完整而强大的基础设施支撑能力，屏蔽互联网环境中底层操作系统、编程语言、数据库系统、网络通信的多样性和差异性，凝练更多业务/应用模式的共性，桥接跨互联网的巨大技术异构性，真正建立基于互联网的空前广泛的连通性，并实现基础设施提供方式的动态化、标准化、弹性化和最优化。

5.3　基础设施层技术及其应用

5.3.1　存储技术

存储技术是指跨越时间保存信息的技术，主要包括磁存储技术、缩微存储技术、光盘存储技术、Flash 存储技术及网络存储技术等。

磁存储技术是当今各类计算机系统最主要使用的存储技术，在信息存储技术中占统治地位。磁存储介质是通过在带状或盘状的带基上涂磁性薄膜制成的，常用的磁存储介质有计算机磁带、计算机磁盘（软盘、硬盘）、录音机磁带、录像机磁带等，这些产品一般利用数码音频磁带（Digital Audio Tape，DAT）技术、8mm 技术、数字线性磁带（Digital Linear Tape，DLT）技术、线性磁带开放（Linear Tape Open，LTO）技术、先进智能磁带（Advanced Intelligent Tape，AIT）技术等实现信息存取操作。磁存储成本适中，存储频带宽广，信息保留持久，并且能同时进行多路信息的存储。

缩微存储技术也称缩微摄影技术，是现代高技术产业之一。缩微存储是采用感光摄影原理，通过缩微摄影机将文件资料缩小拍摄在胶片上，并经加工处理后作为信息载体保存起来，供以后复制、发行、检索和阅读之用。缩微品信息存储量大、存储密度高、体积小、重量轻、成本低、保存期长（在适当的温度下可以保存 100 年以上），并且便于管理和检索。目前，缩微存储技术与微电子、计算机和通信技术相结合产生了许多性能优异的新技术和新设备，如计算机输出缩微品（Computer Output Microfilming）技术、计算机辅助缩微品检索术、视频缩微系统（Video Micrographies System）等。

光盘存储技术是用激光束在光记录介质（光盘，一种高密度数据存储载体）上写入与读出信息的技术。光盘产品的种类比较多，按其读写数据的性能可分为只读式光盘、一次写入式光盘及可擦重写式光盘。而随着 Flash 存储技术的发展，U 盘、固态硬盘等闪存正在替代光盘，它们不需要专门的驱动设备，即插即用。

闪存是电子可擦除只读存储器（EEPROM）的变种。闪存与 EEPROM 不同的是，EEPROM 能在字节水平上进行删除和重写，而闪存的大部分芯片需要块擦除。闪存产品包括 U 盘、CF 卡、SM 卡、SD/MMC 卡、记忆棒、XD 卡、MS 卡、TF 卡、PCIe 闪存卡、SSD 硬盘等，随着制造工艺水平的提高、成本的降低，更多的闪存产品将出现在日常生活中。

网络存储技术是基于存储设备网络进行海量或大数据存储的技术。现有的网络存储结构大致分为三种：直连式存储（Direct Attached Storage，DAS）、网络附加存储（Network Attached Storage，NAS）和存储区域网络（Storage Area Network，SAN）。

1. DAS

DAS 是直连式存储，即存储设备通过电缆（通常是 SCSI 接口电缆）直接连接到服务器，输入/输出（I/O）请求会直接发送到存储设备。它本身是硬件的堆叠，依赖于服务器，不带任何存储操作系统。由于 DAS 对于多台服务器或计算机的环境没有集中管理解决方案，其容量的再分配异常困难，目前已基本上被 NAS 替代。

2. NAS

一个 NAS 系统包括处理器、文件服务管理模块和多个硬盘驱动器。NAS 采用直接与网络介质相连的特殊设备实现数据存储（这些设备都有 IP 地址），按照 TCP/IP 协议通过内置网卡与外界通信，并预置了 Windows、FreeBSD、Linux 等操作系统，而且绝大部分的 NAS 产品都支持 Web 管理，因此，客户机可通过服务器直接对其进行访问并存取任意格式（包括 SMB、NFS、CIFS 格式等）的文件，从而实现了异构平台之间的数据级共享。

3. SAN

SAN 是通过光纤集线器、光纤路由器、光纤交换机等连接设备将磁盘阵列、磁带等存储设备与相关服务器连接起来的高速专用子网，是一个专用的、高可靠性的基于光通道的存储网络。SAN 由接口（如 SCSI、光纤通道、ESCON 等）、连接设备（交换设备、网关、路由器、集线器等）和通信控制协议（如 IP 和 SCSI 等）组成，这三个组件再加上附加的存储设备（如 NAS）和独立的 SAN 服务器，就构成了一个 SAN 系统。该系统允许独立地增加网络中各存储设备的存储容量，这使得管理及集中控制（特别是全部存储设备都集群在一起的时候）更加简化。

网络存储通信中使用的相关技术和协议包括小型计算机系统接口（Small Computer System Interface，SCSI）技术、独立磁盘冗余阵列（Redundant Arrays of Independent Disks，RAID）技术、IP 协议 SCSI 指令集技术及光纤信道技术，利用这些技术，SAN 可实现大容量存储设备数据共享、高速计算机与高速存储设备高速互联，满足灵活的存储设备配置要求，从而提高数据的可靠性和安全性，以及实现数据的快速备份。

5.3.2 数据库技术

数据库技术是信息系统的核心技术，它利用计算机辅助管理数据，研究如何组织和存储数据，以及如何高效地获取和处理数据。随着计算机技术的发展，数据库技术与网络通信技术、人工智能技术、面向对象程序设计技术、并行计算技术等相互渗透，有机结合，相互促进。目前，数据库技术不仅应用于事务处理领域，并且进一步应用于情报检索、人工智能、专家系统、计算机辅助设计等诸多领域。

数据模型是数据库技术的核心和基础，数据库系统发展阶段的划分即以数据模型的发展演变为主要依据和标志。第一代数据库系统是层次和网状数据库系统，作为数据库系统的先驱，第一代数据库系统为数据库的发展奠定了概念、方法和技术基础。第二代数据库系统是基于关系模型的关系型数据库系统，由于关系模型能够很好地描述现实世界中数据之间复杂的相对关系，因此，关系型数据库得到了迅速发展和普遍应用，而且目前乃至以后较长一段时间内，关系型数据库仍然占据主流地位。第三代数据库系统应具有的三个基本特征：支持数据管理、对象管理和知识管理；保持或继承第二代数据库系统的技术；必须对其他系统开放。可见第三代数据库系统是以面向对象数据模型为主要特征的数据库系统，目前该类数据库系统正在从实验室走向市场，如 db4o、Perst 等。

数据库管理系统（Database Management System，DBMS）是对数据库进行管理的系统软件，它的职能是有效地组织和存储数据，获取和管理数据，接受和完成用户提出的各种数据访问请求。能够支持关系型数据库管理的数据库管理系统，称为关系型数据库管理系统（Relational Database Management System，RDBMS）。RDBMS 的基本功能如下：

（1）数据定义功能。RDBMS 提供了数据定义语言（Data Definition Language，DDL）的功能，利用 DDL 可以方便地对数据库中的相关内容进行定义，如对数据库、表、字段和索引进行定义、创建和修改。

（2）数据操纵功能。RDBMS 提供了数据操纵语言（Data Manipulation Language，DML）的功能，利用 DML 可以实现向数据库中插入、修改和删除数据等基本操作。

（3）数据查询功能。RDBMS 提供了数据查询语言（Data Query Language，DQL）的

功能，利用 DQL 可以实现对数据库的数据查询操作。

（4）数据控制功能。RDBMS 提供了数据控制语言（Data Control Language，DCL）的功能，利用 DCL 可以对数据库运行进行控制，包括并发控制（处理多个用户同时使用某些数据时可能产生的问题）、安全性检查、完整性约束条件检查和执行、数据库内部维护（如索引的自动维护）等。

RDBMS 的上述许多功能均通过结构化查询语言（Structured Query Language，SQL）来实现。SQL 是关系型数据库中的一种标准语言，在不同的 RDBMS 产品中，SQL 的基本语法是相同的。信息系统开发主要利用的是 RDBMS 的基本功能，即数据定义功能、数据操纵功能、数据查询功能及数据控制功能。利用 RDBMS 的数据查询功能可以对数据库中的数据进行关联组合或逐级汇总分析，并以表格、图形或报表等形式展示分析结果，从而解决业务数据的综合利用问题。

随着 Web 2.0 和云计算的兴起，分布式存储系统成为标准的配置，但关系型数据库支持的一些功能实在难以分割，使其与跨机器存储数据的概念无法结合，因此，非关系型数据库（NoSQL）应运而生并发展壮大起来。在基于 Web 的结构中，数据库是最难进行横向扩展的，当一个应用系统的用户量和访问量与日俱增时，数据库却没有办法像 Web 服务器和应用服务器那样简单地通过添加更多的硬件与服务节点来扩展性能及负载能力，对数据库系统进行升级和扩展往往需要停机维护与数据迁移。同时，SQL 并非适用于所有的程序，对于那些繁重的、需要重复操作的数据来说，SQL 值得投资；但当数据库结构非常简单而数据量达到海量时，SQL 可能没有太大用处，反而是 NoSQL 可大显身手。总之，Web 应用数据库的一些特殊需求，如高并发读写、海量数据的高效率读写、高扩展性和可用性、对事务一致性要求不高、对读写实时性要求不太高、避免复杂的 SQL 查询等，为 NoSQL 数据库的应用提供了可能，而 NoSQL 数据库的应用又反过来成为大幅度提高 Web 应用性能的关键所在。

NoSQL 数据库是指非关系型的、分布式的且一般不保证遵循 ACID 原则（Atomic——原子性、Consistency——一致性、Isolation——隔离性、Durability——持久性）的数据存储系统。其数据以键值对方式存储且结构不固定，每个元组（每条记录）可以有不一样的字段（属性），每个元组都可以根据需要增加一些自己的键值对以减少时间和空间的开销。使用这种方式，用户可以根据需要添加自己的字段。这样一来，为了获取不同信息，不需要像使用关系型数据库一样进行多表关联查询，仅需要根据键（key）取出相应的值（value）就可以完成查询。当然，非关系型数据库只适合存储一些较为简单的数据，对于需要进行较复杂查询的数据，SQL 数据库更合适。这是由于非关系型数据库只有很少的约束，它不能够像 SQL 的 where 那样设置条件进行查询，并且它也难以体现设计的完整性。目前，NoSQL 数据库正在不断完善中，较为成熟的产品包括面向高性能并发读写的 key-value 数据库 Redis、Tokyo Cabinet、Flare 等，面向海量数据快速访问的分布式文件存储数据库 MongoDB、CouchDB 等，以及面向可扩展性的分布式数据库 BigTable、HBase、DynamoDB、Hypertable 等。

随着数据应用的深入发展，数据库在规模方面表现出两种发展趋势。一是企业数据不断增加，虽然数据从 GB 级到 TB 级的积累用了很多年，却会在很短的时间内达到 PB 级，因此需要更大的数据库做支撑；二是可佩戴电子产品迅猛发展，其数据存储量虽然不大，但其要在低计算量的情况下快速反应，而且要能适应外界环境的变化，这种情况促成了数据库小型化的发展趋势。在存储方式方面，数据库表现出从行到列的改变趋势。以前数据库都是以行的形式存储的，理由很简单，用户需要的是对单条数据的读取和存储。而如今，单纯的数据记录已经不足以支撑企业发展了，企业更需要数据分析和决策支持。在这种潮流下，单纯看一条记录没有任何意义，需要把所有数据的某一项都统计出来进行分析，这就导致了列式数据库的发展。另外，非结构化数据库研究人员提出了全面基于互联网应用的新型数据库理论，其支持重复字段、子字段及变长字段，并可实现对变长数据和重复字段的处理与对数据项的变长存储管理，这些新技术在处理连续信息（包括全文信息）和非结构信息（重复数据和变长数据）时有着传统关系型数据库所无法比拟的优势，代表非结构化数据库的发展已经达到一个新的高度。

此外，数据库与学科技术的结合促进了一系列新数据库的建立，如分布式数据库、并行数据库、知识库、多媒体数据库等，这也是数据库技术重要的发展方向。与此同时，适合不同应用领域的数据库技术如工程数据库、统计数据库、科学数据库、空间数据库、地理数据库等也不断发展壮大，这类数据库在原理上没有多大的变化，但它们与一定的应用相结合，加强了系统对有关应用的支撑能力，尤其表现在数据模型、语言和查询方面。随着电子商务和大数据分析技术的应用，数据仓库技术给企业宏观发展所带来的巨大经济效益日益显现，数据仓库系统兴起。在中国提供大型数据仓库解决方案的厂商主要有 Oracle、IBM、Sybase、CA 及 Informix 等，在这些厂商提供的解决方案中，企业数据库和企业数据仓库分离，分别服务于不同的商业目的。相信在各领域专业技术的发展及市场的进一步推动下，数据库技术将会更多地朝着专门的应用领域发展。

5.3.3　虚拟化技术

虚拟化技术是一种资源管理技术，它将计算机的各种实体资源，如服务器、网络、内存及存储等抽象、转换后呈现出来，打破实体结构间的不可切割的障碍，使用户可以以更好的方式来应用这些资源。这些资源的新虚拟部分不受现有资源的架设方式、地域或物理组态限制。虚拟化技术是一套解决方案，需要 CPU、主板芯片组、BIOS 和软件的支持。虚拟化可分为软件虚拟化、硬件虚拟化、内存虚拟化、存储虚拟化、网络虚拟化、服务器虚拟化、桌面虚拟化、数据库虚拟化、数据虚拟化及服务虚拟化。

1. 软件虚拟化和硬件虚拟化

实现虚拟化的重要一步在于，虚拟化层必须能够截获计算元件对物理资源的直接访问，并将其重新定向到虚拟资源池中。根据虚拟化层是通过纯软件的方法还是利用物理资源提供的机制来实现这种"截获与重定向"，可以把虚拟化划分为软件虚拟化和硬件虚拟化两种。

1）软件虚拟化

纯软件虚拟化是指用软件的方法在现有的物理平台上实现对物理平台访问的截获和模拟。由于所有的指令都是软件模拟的，因此，纯软件虚拟化性能往往比较差，但它允许在同一平台上模拟不同架构平台的虚拟机。VMware 的软件虚拟化则使用了动态二进制翻译技术。Hypervisor 或虚拟机监控器（Virtual Machine Monitor，VMM）在可控制的范围内，允许客户机的指令在物理平台上直接运行。但是，客户机指令在运行前会被 VMM 扫描，其中突破 VMM 限制的指令会被动态替换为可以在物理平台上直接运行的安全指令，或者替换为对 VMM 的软件调用。相比纯软件虚拟化，这样可大幅度提升性能，但同时也失去了跨平台虚拟化的能力。

在纯软件虚拟化解决方案中，VMM 在软件套件中的位置是传统意义上操作系统所处的位置，而操作系统的位置是传统意义上应用程序所处的位置，这种转换必然会增加系统的复杂性。软件堆栈复杂性的增加意味着这些环境难以管理，会加大确保系统可靠性和安全性的难度。

随着虚拟化技术的发展，虚拟化已从纯软件虚拟化逐渐深入到处理器级虚拟化，再到平台级虚拟化乃至输入/输出级虚拟化。支持虚拟化技术的硬件用特别优化过的指令集来控制虚拟过程，通过这些指令集，VMM 软件能够改进纯软件虚拟化解决方案。虚拟化硬件可提供全新的架构，支持操作系统直接在上面运行，而无须进行二进制转换，减少了相关的性能开销，极大简化了 VMM 设计，从而使 VMM 能够按通用标准进行编写，性能更加强大。

2）硬件虚拟化

硬件虚拟化是一种对计算机或操作系统的虚拟，它的实现依赖于虚拟机（Virtual Machine）技术。虚拟机是通过软件模拟的具有完整硬件系统功能的、运行在一个完全隔离环境中的完整计算机系统，其对用户隐藏了真实的计算机硬件，表现为另一个抽象计算平台。硬件虚拟化主要包括完全虚拟化、硬件辅助虚拟化、部分虚拟化、平行虚拟化和操作系统层虚拟化。

（1）完全虚拟化。

在完全虚拟化中，敏感指令在操作系统和硬件之间被捕捉处理，而无须修改客户机操作系统。虚拟机模拟一个足够强大的硬件来使客户机操作系统独立运行，并且所有软件都能在虚拟机中运行。支持完全虚拟化的虚拟机软件包括 Parallels Workstation、VirtualBox、Oracle VM、VMware Workstation、VMware Server 等。

（2）硬件辅助虚拟化。

在硬件辅助虚拟化中，可利用硬件（主要是 CPU）辅助处理敏感指令来实现完全虚拟化的功能，而无须修改客户机操作系统。硬件提供结构支持且帮助创建虚拟机，并允许客户机操作系统独立运行。支持硬件辅助虚拟化的虚拟机软件包括 Linux KVM、VMware Workstation、Microsoft Virtual PC、Xen、VirtualBox 等；支持硬件辅助虚拟化的硬件平台包括 Intel VT（Intel）、UltraSPARC T1/T2/T2+（Sun）等。

（3）部分虚拟化。

在部分虚拟化中，虚拟机模拟数个（但不是全部）底层硬件环境，特别是地址空间。其具体表现为，只针对部分应用程序进行虚拟。这样的环境支持资源共享和线程独立，但不允许运行独立的客户机操作系统。虽然这并不被视为一般意义上的虚拟机，但其在历史上是非常重要的。

（4）平行虚拟化。

在平行虚拟化中，虚拟机不需要模拟硬件，而是为特制的客户机操作系统提供特殊的 API。

（5）操作系统层虚拟化。

在操作系统层虚拟化中，独立主机被虚拟化在操作系统层中，这使得多个独立且安全虚拟化的服务器运行在一台计算机上。客户操作系统环境与宿主服务器分享同一个操作系统，程序运行在被视为独立系统的客户机环境中。支持操作系统层虚拟化的虚拟机软件包括 FreeBSD Jails、Solaris Containers、OpenVZ，Linux-VServer 等。

2. 内存虚拟化

内存虚拟化是计算机系统进行内存管理的一种方法，它可使应用程序认为自己拥有连续的、可用的内存（虚拟内存，一个连续完整的地址空间），而实际上，它通常被分隔成多个物理内存碎片，还有部分暂时存储在外部磁盘存储器上，在需要时才进行数据交换。虚拟内存由虚拟存储器来实现存储信息调度和管理，虚拟存储器访问内存的工作过程包括以下六个步骤：

（1）中央处理器访问主存的逻辑地址，并将其分解成组号 a 和组内地址 b，然后对组号 a 进行地址变换，即将逻辑组号 a 作为索引，查地址变换表，以便核实该组信息是否存放在主存内。

（2）如果该组号已在主存内，则转而执行步骤（4）；如果该组号不在主存内，则检查主存中是否有空闲区，如果没有，便将某个暂时不用的组调出送往辅存，以便将这组信息调入主存。

（3）从辅存读出所要的组，并送到主存空闲区，然后将那个空闲的物理组号 a 和逻辑组号 a 登记在地址变换表中。

（4）从地址变换表中读出与逻辑组号 a 对应的物理组号 a。

（5）根据物理组号 a 和组内地址 b 得到物理地址。

（6）根据物理地址从主存中存取必要的信息。

虚拟存储器地址变换基本上有三种形式：全联想变换、直接变换和组联想变换。任何逻辑空间页面能够变换到物理空间任何页面的方式称为全联想变换。每个逻辑空间页面只能变换到物理空间一个特定页面的方式称为直接变换。组联想变换是指各组之间是直接变换，而组内各页面间是全联想变换。替换算法用来确定要替换主存中的哪一部分，以便腾空部分主存，存放从辅存调入的那部分内容。常见的替换算法包括以下四种：

（1）随机算法：用软件或硬件随机数产生器确定替换的页面。

（2）先进先出：先调入主存的页面先被替换。

（3）近期最少使用（Least Recently Used，LRU）算法：替换不用时间最长的页面。

（4）最优算法：替换距离使用等待时间最长的页面。这是理想化的算法，目前它只作为衡量其他各种算法优劣的标准。

目前，大多数操作系统都使用了虚拟内存，如 Windows 操作系统中的"虚拟内存"及 Linux 操作系统中的"交换空间"等。在 Windows 操作系统中，虚拟内存是内存使用的一部分硬盘空间。Windows 操作系统中的虚拟内存在硬盘上是一个硕大无比的文件，文件名是 pagefile.sys，因此，虚拟内存有时候也被称为页面文件。

3. 存储虚拟化

存储虚拟化是对存储硬件资源进行抽象化表现，旨在将资源的逻辑映像与物理存储分开，从而为系统和管理员提供一幅简化、无缝的资源虚拟视图。从广义上来说，存储虚拟化通过映射或抽象的方式来屏蔽物理设备复杂性，增加一个管理层面，激活一种资源并使之更易于透明控制。对于用户来说，虚拟化的存储资源就像一个巨大的"存储池"，用户不会看到具体的磁盘、磁带，也不必关心自己的数据经过哪一条路径通往哪一个具体的存储设备。存储虚拟化包括三种方法：基于主机的虚拟存储、基于存储设备的虚拟存储和基于网络的虚拟存储。

1）基于主机的虚拟存储

基于主机的虚拟存储依赖于代理或管理软件，它们安装在一个或多个主机上以实现存储虚拟化的控制和管理。控制软件运行在主机上，自然会占用主机的处理时间，因此，这种方法的可扩充性较差，实际运行的性能不是很好。基于主机的虚拟存储有可能影响系统的稳定性和安全性，因为其有可能导致不经意间越权访问受保护的数据。同时，一个主机的故障可能影响整个 SAN 系统中数据的完整性。软件控制的存储虚拟化还可能由于不同存储厂商软硬件的差异导致不必要的互操作性开销，所以这种方法的灵活性也比较差。

但是，由于基于主机的虚拟存储不需要任何附加硬件，因此该方法最容易实现，设备成本最低。其所含软件可以提供便于使用的图形接口，可以方便地用于 SAN 的管理和虚拟化，在主机和小型 SAN 系统中有良好的负载平衡机制。从这个意义上看，基于主机的虚拟存储是一种性价比不错的方法。

2）基于存储设备的虚拟存储

基于存储设备的虚拟存储依赖于提供相关功能的存储模块，一般在存储设备的控制器中实现，又称存储控制器的虚拟化。由于该虚拟化的实现方法直接面对具体的物理设备，其在性能上达到最优。该虚拟化逻辑被集成到设备内部，使存储虚拟化的管理简单方便且对用户透明。但由于这种虚拟化技术没有统一标准，一般只适用于特定厂商的产品，异构产品间很难实现存储级联，所以这种存储虚拟化产品的可扩展性易受到限制。另外，由于厂商的限制，用户对存储设备的选择面也很窄，如果没有第三方的虚拟化软件提供底层屏蔽服务来实现存储级联和扩展，则该系统的扩展性很差。所以，对于包含多厂商存储设备的 SAN 系统，这种方法的运行效果并不好。

单一供应商方式是基于存储设备的虚拟存储的理想解决方案，即所有存储系统组件均来自同一供应商，在这种情况下，虚拟化系统可以很好地配合工作。但是一旦安装了某个厂商的路径管理软件，再想加入其他厂商的存储系统或网络层虚拟化产品会非常困难。

3）基于网络的虚拟存储

基于网络的虚拟存储方法是当前存储虚拟化的主流方法，它在网络设备之间实现存储虚拟化功能。典型的基于网络的虚拟存储包括 NAS 和 SAN，它们的体系结构、通信协议、数据管理方式不同，NAS 主要应用于以文件共享为基础的虚拟存储系统中，而 SAN 主要应用于以数据库应用为主的块级别的数据共享领域。

基于网络的虚拟存储可分布在从主机到存储设备的路径的不同位置上，由此可把这种存储虚拟化细分为基于交换机的虚拟化、基于路由器的虚拟化、基于存储服务器端的虚拟化。

（1）基于交换机的虚拟化。

基于交换机的虚拟化是通过在交换机中嵌入固件化的虚拟化模块来实现的，由于在交换机中集成了交换和虚拟化功能，交换机很容易成为系统的瓶颈，并可能产生单点故障。不过这种结构不需要在服务器上安装虚拟化软件，可以减少应用服务器的负载，也没有基于存储设备或主机环境的安全性问题，在异构环境下有较好的互操作性。

（2）基于路由器的虚拟化。

基于路由器的虚拟化是将虚拟化模块集成到路由器中，使存储网络的路由器既具有交换机的交换功能，又具有路由器的协议转换功能，它把存储虚拟化由局域网范围内的虚拟存储扩展到了广域虚拟存储。近年来，基于路由器的虚拟化技术得到了长足的发展和广泛的应用，如基于 iSCSI 的虚拟存储技术等，它为广域网下的云存储夯实了底层结构。

（3）基于存储服务器端的虚拟化。

专用元数据的虚拟化方法就是基于存储服务器端的虚拟化方法，它在存储网络中接入一台专用的元数据服务器来完成存储虚拟化工作，又称带外虚拟化方法。元数据服务器提供基于网络的虚拟存储服务，它负责映射不同的物理设备，形成整个虚拟设备存储池的全局统一数据视图，并负责与驻留在各台应用服务器上的虚拟化代理软件进行通信。各应用服务器上的虚拟化代理软件负责管理存储视图和 I/O 通信并实现数据访问重定向。该代理软件具有实现数据高速缓存和数据预存取的功能，以及维护本地存储视图和元数据的功能，可以缓存和暂存本地存取的元数据信息，并保持与专用元数据服务器的数据一致性，通过数据访问的局部性减少访问元数据服务器的次数，从而显著提高存储吞吐率。

基于网络的虚拟存储按照其技术架构可划分为带内虚拟化和带外虚拟化。带内虚拟化会在服务器与物理存储设备或 SAN 之间部署一个控制器，所有的存储请求和数据流都要经过这个控制器处理，基于交换机和路由器的虚拟化均可划分至这一类。而带外虚拟化的产品会在网络层部署一台元数据服务器，其将所有的存储请求重定向到真实的物理位置，但本身并不负责数据处理，基于存储服务器端的虚拟化就属于带外虚拟化。与带内虚拟化相比，带外虚拟化的处理流程更加复杂，但可以减少 CPU 的负载。带外虚拟化还可以避免潜在的系统崩溃风险。现在，大多数基于网络的虚拟存储解决方案采用的都是带内虚拟化，主要是因为现在 CPU 的处理能力很强，不会成为架构的瓶颈，而且带内虚拟化实现起来更容易，可以更快推向市场，问题也更少。

基于网络的虚拟存储技术包括局域网的虚拟存储技术和互联网的虚拟存储技术。局域网的虚拟存储技术也称基于 IP 的存储虚拟化技术，其目前已有很多成功产品，它支持的协议包括 FCP（Fibre Channel Protocol）、iFCP（internet FCP）、SCSI、iSCSI、vSCSI（virtual SCSI）等，它们都是基于 TCP/IP 的数据存储访问协议。其中基于 iSCSI 的网络存储被认为是继续推动 SAN 快速发展的关键技术，其通过 IP 协议封装 SCSI 命令，把大型存储设备接入网络，从而将基于 iSCSI 的数据存储访问协议推广到互联网上，实现独立于地理位置的数据存储、数据备份和数据检索。互联网的虚拟存储技术是存储技术的最高形式，它采用集群技术、网格技术、覆盖网技术、P2P 技术及分布式文件系统技术等将全球不同类型的存储设备通过虚拟化技术整合起来，向外提供统一的虚拟内存和硬盘。

4. 网络虚拟化

网络虚拟化是将不同网络的硬件和软件资源结合成一个虚拟的整体，在一个物理网络上模拟出多个逻辑网络来。网络虚拟化可以帮助保护 IT 环境，防止来自互联网的威胁，同时使用户能够快速安全地访问应用程序和数据。

目前比较常见的网络虚拟化应用包括虚拟局域网（Virtual Local Area Network，VLAN）、虚拟专用网（Virtual Private Network，VPN）及虚拟网络设备。

VLAN 是指管理员根据实际应用需求，把同一物理局域网内的不同用户从逻辑上划分为不同的广播域，如图 5-6 所示。其中每个 VLAN 都相当于一个独立的局域网络。同一个 VLAN 中的计算机用户可以互联互通，而不同 VLAN 间的计算机用户不能直接互联互通，只有通过配置路由等技术手段才能实现不同 VLAN 间的计算机用户的互联互通。可见，从用户使用的角度来看，模拟出来的逻辑网络与物理网络在体验上是完全一样的。

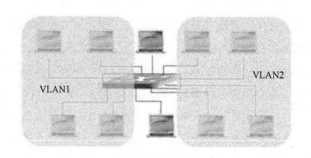

图 5-6　VLAN

VPN 对网络连接的概念进行了抽象，允许远程用户访问组织的内部网络，就像物理上连接到该网络一样。VPN 实际上是通过一个公用网络（通常是互联网）建立的一个临时且安全的连接，是一条穿过混乱的公用网络的安全、稳定隧道，使用这条隧道可以对数据进行几倍加密以达到安全使用互联网的目的。VPN 主要采用隧道技术、加解密技术、密钥管理技术和使用者与设备身份认证技术。常用的 VPN 协议包括：对 IP 协议分组进行加密和认证协议族、点到点隧道协议、第二层转发协议、第二层隧道协议，以及第三层隧道协议。VPN 技术具有较好的安全保障、服务质量保证（QoS）、可扩充性、灵活性及可管理性，能够帮助企业扩展企业内部网，使远程用户、企业分支机构、商业伙伴及供应商等同企业内部网建立可信的安全连接。

5. 服务器虚拟化

服务器虚拟化是将服务器物理资源抽象成逻辑资源，让一台服务器变成几台甚至上百台相互隔离的虚拟服务器。该技术使得 CPU、内存、磁盘、I/O 等硬件变成可以动态管理的"资源池"，从而提高资源的利用率，简化系统管理，实现服务器整合，让 IT 对业务的变化更具适应性。

服务器虚拟化主要分为三种：一虚多、多虚一和多虚多。一虚多是将一台服务器虚拟成多台服务器，即将一台物理服务器分割成多个相互独立、互不干扰的虚拟环境；多虚一是将多台独立的物理服务器虚拟成一台逻辑服务器，使多台服务器相互协作，处理同一个业务；多虚多是将多台物理服务器虚拟成一台逻辑服务器，然后将其划分为多个虚拟环境，即多个业务在多台虚拟服务器上运行。

最普通的服务器虚拟化方法是使用虚拟机，即服务器虚拟化系统，它可以使一台虚拟服务器像一台独立的计算机。流行的服务器虚拟化系统包括 Citrix 公司的 XenServer 服务器虚拟化系统、VMware 公司的 vSphere 服务器虚拟化解决方案、微软公司的 Hyper-V 服务器虚拟化系统等。

6. 桌面虚拟化

桌面虚拟化是指将计算机的终端系统（桌面）进行虚拟化，从而可通过任何设备，在任何地点、任何时间通过网络访问个人的桌面系统。桌面虚拟化技术主要包括远程桌面技术、桌面操作系统虚拟化技术、第一代桌面虚拟化技术和第二代桌面虚拟化技术。

1）远程桌面技术

远程桌面技术使用户可以从其他的计算机上远程登录、访问与使用目标桌面，如内置于 Windows 操作系统中的远程桌面使用了 RDP（Remote Desktop Protocol），其最早是被微软用于 Windows Server 上的 Terminal Service（终端服务）的访问协议，实现了 Windows Server 上的多用户模式，使用户能够在本地不安装任何应用的条件下，远程使用服务器上的各种应用。这种技术将目标机上的运行界面传输到用户实际的操作机屏幕上，并将键盘、鼠标等一系列的外设输入传输到目标机来实现交互。RDP 的创造者 Citrix 随后研究成功了效率更高的 ICA（Independent Computing Architecture）协议，并将使用 ICA 协议交付的应用模式称为应用虚拟化技术。应用虚拟化技术使用户远程访问自己的桌面成为可能，也将用户使用与后台管理两个以前难以协调的矛盾进行了有机分离，解决了用户使用灵活性与 IT 统一安全管理的冲突。

2）桌面操作系统虚拟化技术

桌面操作系统虚拟化技术区别于服务器虚拟化技术，基本等同于以 VMware 公司的 Workstation 和微软公司的 VPC（Virtual Private Cloud）方式实现的桌面级的操作系统。该技术本身解决的仍然是操作系统的安装环境与运行环境的分离问题，不依赖于特定的硬件。但不可否认的是，当服务器虚拟化技术成熟之后，真正的桌面虚拟化技术才开始出现。

3）第一代桌面虚拟化技术

第一代桌面虚拟化技术从真正意义上将远程桌面的远程访问能力与虚拟操作系统相结合，使桌面虚拟化的企业应用成为可能。首先，服务器虚拟化技术的成熟，以及服务器计算能力的增强，使服务器可以提供多台桌面操作系统的计算能力。以当前 4 核双 CPU Xeon 处理器、16G 内存服务器为例，如果用户的 XP 系统分配 256M 内存，在平均水平下，一台服务器可以支撑 50～60 个桌面运行。50～60 个桌面的采购成本将高于服务器的采购成本，而且管理成本和安全因素还未被计算在内。所以，服务器虚拟化技术的出现，使桌面虚拟化技术的企业大规模应用成为可能。目前，提供桌面虚拟化解决方案的主要厂商包括 Citrix 公司、微软公司、VMware 公司、华为公司等；其使用的远程访问协议主要包括 RDP 和 ICA 协议。ICA 协议的效率要高于 RDP，并且虽然在 LAN 环境下两者都能够正常运行（不包括 Flash 播放、视频播放、3D 设计等应用），但在广域网（互联网）环境中，RDP 不能够满足要求。

4）第二代桌面虚拟化技术

第二代桌面虚拟化技术进一步将桌面系统的运行环境与安装环境拆分，将应用与桌面拆分，并将配置文件拆分，从而大大降低了管理复杂度与成本，提高了管理效率。这种拆分只需要保存一个操作系统的镜像，大大降低了对存储的需求量，降低了采购和维护成本。可见，第二代桌面虚拟化技术大大降低了管理复杂性。更重要的是，管理员只需要对一个镜像或一个应用进行打补丁或升级，所有用户就会获得更新后的结果，从而提高了系统的安全性和稳定性，也大大提高了管理效率。

桌面虚拟化主要采用以下三种主流技术：

（1）通过远程登录的方式使用服务器上的桌面。其特点是，所有的软件都运行在服务器端，在服务器端运行的是完整的操作系统，客户端只需要运行一个远程的登录界面登录到服务器，就能够看到桌面并运行远程的程序。

（2）通过网络服务器的方式运行改写过的桌面。这些软件通过对原来的桌面软件进行重写，从而在浏览器里运行完整的桌面或程序。由于软件是重写的，并且运行在浏览器中，这会不可避免地造成一些功能的缺失。实际上，通过这种方式可以运行桌面软件的大部分功能，因此，随着 SaaS 的发展，这种软件的应用方式也越来越广泛。

（3）通过应用层虚拟化的方式提供桌面虚拟化。通过软件打包的方式，将软件在需要的时候推送到用户的桌面，在不需要的时候收回，这样可以减少软件许可的使用。

有多种方法可以实现桌面虚拟化，包括远程托管桌面、远程托管专用虚拟桌面、本地虚拟应用程序、本地虚拟操作系统、操作系统（OS）流，以及桌面即服务（Desktop as a Service，DaaS）。

（1）远程托管桌面。它使用虚拟桌面基础架构技术实现，即操作系统桌面以虚拟机的方式在数据中心运行，用户通过瘦客户端或安装了客户端软件的桌面连接到桌面。它适合在极小的广域网带宽环境下，使用 VMware 等产品进行部署，用户通过平板电脑或手机接入来访问自己的桌面环境，从而实现随时随地办公。同时它也适用于全千兆网络且业务应用比较简单的环境，用户购买云终端作为客户机，通过上网设备远程访问自己的桌面。

（2）远程托管专用虚拟桌面。用户在服务器上使用的虚拟桌面并不与其他用户共享文件目录或应用程序，该虚拟桌面有一套独立的系统。远程托管专用虚拟桌面既可以远程托管，也可以流式传送。

（3）本地虚拟应用程序。应用程序从服务器下载到客户机，然后在客户机上运行，使用本地内存和处理功能。但应用程序在"沙箱"（Sandbox）中运行，沙箱制订了一套规则来限制本地机器可进行的操作及可连接的设备。这种模式拥有比远程托管更多的计算资源，耗用的带宽比较少，可以在离线状态下使用。但其缺乏统一有效的管控，不像远程托管那样拥有良好的维护优势。

（4）本地虚拟操作系统。有两种方法可以实现本地虚拟操作系统：一种是像本地虚拟应用程序的安装方法一样，在客户机操作系统上安装虚拟机管理程序并使用它创建一个虚拟机，将操作系统安装在此虚拟机中，使其独立运行，与虚拟机之外的客户机上的软硬件隔离开；另一种是在机器的 BIOS 上运行虚拟机管理程序，此时允许用户运行多个操作系统，各操作系统地位平等，不存在"主机"操作系统，不必担心同一客户机上各操作系统之间的兼容性及潜在的资源冲突，但这种模式占用本地资源较大，无法由 IT 部门集中管控，且客户机的虚拟机管理程序相对不够成熟，其安全性尚待验证。

（5）OS 流。其技术架构为虚拟操作系统架构。其直接在 I/O 层实现对物理存储介质的数据重定向，从而使虚拟化的操作系统完全工作于本机物理硬件之上，从驱动程序、应用程序到各种设备均不存在远程端口映射关系，而是直接使用内部地址。因此，相比其他桌面虚拟化方法，OS 流不使用服务器的计算资源，不占用网络资源，完全使用本地的硬件资源，不会出现服务器计算资源不够、客户机不能运行大型软件等现象。

（6）DaaS。它将大部分基础设施交给第三方供应商管理，由供应商看管必要的服务器配置、带宽、备份和安全性。IaaS 提供基础资源平台，桌面虚拟化和云平台的完美融合达到类似于 SaaS 的效果，这便是 DaaS。

可以看到，现代桌面虚拟化依赖于服务器虚拟化技术，通过在数据中心的服务器上进行服务器虚拟化，即可生成大量的、独立的桌面操作系统（虚拟机或虚拟桌面），将其根据专有的虚拟桌面协议发送给终端设备后，用户即可在终端设备专属的虚拟桌面上办公。用户只需要记住用户名和密码及网关信息，即可随时随地通过网络访问自己的桌面系统。目前，DaaS 已经成为云计算的关键技术之一，并以其低成本、低功耗、高安全性、易管理等优势，成为发展最快、最具应用前景的技术。

7. 数据库虚拟化和数据虚拟化

数据库虚拟化是指将数据库层（位于存储层与应用程序层之间）进行解耦，对物理存储层进行虚拟化，从而将对物理数据库的访问转化为对逻辑数据库的操作。虚拟化使计算和存储资源按照实际需求进行汇集与分配，使单台服务器资源的多租户共享及服务器资源池转化为一个逻辑数据库或集群。可见，数据库虚拟化增加了灵活性和划分粒度，使资源池得到了有效配置，并提供了对可伸缩计算的支持。

数据虚拟分区存储方法已经伴随着数据库的应用被使用了很长时间，其数据分区管理解决方案主要有以下两种：

（1）共享数据的数据库。该架构假定所有数据库集群节点共享一个分区，节点间的通信由集群内的不同节点发起以进行数据同步更新操作。这种数据管理系统仅用于个位数节点的集群。

（2）无共享数据库。该架构中的所有数据都被分隔到定义良好、存储位置界限清晰的内部管理分区。与共享数据的数据库架构不同，无共享数据库需要手动进行分区管理。

在虚拟分区中，逻辑数据从物理数据基础上自动抽象，创建为若干数据分区并对其进行管理。由于虚拟分区是自主维护的，因此它们所需的管理资源是最少的。这种大规模的分区很好地保障了小粒度、管理高效和负载均衡，而且即使硬件发生了变化，系统也无须重新定义额外的分区。共享数据的数据库和无共享数据库两种架构都通过多倍扩充数据分区提供了良好的可伸缩性，并提供了跨分区查询，以及无须完整扫描分区的事务处理功能。

随着数据库资源日益增加，在数据库资源和用户之间插入一个水平数据虚拟化层能够解决不断增加的数据库虚拟化问题。水平数据虚拟化层为使用者提供了数据访问接口，隐藏了数据存储的技术细节，如存储位置、存储结构、API、使用的语言及存储技术等。

总之，数据库虚拟化技术能够有效增加数据库部署和操作的灵活性与敏捷性，提高数据库性能，共享资源池资源并按实际需求进行配置，同时也能够简化管理并增加容错性。随着数据资源的不断增加，非结构化数据库带来海量的非结构化数据，数据名副其实成为"大数据"，此时，数据虚拟化就自然而然成为研究焦点。

数据虚拟化是一种允许用户访问、管理和优化异构基础架构的技术，就好像这些异化基础架构是一种单一且在逻辑上统一的资源一样。数据虚拟化技术是指在数据层和基础设施层等基础架构中对数据进行抽象，允许应用程序检索并管理数据，并且不需要数据相关的技术细节，如数据格式化方式或物理位置所在。与支持逻辑上统一的访问、查询、报告、预测分析，以及针对关系型、Hadoop、NoSQL 等不同后端数据库应用的任何"SQL-虚拟化"解决方案相同，数据虚拟化的核心是抽象层。数据虚拟化技术一般会建立中间件或服务，使 IT 架构层中的数据可以从不同来源被聚集、查看并分析。

8. 服务虚拟化

服务虚拟化模拟的是软件系统要提供的服务，它能和正常系统一样处理用户发送的指令，给出正确的响应。就像使用虚拟机虚拟化出一台计算机一样，可以使用服务虚拟化软件的录制或配置功能，录制得到实际的请求/响应信息并将其保存下来，或者配置服务的协议和相关服务内容，等下次网络上再有相同请求时，用录制好或配置好的"响应"内容去回应，这样就实现了服务虚拟化。而对于被虚拟化的服务，其底层操作系统、硬件，以及后台的其他服务都不再被需要，完全变成一个黑盒子。也就是说，进行服务虚拟化后不需要安装操作系统、系统软件等，因为服务虚拟化仿真并接管了服务接口，接口后面的所有硬件、软件都不再需要。

当用户访问某虚拟化服务时，该服务所在的虚拟化服务器首先需要捕获用户发送的请求。请求捕获的实现方法主要有以下两种：

一种方法是基于网络，在虚拟化服务器上安装 WinPcap 等网络抓包工具，监听 Web 服务器。当 Web 服务器接收到用户请求并解析后，向后端服务器集群发出请求数据包，此时网络抓包工具将捕获该请求并将其传递到虚拟化服务器上，由虚拟化服务器对外提供用户请求的服务。这种方式要求服务的发送方和接收方在物理上是分开的，虚拟化服务器必须使用不同于 Web 服务器的网卡，因此它具有局限性，同时，它对无线网络的支持也较弱。

另一种更为普遍的方法是"代理服务器"模式，它支持 HTTP、TCP、JDBC 等多种技术的代理。使用代理服务器后，Web 服务器发送给后台的服务请求都会被代理服务器捕获，代理服务器将特定的服务请求传递给虚拟化服务器来完成，这样就实现了服务虚拟化。

服务虚拟化大多用在系统开发调试等过渡阶段。在实际应用中，首先要考虑服务的可控性，如果某服务容易建立，随时可用，那使用真实的服务即可，没必要使用"替身"；如果服务需要第三方提供，则可考虑使用虚拟化服务。另外，服务的重要性和依赖性也是服务虚拟化的关键决定因素，如果对业务来说某个服务是必不可少的，即可根据实际需要创建虚拟化服务。当然，仿真某个服务的投入产出比等也是决定是否进行服务虚拟化的前提条件。

9. 虚拟化技术的应用发展趋势

虚拟化技术的出现在很大程度上为企业增强了生产力，提高了资产利用率，并为高效管理企业运营环境提供了有效的手段。虚拟化技术的功能特点有利于解决来自资源配置、业务管理等方面的难题。首先，虚拟计算机能够充分利用高性能计算机的闲置资源，提高服务器利用率，也能够完成客户系统应用的快速交付与快速恢复。其次，虚拟化技术能够实现服务器与数据中心的快速部署和迁移，实现资源的统一管理与跨域管理，将企业从传统的人工管理运维模式逐渐转变为自动化运维模式。

在技术发展层面，虚拟化技术正面临着平台开放化、连接协议标准化、客户端硬件化及公有云私有化四大趋势。平台开放化是指在封闭架构的基础平台上，通过虚拟化管理使多厂家的虚拟机在开放平台下共存，不同厂商可以在平台上实现丰富的应用；连接协议标准化旨在解决目前多种连接协议在公有桌面云的情况下出现的终端兼容性复杂化问题，从而解决终端和云平台之间的广泛兼容性问题，优化产业链结构；客户端硬件化则针对桌面虚拟化和应用虚拟化技术的客户多媒体体验缺少硬件支持等情况，逐渐完善终端芯片技术，将虚拟化技术落地于移动终端上；公有云私有化将企业的 IT 架构变成叠加在公有云基础上的"私有云"，在不牺牲公有云便利性的基础上，保证私有云对企业数据安全性的支持。目前，以上四大趋势已在许多企业的虚拟化解决方案中得到体现。

在硬件层面发展的虚拟化技术也在向纵深方向发展。IT 市场有竞争力的虚拟化解决方案正逐渐趋于成熟，使得仍没有采用虚拟化技术的企业有了切实的选择。而且，可供选择的解决方案提供商逐渐增多，因此，更多的企业在考虑成本和潜在方案优势不足的情况下，开始采取"第二供货源"的策略，异构虚拟化管理正逐渐成为企业虚拟化管理的兴趣所在。目前的虚拟化解决方案已经在硬件异构方面做出相应的考量，使虚拟化平台支持多厂商设备，这样即使企业内部异构或设备更新换代，也不会对业务造成影响。另外，市场需求使定价模式不断变化，从原先完全基于处理器物理性能来定价，逐渐转变为给予虚拟资源更多关注，定价模式从另一个角度体现了虚拟化技术的发展趋势。

在虚拟化技术不断革新的大趋势下，考虑不同的垂直应用行业，许多虚拟化解决方案提供商已经提出了不同的、针对行业的解决方案：一是服务器虚拟化，其面向运营商、高等院校、能源电力和石油化工领域，主要以提高资源利用率、简化系统管理、实现服务器整合为目的；二是桌面虚拟化，其主要面向金融保险行业、工业制造行业和行政机构，帮助客户在无须安装操作系统和应用的情况下，在虚拟系统中完成各种应用工作；三是软件虚拟化、存储虚拟化和网络虚拟化的全面整合，其面向一些涉及工业制造和绘图设计的行业用户，在许多场景下用户只需要虚拟化一两个软件，而不需要虚拟化整个桌面。

在竞争格局方面，VMware 公司、微软公司和 Citrix 公司是三家比较有代表性的厂商，其中，Vmware 公司作为业内领先厂商，在 X86 平台服务器上始终保持较大的竞争优势。然而，局限于软件解决方案提供商的身份，VMware 公司仍然面临诸多考验。随着虚拟化技术的推出，微软公司在虚拟化战略上开始全面出击。得益于云计算的兴起，Citrix 公司展现出较快的增长速度，其三大主要产品已成为许多企业级 VDI 解决方案中不可或缺的部分。目前，把握虚拟化市场趋势，在了解市场格局与客户需求的情况下，寻找最优的虚拟化解决方案，已成了企业资源管理配置的重中之重。

5.3.4 容器技术

虚拟化技术已经改变了现代计算方式，提高了系统资源使用效率，消除了应用程序和底层硬件之间的依赖关系，同时加强了负载的可移植性和安全性，但当 Intel-VTx 指令系统把虚拟化技术大多数独特的功能直接放入芯片时，即敲响了传统虚拟化技术的丧钟。当然，虚拟化技术仍将在很长一段时间内继续存在，以便为异构环境中的遗留应用提供支持。

广义上说，容器是虚拟化技术的一种；狭义上说，虚拟化技术一般指操作系统虚拟化，也就是在一个裸机上运行多个操作系统，而容器则是在同一个操作系统中通过 API 虚拟化隔离不同的应用，因此容器拥有更好的性能。可见，容器和虚拟机的主要区别在于虚拟化层的位置和操作系统资源的使用方式。通常，第一台虚拟机都会被用来运行系统管理程序，如 Microsoft System Center，之后的虚拟机可能包含其他企业负载，如数据库、ERP、CRM、邮件服务器、媒体服务器、Web 服务器或其他业务应用。而对于容器环境来说，其需要首先安装主机操作系统，之后将容器层，如 LXC（Linux Containers）、Docker 等安装在主机操作系统（通常是 Linux 及其变种）上，在安装完容器层后，就可以从系统可用计算资源中分配容器实例并将企业应用部署在容器中。

相比于虚拟机，容器拥有更高的资源使用效率，因为它并不需要为每个应用分配单独的操作系统，其实例规模更小，实例创建和迁移速度也更快。这意味着相比于虚拟机，单个操作系统能够承载更多的容器。云提供商十分热衷于容器技术，因为在相同的硬件设备中，其可以部署数量更多的容器实例。然而，单个操作系统的单点事故可能影响所有相关实例。例如，主机操作系统崩溃可能禁用或影响所有容器。此外，容器易于迁移，但是只能被迁移到具有兼容操作系统内核的其他服务器中。

容器在设计伊始就是一种应用安全机制，它把应用打包，使得其受攻击面降到最低，并在一个封闭环境中以非特权用户的身份运行应用。传统的虚拟机操作方法需要涉及操作系统，需要经常打补丁和维护，显然容器在这一点上优越很多。一个以容器为中心的模型，不仅可以显著简化应用架构，从虚拟化管理软件层中消除多余的层级和运行量，还能进一步简化基础架构栈。容器技术可以同时将操作系统镜像和应用程序加载到内存中，还可以从网络磁盘进行加载，因为对容器技术，即使同时启动几十台镜像也不会给网络和存储带来很大负载，之后的镜像创建过程只需要指向通用镜像即可，可见容器技术大大减少了所需内存。容器技术在同一台服务器上创建的实例数量是虚拟机的两倍，因此，容器技术无疑会降低系统总投入。但是，必须认真规划使用容器技术，因为双倍的容器实例也意味着给运行这些容器实例的服务器带来了双倍的 I/O 负载。

目前，从实际应用的角度来说，容器和虚拟机可在同一个数据中心共存，这为现代应用程序架构师和数据中心管理员添加了可用工具集，使其通过不同的方式为应用负载提供支持，因此，这两种技术被认为是互补的。但随着时间的推移，容器技术在安全方面不断改进，栈中的问题也终究会解决，这样以后可以直接在裸机系统上运行容器，同时还能获得更高的安全性、可用性，以及更优的性能，加上容器技术有更加轻松和快捷的部署方式，相信其会在不久的将来占据虚拟化市场。

5.4　在线教育平台构建和管理技术

构建一个好的在线教育平台，除了充分利用以上提及的互联网基础技术，还要充分考虑平台的可扩充性、可维护性及安全性保障等诸多因素。

5.4.1　在线教育平台构建技术

一个理想的在线教育平台应该完全基于云架构进行设计、开发、部署。图 5-7 所示为一个在线教育平台架构实例。其中，基础设施即服务层的数据中心用于存储在线教育数据，是必不可少的组件，而其他组件如录播教室、多媒体教室等均可独立于在线教育平台存在。平台即服务层由不同功能的云提供相应的云服务。应用即服务层则基于底层数据和服务针对不同的上层用户提供不同的教育应用。

图 5-8 所示为中国农业大学雨虹学网的技术架构，其利用基础设施层技术、中间层技术及 Web 层技术为教师和学生提供功能丰富的服务。

部署和运行一个在线教育平台需要可扩展的基础网络拓扑支撑，以便应对在线教育资源和用户持续增加、平台功能不断扩充，以及计算机集群动态变化等情况。图 5-9 所示为中国农业大学雨虹学网的网络拓扑结构，这种结构具有安全性高、稳定性强、运行速度快、成本低等特点，从一台服务器到集群服务器再到分布式部署，这种云计算平台都可以轻松胜任。

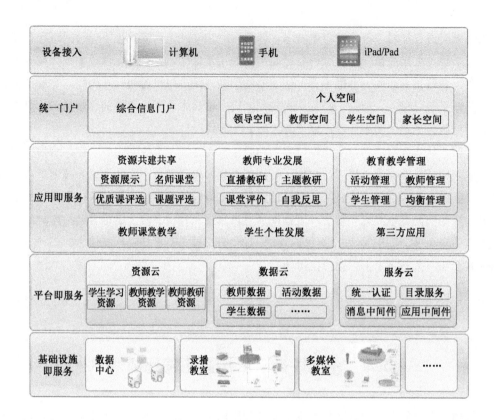

图 5-7　一个在线教育平台架构实例

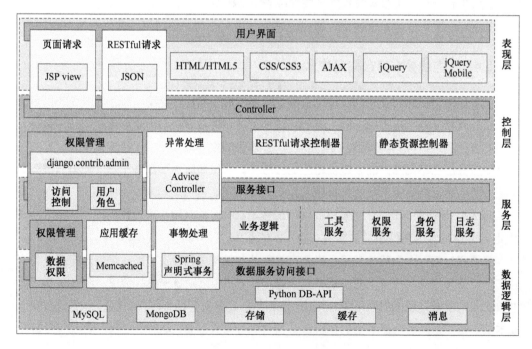

图 5-8　中国农业大学雨虹学网技术架构

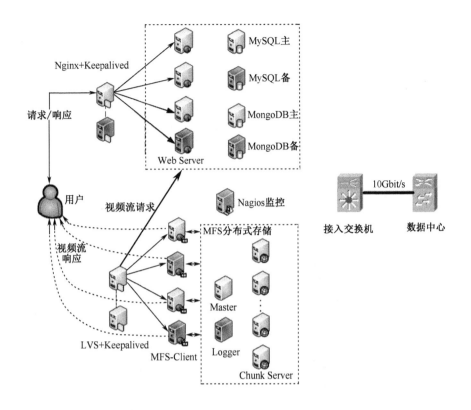

图 5-9　中国农业大学雨虹学网的网络拓扑结构

　　一个好的技术架构易于在线教育平台功能的实现、维护和扩充，一个优秀的系统部署方案能够保障在线教育平台的顺利运行、维护和扩展，而一个符合在线教育工作者和在线教育接受者实际需求的功能组合、合理设计的数据仓库，以及科学严谨的信息流转逻辑设计等才能构成一个在线教育平台有机体，它们是在线教育平台的灵魂，在很大程度上决定了在线教育平台的价值和命运。

5.4.2　高性能网站构建技术

　　架构在互联网上的教育网站需要具有应对大规模访问的性能，即具有高吞吐能力。高性能系统的瓶颈是指影响其性能的关键因素，这些关键因素又会随着系统的运行不断发生变化或迁移。例如，由于站点用户组成结构的多样性和习惯的差异，不同时段系统的瓶颈各不相同。又如，站点在数据存储量或浏览量增长到不同级别时，系统瓶颈也会发生迁移。同时，在这些关键因素的背后，也存在很多不能忽视的子因素，它们构成了性能优化的"长尾效应"，也就是说，单个子因素的优化可能不会带来明显的性能提升，但多个子因素的优化结果叠加在一起将带来可观的性能提升。然而，不论是关键因素还是子因素，它们的背后都是影响系统性能的问题所在，这些问题本身并不涉及关键性，只有在具体系统和应用场景下，才会看出其是否关键。

那么，一个互联网+教育网站到底需要多快呢？对于页面加载，研究发现，1~3s能够提供给用户最高的舒适度。我们可以通过权衡页面的美和快，通过减少网页的 HTTP 请求来提高页面加载效率。例如，设计更加简单的、包含较少图片和脚本的页面；利用 CSS 背景图片偏移技术呈现多个图片；合并 JavaScript 脚本或 CSS 样本表；充分利用 HTTP 中的浏览器端 Cache 策略等。

1. 通过反向代理服务来提高性能和增加安全性

Web 程序运行慢经常是因为计算机一直在不同的任务之间切换，应用服务器可能会疲于应付。这时可以添加一台反向代理服务器来分担部分任务。反向代理服务器位于运行应用程序的机器前端，直接连接到互联网来处理网络流量，它和应用服务器通过一个快速的内部网络完成通信。使用反向代理服务器可以将应用服务器从等待用户与 Web 程序交互的过程中解放出来，这样应用服务器就可以专注于为反向代理服务器构建网页，让反向代理服务器将页面传输到互联网上，而无须等待客户端的响应，因此，应用服务器运行速度接近优化后的性能水平。

添加反向代理服务器还可以给 Web 服务器安装带来灵活性。比如，一台某种类型的服务器超载或宕机了，通过添加反向代理服务器可以轻松地添加或替换另一台相同的服务器。反向代理服务的灵活性为进一步提高系统性能提供了可行性，例如，负载均衡就运行在反向代理服务器上，它将流量均衡分配给一批应用程序；可以把图片或客户端代码等这些直接读取的文件保存在反向代理服务器上，然后直接发给客户端，这样就可以进一步提高速度，分担应用服务器的负载，从而让应用程序运行得更快。而且，反向代理服务器可以提高网站安全性，以及快速地发现和响应网络攻击，保证应用服务器处于被保护状态。

典型的反向代理服务器软件如 Nginx，它使用事件驱动的方式处理请求，比传统的服务器更有效率。Nginx Plus 添加了更多高级的反向代理特性，比如应用健康度检查，它专门用来处理请求路由、高级缓冲及相关支持。

2. 添加负载均衡服务器

添加负载均衡服务器是一个相当简单的、可以同时提高性能和网络安全性的方法。与其将核心 Web 服务器变得越来越大和越来越强，不如使用负载均衡服务器将流量分配给多台服务器，这样可以大大提高用户体验。

负载均衡服务器首先是一种反向代理服务器，它接收来自互联网的流量，并将其使用分配算法转发给不同的应用服务器，Nginx Plus 拥有将特定用户的会话分配给同一服务器的能力。可以进行负载均衡的协议包括 HTTP、HTTPS、SPDY、HTTP/2、WebSocket、FastCGI、SCGI、uWSGI、Memcached 等。负载均衡也适用于其他一些应用类型，如基于 TCP 的应用及基于第 4 层协议的程序等。

3. 缓存静态和动态的内容

缓存可以通过加速内容的传输速度来提高 Web 应用的性能。例如，如果一个页面每秒会被浏览 10 次，那么将它缓存 1s，则 90%的页面都直接从缓存提取，从而大大提高了用户的交互体验。

不经常变化的文件（如图像和代码）作为静态内容可以保存在外围服务器上，以便快速地从内存和磁盘上提取。而针对每次网页请求生成一个新的 HTML 页面这样的动态内容，在短时间内简单地缓存生成的 HTML 内容，可以很可观地减少要生成的内容的数量，也可以很好地满足需要。Web 应用的三种主要缓存技术如下：

（1）缩短数据与用户的网络距离。把一部分内容的复制放到距离用户更近的节点以减少传输时间。

（2）提高内容服务器的速度。内容可以保存在一台更快的服务器上以减少提取文件所花费的时间。

（3）从过载服务器上移走数据。服务器经常因为要完成某些其他的任务而造成某个任务的执行速度比测试结果要差。将数据缓存在不同的服务器上，可以提高缓存资源和非缓存资源的性能，从而避免过度使用主机。

对 Web 应用的缓存机制可以在应用服务器内部实现。缓存动态内容可减少应用服务器加载动态内容的时间；缓存静态内容（包括动态内容的临时复制）可更进一步分担应用服务器的负载。之后缓存会从应用服务器转移到对用户而言更快、更近的服务器上，从而减小应用服务器的压力，同时减少提取数据和传输数据的时间。

Nginx 和 Nginx Plus 提供了 proxy_cache_path 和 proxy_cache 两条指令设置缓存机制。使用该指令可以指定缓存的位置和大小、文件在缓存中保存的最长时间，以及其他一些缓存参数。同时，它们也提供了第三条指令 proxy_cache_use_stale 来提供旧内容缓存，其在提供最新内容的服务器忙碌或宕机时可起到替代作用。

4. 压缩数据

现在已有针对图像、视频、音频等文件的高效压缩标准，而文本数据（包括 HTML、CSS、代码）经常未经压缩就传输。压缩这类数据会对应用程序性能的用户体验（特别是处于慢速或受限的移动网络的客户端）产生很大影响。智能的内容压缩可以减少 HTML、CSS、JavaScript 和其他文本内容对带宽的要求，通常可以减少 30%甚至更多的带宽需求和相应的页面加载时间。

5. 优化 SSL/TLS

安全套接字（SSL）和它的下一代版本传输层安全协议（TLS）正被越来越多的网络采用。SSL/TLS 对从原始服务器发往用户的数据进行加密，提高了网站的安全性。但是加密对速度的影响让很多网站望而却步，这是因为任何一个连接第一次连接时的握手都需要传递密钥，而采用 HTTP/1.x 协议的浏览器在建立多个连接时会对每个连接重复上述操作，同时，数据在传输过程中需要不断地在服务器端加密、在客户端解密，这些都会导致网站性能下降。

为了鼓励使用 SSL/TLS，Web 服务器设计了对应的机制来优化 SSL/TLS 传输。例如，Nginx 服务器可以被用作 SSL/TLS 服务端，用于处理客户端数据的加密和解密，并且同时以明文方式和其他服务器进行通信，它提供了会话缓冲、会话票据/会话 ID，以及 OCSP 分割等技术，可以减少 SSL/TLS 数据加解密时间和降低 CPU 占用率。

6. 使用 HTTP/2 或 SPDY

HTTP/2 和 SPDY 的关键是用单一连接来代替多路连接，最小化 SSL/TLS 建立安全连接时的握手时间。由于单个连接是被复用的，所以它可以同时携带多个请求和响应的分片，因此，对于已经使用了 SSL/TLS 的站点，HTTP/2 和 SPDY 可以很好地提高其性能，因为此时每个连接只需要一次握手。同时，HTTP/2 和 SPDY 也使未使用 SSL/TLS 的站点可迁移到 SSL/TLS，并且不用担心效率等。

当使用 SSL/TLS 或 SPDY 时，不再需要常规的 HTTP 性能优化方案，比如按域分割、资源聚合及图像拼合等，从而使编码和部署都变得更简单且更易于管理。可见，其既能提高网站安全性，又能实现新的优化。

7. 对 Linux 和 Web 服务器软件进行调优

Linux 是大多数 Web 服务器使用的操作系统，可以针对专门的 Web 服务器进一步优化 Linux，比如增加缓冲队列的限制值以提高可以缓存的连接的最大数量；提高文件描述符值以增加系统对文件描述符数量整体的限制，从而支持不断增加的负载需求；通过减少非活动端口的超时判断或设置代理服务器的临时端口范围来增加可用的端口号，便于代理服务器与若干上游服务器连接，提高流量。通过优化 Linux，可以使其更加适合 Web 服务器，从而很好地适应大规模网络流量而不会超过工作极限。

无论哪种 Web 服务器，都需要进行优化以提高性能，目前 Web 服务器的优化手段如下。①访问日志优化。将日志缓存起来批量写回磁盘要比每个请求都直接写回磁盘省时得多。②缓存。缓存机制可以设置 Web 服务器在内存中存放部分响应，直到满了为止，这样使 Web 服务器与客户端的通信更加高效。③客户端保活。保活连接可以减少开销，特别是使用 SSL/TLS 时。④限制。限制客户端使用的资源可以提高其性能和安全性，上游服务器也可以通过限制连接数来避免服务器过载。⑤工作进程。工作进程负责处理请求，Web 服务器采用特定的机制来有效地将请求分发给不同的工作进程。⑥套接字分割。套接字分割会为每个工作进程创建一个套接字监听器，当该套接字监听器可用时，Web 服务器内核会将连接分配给它，它再把新的连接分配给每个工作进程。该技术将有效减少锁竞争，同时提高多核系统的性能。⑦线程池。计算机进程可能被一个单一的、缓慢的操作占用，例如，磁盘访问会影响很多更快的操作，或者计算、在内存中复制会大幅度影响 Web 服务性能。

使用线程池，慢操作可以被分配到不同的任务集，而主进程可以一直运行快速操作，当慢操作完成后其可以将结果返回给主进程的循环。

8. 监视系统活动来解决问题和瓶颈

监视系统活动是最积极的解决性能问题的方法。通过监视可以发现诸如服务器宕机、连接丢失、缓存未命中、发送内容错误等问题。实用的总体性能监控工具，如 New Relic 和 Dynatrace 能够监控从远程加载网页的时间，Nginx 则能够监控应用交付端。Nginx Plus 提供了更多的监视系统活动功能：增加应用健康度检查，对重复出现的常规事件进行综合分析并在问题出现时发出警告；提供会话过滤功能，用以阻止当前任务完成之前接受新的连接；提供慢启动功能，允许一台从错误恢复过来的服务器赶上负载均衡服务器集群的进度。这些功能在很大程度上保障了用户体验，并能够在不影响系统正常运行的情况下替换服务器。

构建一个高性能的网站是实现互联网+教育的基础，要想在大规模并发访问条件下保证良好的用户体验，通过各种技术手段提高系统性能是其关键所在。

5.4.3 在线教育平台安全保障措施和技术

在线教育平台无论是部署在局域网中，还是部署为互联网云平台，都需要切实可靠的安全措施保障其顺利运行和维护。目前，可以通过以下几个方面的措施或相关技术达到系统安全运行的目的。

（1）硬件设施保障措施。一个标准的机房环境是保障系统主机避免任何可能的停机及数据破坏与丢失的关键所在。选择性能优异、功能强大的服务器能够保证硬件具有足够的带宽和 I/O 吞吐能力，保障其长时间运行。同时，使用优秀的应用服务器技术能够实现负载均衡，避免单点故障。

（2）服务器平台的系统软件符合开放系统互联标准和协议。选择一个通用的多用户、多任务的操作系统至关重要。系统应具有高度可靠性、开放性，支持对称多重处理功能，支持包括 TCP/IP 协议在内的多种网络协议，符合 C2 级安全标准，提供完善的操作系统监控、报警和故障处理。同时，操作系统上应建立严格的安全策略和日志访问记录，保障用户安全、密码安全，以及网络对系统的访问控制安全，并且记录网络对系统的所有访问及动作。

（3）具有足够的存储能力。系统的存储能力主要考虑用户数据的存储空间、文件系统、备份空间、测试系统空间、数据库管理空间和系统的扩展空间等；同时，还要考虑随着时间的推移可能引发的服务器系统扩展行为，包括性能、处理能力的扩充，磁盘存储空间的扩展，I/O 能力的扩充等。建议采用磁盘阵列等措施保障系统存储的安全性和可靠性。

（4）多道安全防范。根据用户的不同需求，可采用多层、异构、高性能的硬件防火墙对主机进行全面的保护；安装专业的防病毒扫描软件，杜绝病毒对主机的感染；选择安装专业的安全软件，提供基于网络、主机、数据库、应用程序的入侵检测服务，确保主机运行在一个安全的环境中；定期对主机及应用程序进行安全漏洞扫描和分析，排除安全隐患，做到安全防患于未然；充分利用防火墙或交换机提供的数据监视功能，监视所有网络上流过的数据包，制订监控检测策略，发现并正确识别攻击特征及攻击，定义攻击响应对策，以上安全防范措施共同捍卫了系统安全。

（5）选择强大的数据库系统。数据库是应用系统的基础，直接关系到整个应用系统的性能表现、数据的准确性和安全可靠性，以及数据的处理效率等多个方面。一个良好的数据库系统应具有高度的可靠性，支持分布式数据处理；支持包括 TCP/IP 协议及 IPX/SPX 协议在内的多种网络协议；支持 UNIX 和 Microsoft NT 等多种操作系统；支持客户机/服务器体系结构；具备开放式的客户编程接口，支持汉字操作；具有支持并行操作所需的技术（如多服务器协同技术和事务处理的完整性控制技术等）；支持联机分析处理（OLAP）和联机事务处理（OLTP），支持数据仓库的建立；能够实现数据的快速装载，以及高效的并发处理和交互式查询；支持 C2 级安全标准和多级安全控制，提供 Web 服务接口模块；支持最新客户端输出协议；支持联机备份，具有自动备份和日志管理功能。

以上常规安全保障措施能够大幅度减少来自网络外部的安全威胁。除此之外，局域网内部的管理也非常重要。局域网内网逻辑边界不完整、缺乏有效身份认证机制、缺乏访问权限控制机制、内网主机漏洞及监管不严格等问题一直未得到很好的解决，造成了内网安全维护更加困难的局面。针对以上问题，首先要增强对内网用户及接入设备的有效监管，在此基础上采取技术手段实现安全防御：采用安全交换机，利用网络分段及 VLAN 方法从物理上或逻辑上隔离网络资源，从而加强内网的安全性；及时更新操作系统安全补丁，防患于未然；适时进行数据备份以防止软硬件故障及病毒破坏数据；使用代理网关隔离内外网之间的数据包交换，在代理服务器两端采用不同协议标准来阻止外界非法访问的入侵；充分利用网络操作系统提供的保密措施，设置目录和文件访问权限及密码，保证安全访问；针对计算机及其外部设备和网络部件的泄密渠道，如电磁泄漏、非法终端、搭线窃取、介质的剩磁效应等采取相应的保密措施。可以看到，在局域网内部，为了应付比以往更严峻的安全挑战，安全不应只停留在"堵""杀""防"，应该以动态的方式积极主动应对来自安全的挑战，因此，健全的内网安全管理制度及措施对保障内网安全来说必不可少。

此外，对于部署为云平台的系统，除了以上常规安全防御技术，还需要针对云平台面临的特定的安全问题采取相应的防范措施。一般来讲，云平台都采用安全的运行构架来保证其安全运行，但由于其大量采用虚拟化、分布式部署等技术，因而带来以下独特的安全问题：

（1）安全边界不清晰。云平台服务器采用了虚拟化技术，而虚拟化带来的风险主要表现在虚拟机被滥用、虚拟机逃逸、多租户间隔离失效、虚拟机的安全策略迁移等，这给已定义好的安全边界带来很多冲击。另外，终端用户数量非常庞大，海量用户的身份认证与授权、访问权限的合理划分，以及账号、密码及密钥管理等都给云平台安全管理带来了巨大的压力。此外，实现共享的数据存放分散，使云平台无法像传统网络那样清楚地定义安全边界和保护措施。

（2）数据安全隐患。随着云计算技术的发展，云平台发展的趋势是将用户数据和相应的计算任务交给全球运行的服务器网络与数据库系统，用户数据的存储、处理和保护等操作都在云端完成，这样更多的业务数据、更详细的个人隐私信息将暴露在网络上，必然引发更大的泄露风险。用户数据面临的威胁不仅来自服务商、黑客、相邻恶意租户及后续租户对数据进行滥用或窃取、篡改等带来的风险，而且来自自然灾害、数据跨境流动等客观因素带来的问题。

（3）云平台应用程序安全涉及每类云服务。不管是 SaaS、PaaS 还是 IaaS，都存在应用程序安全问题，服务商云平台上容易被放置恶意攻击程序，如果不加检查控制将导致诸多不良后果；应用程序接口安全问题也很突出，因为服务商需要提供各种接口供开发者调用，不可避免会存在不安全的接口，容易被恶意用户利用；应用程序本身的代码安全问题也会影响云平台安全，如果 PaaS 平台应用程序本身的代码存在各种漏洞，不仅直接导致该应用程序运行错误，还可能会影响 PaaS 平台本身的正常服务。

（4）系统可靠性和稳定性的隐患。云计算基于开放的互联网提供服务，面临众多未知的安全风险，云中存储了大量的数据，很容易受到数据窃取者的恶意攻击，以及滥用资源的云计算用户本身的攻击。当遇到严重攻击时，云系统可能面临崩溃的危险，无法提供高可靠性、稳定的服务。云服务不可用的原因主要包括：DDoS 攻击和僵尸网络、Web 服务攻击、软硬件故障、电力中断和自然灾害等。另外，由于云服务提供商对应用程序开发有较多限制，这又给 PaaS 服务中应用程序的迁移带来了兼容性方面的安全问题。

（5）云服务运维和管理措施尚须提高水平。首先，特权用户如管理员的过失行为可能造成服务中断等严重后果。其次，云服务的运维层级发生了变化，原来基于物理主机的监控不再有效，无法有效监控虚拟主机是否已经出现问题。最后，云服务还处于发展阶段，云服务提供商在管理上的漏洞较多，对运维人员缺少针对性管理，并且缺少专门的机构、岗位和管理制度等。

以上云平台安全问题已成为困扰云计算更好发展的重要因素，其解决依赖于云服务提供商、云平台企业用户及云服务监管方的共同参与。

（1）从云服务提供商角度进行云平台安全防护。由于基础网络提供了地理位置不同的数据中心与用户终端之间的互联，云服务提供商应该采用可信网络连接机制，对连接到通信网络的设备进行可信检验以防止非法接入设备。基础网络安全设备性能要满足与网络相匹配的性能需求以适应业务不断发展的需要。此外，运用常规网络安全防御措施仍然是保证安全的最基本的方法，如灵活扩展或减少防火墙，充分利用入侵防御、流量监管、负载均衡等安全功能实现网络设备和安全的高度融合。

云平台借助虚拟化技术，按需提供个性化的应用服务和合理的资源分配。为保障虚拟化服务安全，云服务提供商应该在数据中心内部采用 VLAN 和分布式虚拟交换机等技术，通过虚拟化实例间的逻辑划分，实现不同用户系统、网络和数据的安全隔离；应采用虚拟防火墙和虚拟设备管理软件为虚拟机环境部署安全防护策略，并采用防恶意软件建立补丁管理和版本管理机制，及时防范因虚拟化带来的潜在安全隐患。

对于系统接入设备和访问用户，每个虚拟设备都应具备独立的管理员权限，实现用户的分级管理，不同的级别应具有不同的管理权限和访问权限；支持用户标识和用户鉴别，采用受安全管理中心控制的令牌、口令及其他具有相应安全强度的两种或两种以上的组合机制进行用户身份鉴别，对鉴别数据进行保密性和完整性保护。

积极防范应用程序安全问题也至关重要。SaaS、PaaS 及 IaaS 提供商都应对提交到平台的应用程序进行恶意程序审查，以免其影响云平台的运行或造成其他不良影响。云服务提供商需要保障应用程序接口安全，以免被恶意用户利用而危害整个平台服务的安全。另外，还要进行代码安全测试，防止平台应用程序本身的代码漏洞。SaaS 提供商所提供的在线软件类应用程序也必须经过严格的代码安全审查与测试才能上线运营。

此外，为保障数据传输安全，云服务提供商应该采用在云端部署 SSL VPN 网关的接入方案，避免云环境下用户的数据信息在从终端到云环境的传输过程中被截获，从而保证用户端到云端数据的安全访问和接入。

（2）从云平台企业用户角度进行安全防护。对于企业终端用户来说，首先应该做好风险评估工作，清楚数据存储在云中和存储在自己企业内部数据中心的潜在风险。比较各家云服务提供商，取得优选者的服务水平保证，选择信誉好的服务商。同时，还应分清哪些服务和任务由公司内部的 IT 人员负责、哪些服务和任务交由云服务提供商负责，避免恶意操作带来的损失，同时保证服务的持久化。另外，在用户终端上部署反恶意软件、防病毒软件、个人防火墙等安全软件，使用自动更新功能，定期完成浏览器更新及杀毒等工作，保证云计算环境应用的安全。此外，为保护用户自身数据安全，可选择应用过滤器，通过对过滤器系统进行安全配置来监视哪些数据离开了用户的网络，从而自动阻止敏感数据外泄。

（3）从云服务监管方角度进行安全防护。云计算技术已经发展到实质应用阶段，除了依靠技术手段，国家相关部门有必要着力推进监管政策和法律法规的制定与实施以实现云服务安全监管。首先，应该从国家层面加强云服务网络数据安全、个人隐私保护、知识产权保护、数据跨境流动等方面的法律法规建设；其次，应该完善云服务安全事前准入、事中监测和事后处罚与退出机制；最后，应该推动关于政府及重要行业采购 IT 服务的法律法规的修订，对政府及重要行业采购云服务做出规定。有效的监管环境将有利于建立用户与云服务提供商之间的信任关系，共同构建全面的云计算安全防御体系。

总之，在线教育平台的安全保护是一项重要、复杂的工作，而且随着服务平台和服务内容及访问用户的不断增加，可能还会出现新的安全问题。因此，应始终保持积极的态度，不断提升网络安全技术水平，使在线教育平台服务朝着可持续的方向健康发展。

5.4.4　在线教育平台维护和管理技术

当在线教育平台建好之后，接下来的任务就是保证其一直在线且正常运行。负责平台运维工作的单位需要制订相关的平台维护管理制度，建立系统运行和维护、平台信息安全和保密等规章，指派管理员负责日常运维及安全监控等工作。

一个功能完善的在线教育平台不仅要全天候处理来自世界各地用户的正常请求和操作，还要面对可能来自各个角落的误操作甚至恶意攻击，因此，系统日常运维监管工作是不可或缺的。一个平台的运维不仅包括系统操作指导、因系统缺陷导致的各种 Bug 的修复、因误操作导致的数据错误维护、系统突发事件的诊断和排除、咨询服务、数据备份、定期提供运维报告等内容，还包括因业务发展需要或需求变化而引发的小变动（如新增软件功能开发或已有软件功能完善），以及定期清理运维过程中所生成的生产数据库中的临时表，从应用系统角度来优化数据库，如辅助平台开发商建立并优化索引、优化存储过程、拆分数据库表等，从而不断提高平台运行性能。

部署在云端的平台运维不同于传统运维的三个挑战如下。①在云平台上实现应用的快速部署、快速更新、实时监控。云计算时代要求运维人员能够自动化地部署应用程序和所有支持的软件及软件包，然后按照软件生命周期阶段性地维护和管理应用程序，如自动扩展事件或进行软件更新等。②快速创建和复制资源模板。有序地对资源模板进行资源配置和更新，可保障在云端更加轻松地部署、配置和管理应用。③利用工具轻松地在云中快速部署和管理应用程序，同时自动处理容量预配置、负载均衡、Auto Scaling 和应用程序状况监控，这是对运维人员的新要求。可见，云平台运维更加强调运维人员对软件工具的熟练把握，因为在云计算时代，所有对物理设备的操作都变成了代码操作。

随着云计算、云存储、云安全技术的不断发展，云运维作为一种新的运维模式，弥补了传统运维需要大量人工干预、实时性差等不足，为用户提供了一种快速部署和应用运维系统的方法，彻底改变了传统高成本的运维服务模式。其优势是可以在云维护平台的支撑下实现检测、监控、故障排除的自动化、智能化，并通过云数据挖掘、处理、运算等手段对运维工程师的工作进行高效协调、调度和指引，从而实现对服务器、网络及应用程序等的维护工作。当有突发问题时，云运维系统能及时发现问题，解决问题，从而保证软硬件设施正常运行，而且这一切操作均能够自动完成，基本不需要人工干预。与传统的运维服务相比，云运维具有显著的优势。首先，它变被动为主动。基于云计算的运维服务以各种监控、告警、日志、报告服务工具为依托，通过全面的网络式监控及早发现故障隐患，从而可以建立主动式运维。其次，它大幅度降低了运维成本。云运维把数据乃至应用程序全部集中到云端，即数据中心的服务器上。对于运维来说，这意味着大量本地的运维工作可以转移到云服务器端，运维的总体工作量大大减少，运维成本也大幅度降低。

总之，要想成功运营一个在线教育平台，强大的技术支撑是必不可少的。由于在线教育平台面向全球开放，其要确保 7×24 小时不间断运行和提供服务以保证高可用性。

5.5 小结

互联网+教育通过技术应用推动教育，奏响了新时代的乐章，众多在线教育平台如雨后春笋般涌现，它们的出现、维持及发展都离不开计算机技术的支撑。从架构模式到 Web 层技术，从中间层技术到基础设施层技术，这些技术的应用，为在线教育平台提供了安全、可靠、高效、便捷的运营环境，保障了教育教学活动的正常实施。同时，互联网+教育的发展需求反过来也推动着各项技术不断更新换代、发展完善及推陈出新。可以预见，在线教育平台将会不断吸纳新技术和新方法，在已有的基础上持续改良、应用和进化。

第 6 章

互联网+教育智能化

智能装备、物联网、云计算、大数据、人工智能等技术的发展，不断为教育智能化的最终实现扫清技术障碍。这些技术的应用促进了教育教学从信息化走向智能化和现代化。"教育智能化"有望在教育共享、个性化学习、学习效率提升等多个方面把教育推向一个新的高度。

6.1　教育的云计算时代

教育成了云计算最先落地的几个领域之一。其实不难理解，优质教育资源的匮乏和分布区域过散，使欠发达地区的教育水平较低、教育信息化程度不高，而云计算的应用彻底打破了地区的限制，实现了教育信息资源的集中存储和整合，大大推进了教育发展进程。

6.1.1　网络教育资源

网络技术的发展促使教育逐渐走向社会化、全球化。网络教育不仅可使一所高校深入挖掘其教学资源，而且可以实现资源共享。在校学生可跨校选课，在校外接受网络教育的学生的学分可以得到承认和转换，这为学生的个性化发展提供了广阔的空间。

目前，网络教育资源建设大多处于孤立分散状态，而且标准不统一，能够用来交流与共享的少。要解决这些问题，必须统一教育资源建设标准，按照国际通用的 TCP/IP 协议和有关技术标准，以互联网为主要传输和交流媒体，同时考虑与电视、数字电话等其他传输媒体的兼容性，这样才能避免低水平的重复建设，降低成本，提高质量。

网络环境下的教育资源共享包括以下三个方面：

一是自身共享。信息资源的基本元素（也称素材）是网络信息资源建设的基础，投入精力构建素材的人，也是这些素材的使用者和受益者，即这些资源不是一次性的，而是在使用中不断地被丰富、修改、完善和再使用，对教育资源来说也是如此。

二是与他人共享。即在一定范围内的共享，包括个体与个体、个体与群体、群体与群体之间教育资源的交流和互动。

三是全球教育资源共享。教育资源是人类共同的财富，任何人的知识获取和增长都是在交流、互动与共享的过程中实现的。例如，某人把自己掌握的个性化的知识传播出去，但他仍然拥有这种知识，甚至通过传播、交流和互动，他拥有的个性化知识会得到进一步提高和升华。

6.1.2 云计算资源共享

云计算使用了虚拟化技术、分布式计算、效用计算等，扩大了资源共享的范围——通过网络连接可随时随地访问和存取分布在各个数据中心的物理资源或虚拟资源。它采用效用计算使用的定制、计量、租用的商业模式，既节约了资源，又实现了剩余资源的共享，最大限度地使用了资源，提高了共享的效率。云计算开辟了资源共享的新领域，使资源共享的内涵、意义、特征等都得到了相应的发展。业界将云计算环境下的资源共享简称为云共享。

1. 云共享的内涵

云共享要解决 What 和 How 的问题。一般来说，What 指的是云资源，即云共享共享的是云资源。How 指的是将云资源以云服务的形式供用户共享，其中，云资源首先是信息资源，不仅包括数据资源和软件资源，还包括硬件存储资源、基础设施、平台、开发者和管理者等。另外，云资源还是与云计算技术有关的信息资源，计算机资源和网络资源是云资源的基础。

2. 云共享的类型

根据云共享的范围，可将云共享分为公有云（Public Cloud）、私有云（Private Cloud）和混合云（Hybrid Cloud）三种类型。

公有云的云资源是提供给外部团体和组织使用的，广大公众一般通过网络就可以动态地、灵活地、自助地获取公有云中的资源。对于普通公众来说，使用公有云资源，不需要购买任何的硬件和软件，不需要考虑数据的安全问题，其可以把精力集中在自己的个人业务上，因此使用公有云具有较高的性价比。

私有云是企业自己构建的，云资源只供其内部协作共享。它被限制在单个组织或团体内，外部组织无法获取这些资源。企业构建私有云不是为了出售它的能力，而是为了让本地用户能在它的管理范围内使用私有而灵活的基础设施，进而控制和运行它部署在基础设施上的应用程序。

混合云则集成了私有云和公有云的服务，多个团体或组织通过可靠的网络在公有云和私有云之间共享资源。使用虚拟化技术，企业可以在数据中心内部构建自己的私有云，企业同时也可以有选择地使用公有云，两者相结合就形成了混合云。混合云是在企业需求的推动下形成和产生的，通过使用混合云，企业平衡了应用和成本，减少了向云迁移时所产生的一些问题，这样更有利于企业的长期发展。因此，混合云被认为是大多数企业使用云计算的趋势。

3. 云共享的特征

云共享具有云计算的基本特征，如高可靠性、安全性、动态性、可扩展性等。其中，其突出的特征主要有以下两方面：

一是节约成本。从企业用户角度来看，在传统商业模型中，企业要开始一项新业务，就要一次性投入很多资金。而实现云共享后，所有资源由商业基础设施提供商提供并供多用户共享，这种按需求租用、按使用支付费用的模式，比企业自己部署和管理资源的模式更廉价、实用，大大减少了服务器的数量，这意味着更少的空间、更低的成本。

二是灵活、按需的个性服务。云共享根据用户的需求提供计算服务，由 SLA 驱动，针对不同等级的用户，灵活定制、灵活服务，并且随用户需求的变化而变化。

6.1.3　教育云服务

云计算在教育领域中的迁移称为教育云，它是未来教育信息化的基础架构，包括了教育信息化所必需的一切硬件计算资源。可通过以下几个途径为教育领域提供云服务。

1. 整合教学资源库

目前的教学资源库存在教学资源分布不均、教学资源共享程度低、教学资源孤岛现象严重、缺乏相互协作等问题。云计算使用的是集中存储方式，所有数据被存储在规模庞大的数据中心，那里有先进的技术和专业的团队负责数据的管理与安全工作，能满足教学资源库不断扩大规模和数据安全的要求。另外，云计算能跨设备、跨平台，具备良好的开放性和共享性，可使用户轻而易举地在各种终端之间同步获取数据并随时与他人分享，从而使资源共享成为可能，避免形成一个个教学资源孤岛。

2. 构建新型云图书馆

目前，每个学校图书馆都有自己的服务器，用于日常图书管理、数字资源检索、下载等服务。为确保服务器内数据资源的安全性及服务器的可靠运行，图书馆对服务器的最大服务响应数量及接入终端数量等都进行了一定的限制。而在云计算模式中，云端拥有超大的服务器群，具有良好的容错性、强大的计算能力和几乎无限的带宽，能保证数据的安全，也能迅速响应用户的请求。此外，云计算模式具有虚拟性，用户可以通过计算机、手机、PDA 等多种终端访问图书馆提供的电子资源，甚至可以定制服务，建立符合自己需要的个人图书馆，实现移动学习，从而使图书馆资源中心的作用得到最大限度的发挥。

3. 打造教育云环境

现在的科研、实验环境越来越复杂，信息越来越多，部分高校受资金、时间、资源及系统负载等因素的限制，一些项目和研究计划无法实施。云计算技术将有助于打造高校教学科研云环境，使这些项目和研究计划顺利进行。在这方面，IBM 已经与全球多所大学在云计算项目上进行了合作，这些大学利用 IBM "蓝云"解决方案加速推进教学和科研项目的实施。IBM 在教育和云计算领域的远见卓识将对全球教育机构现有的 IT 服务模式产生积极的影响。

4. 创设云学习平台

随着云计算模式的逐渐发展和普及，学校、教育机构和个人的信息处理会逐渐迁移到云上，这将对网络学习带来积极的影响。云计算将有助于构建包含学校教学环境（SLE）、群体学习环境（CLE）、学生个人自主学习环境（PLE）的教学环境和教学信息自动传递系统、教师指导调控系统、学生自主学习系统三类教学系统。学生可以通过云计算提供的环境、资源和服务，自由地选择学习内容和学习方式，实现网络学习。

5. 实现云协作办公

SaaS 是云计算提供的一种服务类型，它将软件作为一种在线服务来提供，这为学校提供了一个信息化建设参考方案。一些常用的应用软件如办公软件、电子邮件系统等可以采用云计算服务，学校接入这类云计算服务，可降低信息系统建设的成本，也可减少学校为维护和升级软件投入的费用。当采用云计算模式提供的云服务，如采用类似 Google Calendar 的日历管理工具和类似 Google Docs 的在线文档编辑工具时，用户只需要联网打开浏览器，即可实现在线日程协作安排、学习项目协作规划、教学活动协作管理、师生人员协作管理，以及文档、表格、演示文稿的共享与协作编辑，完成网上协作办公。

6.2　教育的移动互联时代

4G 网络技术的成熟，使移动互联网已经渗透并正在塑造每个行业。随着相关技术及设施、设备的发展，移动视频互动已经成为现实。移动互联网在教育行业的快速发展有利于在线教育逐渐摆脱互联网和计算机的限制，使碎片化时间的充分利用在移动终端上得到更具长尾效应的延伸，从而实现视频直播授课、实时公屏互动、即时课堂答题、课后作业批改、"班级圈"社交等一系列互动体验，让学习随时随地进行，不再受时间和空间的限制。

6.2.1　教育无边界

所谓无边界教育，是指跨越常规时间和地域界线所提供的教育。1998 年，澳大利亚学者在《新媒体与无边界教育：评全球媒体网络和高等教育相结合》一书中首次使用了"无边界教育"这一概念，其专指传统高等教育机构、公司、政府或非政府组织利用现代媒体网络、通信和信息技术跨地区提供的教育与培训。无边界仅仅是一种形象的表述，其内涵在于优质教育资源的共享，并进而形成理解、共存的教育体制，为学生提供符合其需求的教育。无边界也可以用 5 个"A"来概括：Anytime（任何时间）、Anywhere（任何地点）、Anyone（任何人）、Anycontent（任何内容）、Anyformat（任何形式）。无边界教育不仅体现了信息技术开放、共享、无处不在的无边界特性，更重要的是，作为对未来教育发展态势的一种预期，无边界教育使教育活动跨越了传统模式中的制度、形式、机构、空间和时间的边界，形成了一种信息时代的新型教育形态。

在移动互联时代，教育最大的特点在于打破一切边界，打破时间的边界、空间的边界、年龄的边界、虚拟和现实的边界，这些边界的打破才是移动互联时代教育真正的变革，其本质也在于此。移动互联时代的教育并不是对传统教育的颠覆，恰恰相反，它是教育本质的一种回归，因为真正的教育本应是以学习者为主体、满足个性化需求，并且伴随终生的过程。

随着智能技术的不断突破及"互联网+"在教育领域的进一步发酵、深入，可以预见，未来教育、未来课堂的边界将会无限大，学习将不再被国籍、语言、时间和空间所限制，教育公平不再是难以实现的梦想。

6.2.2 移动互联技术

1. 移动互联技术的定义

移动互联网是互联网与移动通信各自独立发展而后互相融合产生的，目前呈现出互联网产品移动化强于移动产品互联网化的趋势。从技术层面来讲，移动互联网是以宽带 IP 为技术核心，可以同时提供语音、数据和多媒体业务的开放式基础电信网络；而从终端层面来讲，移动互联网则表现为用户使用手机、笔记本电脑、平板电脑等移动终端，通过移动网络获取移动通信网络服务和互联网服务。移动互联网的核心是互联网，因此，一般认为移动互联网是桌面互联网的补充和延伸，其根本仍是应用和内容。

2. 移动互联技术的特点

虽然移动互联网与桌面互联网共享互联网的核心理念和价值观，但移动互联网具有实时性、隐私性、便携性、准确性、可定位等特点。移动互联网以运动场景为主，可利用碎片时间，可随时随地连接，其业务应用相对短小精悍。移动互联网的特点概括如下：

（1）终端移动性：移动互联网业务使用户可以在移动状态下接入和使用互联网服务，移动的终端便于用户随身携带和随时使用。

（2）业务使用的私密性：在使用移动互联网业务时，所使用的内容和服务更私密，如手机支付业务等。

（3）终端和网络的局限性：移动互联网业务在便携的同时，也受到了来自网络能力和终端能力的限制。在网络能力方面，其受无线网络传输环境、技术能力等因素的限制；在终端能力方面，其受终端大小、处理能力、电池容量等因素的限制。

（4）业务与终端、网络的强关联性：由于移动互联网业务受到了网络能力及终端能力的限制，因此，其业务内容和形式也需要适合特定的网络技术规格与终端类型。

3. 移动互联技术的分类

纵览移动互联网的发展历史和演进趋势，其关键技术主要包括终端技术、网络服务平台技术、移动网络接入技术、移动网络管理技术、应用服务平台技术和网络安全控制技术等。

1）终端技术

终端技术主要包括终端制造技术、终端硬件技术和终端软件技术。终端制造技术是集成机械工程技术、自动化技术、信息技术、电子技术等所形成的技术、设备和系统的统称。终端硬件技术是实现移动互联网信息输入、信息输出、信息存储与处理等技术的统称，一般分为处理器芯片技术、人机交互技术等。终端软件技术是通过用户与硬件间的接口界面同移动终端进行数据或信息交换的技术的统称，一般分为移动操作系统技术、移动中间件技术及移动应用程序技术等。

2）网络服务平台技术

网络服务平台技术是将两台或多台移动互联网终端设备接入互联网的计算机信息技术的统称。

3）移动网络接入技术

移动网络接入技术主要包括移动通信网络技术、无线局域网（WLAN）技术、无线 MESH 网络（WMN）技术、其他接入网络技术、异构无线网络融合技术等。移动通信网络技术作为移动互联网络的核心技术，经历了 1G、2G、3G 和 4G 时代，目前正在大力部署 5G 网络。5G 网络的目标是到 2020 年，相比于当前，数据流量增长 1000 倍，用户数据速率提升 100 倍，速率提升至 10Gbit/s 以上。无线局域网技术作为移动互联网络的另一个核心技术，目前正在发展采用 AC-AP 架构的 WLAN 解决方案，即无线控制器（AC）负责无线网络的接入管理、AP（接入点）的配置与监测、漫游管理及安全控制等，AP 只负责 802.11 报文的加解密。无线 MESH 网络技术作为移动通信网络技术的有效补充，是一种自组织、自配置的多跳无线网络技术，MESH 路由器通过无线方式构成无线骨干网，少数作为网关的 MESH 路由器以有线或无线方式连接到互联网。此外，其他接入网络技术包括小范围的无线个域网（WPAN）技术，如 NFC、Bluetooth、UWB、ZigBee、IrDA 等。

4）移动网络管理技术

移动网络管理技术主要有 IP 移动性管理技术和媒体独立切换协议两类。IP 移动性管理技术能够使移动终端在异构无线网络中漫游，是一种网络层的移动性管理技术，目前正在发展移动 IPv6 技术。移动 IPv6 协议有足够大的地址空间和较高的安全性，能够实现自动地址配置并有效解决三角路由问题。媒体独立切换协议就是 IEEE 802.21 协议，能解决异构网络之间的切换与互操作等问题。

5）应用服务平台技术

应用服务平台技术是通过各种协议把应用提供给移动互联网终端的技术的统称，主要包括云计算、Mashup、RSS、Widget、P2P、HTML5 等。

云计算是指服务的交付和使用模式，这种服务可以是与互联网相关的 IT（信息技术）、软件，也可以是其他任意服务。云计算的核心理念是统一管理和调度使用网络连接的大量计算资源，以计算资源池的方式为用户源源不断地按需提供服务。云计算使用分布式计算机而不是本地计算机或远程服务器来完成海量计算。

Mashup 将两种以上的使用公共或私有数据库的 Web 应用加在一起形成一个整合应用，它通过多种渠道将多个源的数据和应用功能糅合起来创建全新的服务。Mashup 的典型应用包括地图 Mashup、视频和图像、搜索和购物、新闻 Mashup、微博 Mashup 等。

RSS 是一种描述和同步网站内容的技术，是资源共享模式的延伸。RSS 技术被广泛用在时效性比较强的内容中。例如，在网站发布一个 RSSFeed，这个 RSSFeed 中包含的信息能直接被其他站点调用，从而使用户可以快速获取网站上最新的内容。

Widget 是一小块可以在任意基于 HTML 的 Web 页面上执行的代码，它的表现形式可以是视频、地图、新闻、小游戏等，其根本思想来源于代码复用。通常情况下 Widget 的代码形式包含 DHTML（动态超文本标记语言）、JavaScript 及 Adobe Flash。Widget 技术的特点包括：①适合小应用，用户操作简单；②一次编写，随处运行；③形态多样，超越了浏览器和客户端的传统分类。

P2P 实现了对等互联网络，用户终端之间不通过中介设备即可直接交换数据和资源。其本质是把集中处理和存储转化为分布式处理和存储，它改变了互联网以服务器为中心的状态，使网络应用的核心从中央服务器扩大到终端设备。

与以前的 HTML 版本相比，HTML5 提供了一些新的元素和属性，如嵌入了音频、视频、图片函数、客户端数据存储和交互式文档，内建了 WebGL，从而有利于搜索引擎进行索引整理，以及在手机等小屏幕装置上使用。

6）网络安全控制技术

网络安全控制技术主要分为移动终端安全技术、移动网络安全技术、移动应用安全技术和位置隐私保护技术。移动终端安全主要包括终端设备安全及其信息内容安全。移动网络安全技术重点关注接入网及 IP 承载网/互联网的安全。移动应用安全技术可分解为云计算安全技术和不良信息监测技术。位置隐私保护是当前移动用户最关心的问题，也是移动互联网安全的重要组成部分。

6.2.3 创造良好体验的交互技术

随着移动计算技术和互联网技术的发展，移动端学习的硬件技术条件已经成熟，软件技术环境也日趋完善，从而使移动学习成为可能。学习者可以随时随地学习，因为学习者和学习资源都是移动的，教师也可以随时随地更新和修改教学资源库，这使得教师和学习者可以充分利用移动互联创新技术随时随地交流互动，从而创造了良好的学习环境。

1. 交互学习的实现方式

智能手机支持 QQ、微信、E-mail、微博等基于 Web 2.0 的社交软件的运行，具备零技术障碍优势的社交软件为移动学习提供了良好的学习交流平台。一方面，它扩展了学习者的学习空间，带来了更多的学习资源和学习渠道；另一方面，它突破了时空限制，让学习过程与自由更好地交互融合，从而实现了各种动态的、非正式的知识获取和广泛自由的信息沟通。目前移动学习主要有三种实现方式：短信方式、WAP 方式和下载方式。

基于手机短信的移动学习是最简单、最快捷的移动学习方式。手机短信可使学习者之间、学习群体内部进行有限字符的通信，也可使学习者与在线教育平台服务器之间传送有限字符。

学习者在手机中输入在线教育平台的 URL 就可访问该平台，可以浏览网页、观看学习视频、完成作业练习、进行实时交互等，类似于学习者通过计算机进行学习。学习者利用智能手机访问在线教育平台不再受网络类型、网络结构、运营商的承载业务及终端设备的限制。随着带宽的提高、上网资费的降低，开发适用于移动学习的在线教育平台已成为教育行业发展的新趋势。

大多数的学习者倾向于通过下载方式来进行移动学习，原因在于这种方式不需要额外的费用。其不足之处在于需要事先下载，没有下载好的资源就没有开展移动学习的内容，而且下载资源要占用手机本身的存储空间。

2. App 交互技术

App 主要指安装在智能手机上的软件，教育类 App 具有灵活、操作性强、随时随地、互动性强等优势。App 交互技术则指智能手机应用软件的设计和开发技术。目前主流的 App 开发技术有三种：原生 App（Native App）、网页 App（Web App）和混合式 App（Hybird App）。

从智能手机出现就有原生 App 开发技术，原生 App 的 API 比较完善，但学习难度较高、开发成本较高、开发周期较长。原生 App 的优点：具有完美的用户体验；性能稳定；操作速度快；访问本地资源（通讯录、相册）；具有出色的动效、转场；拥有系统级别的贴心通知或提醒；用户留存率高等。原生 App 的缺点：分发成本高（不同平台有不同的开发语言和界面适配）；维护成本高（如一款 App 已更新至 V5 版本，但仍有用户在使用 V2、V3、

V4 版本，需要更多的开发人员维护之前的版本）；更新缓慢，根据不同平台，需要经过提交—审核—上线等较复杂的流程。

网页 App 利用 HTML、CSS 及 JavaScript 技术开发。因为其本身基于 Web 开发，所以有非常好的跨平台特性，可以在任意平台上运行，更新时可以随时部署，并且 Web 页面嵌入 WebView 开发时速度非常快。对有展示类需求的项目来说，采用这种方式是最适合的。当使用时，用户需要去服务器请求显示页面，因此，网页 App 对网络环境的依赖性较大。如果此时用户恰巧遇到网速慢、网络不稳定等情况，用户请求页面的效率就大打折扣，会出现不流畅、断断续续等不良感受。同时，由于 HTML5 技术自身渲染性能较弱，其对复杂的图形样式、多样的动效、自定义字体等的支持性不强。网页 App 的优势在于其更新完全自控、开发成本小、时间快；劣势在于其性能在网络弱及无网络条件下会变得很差，因此体验差。此外，由于相比原生 App，网页 App 的体验受限于网络环境和渲染性能，因此，在设计 HTML5 页面时，应注意简化不重要的动画/动效，简化复杂的图形文字样式，减少页面渲染的频率和次数。

混合式 App 开发技术混合了原生 App 和网页 App 的开发技术。混合式 App 的优势在于相对体验好、稳定性强、动态性强、成本相对低及跨平台等。其劣势在于对团队技术栈要求相对高，并且性能优化难度不亚于原生 App。因为依赖原生 API，所以混合式 App 的稳定性很强。

目前看来，网页 App 无法取代原生 App，因此，在未来一段时间内，会形成以混合式 App 为主的移动端开发技术。App 开发的成本、时间周期、性能优化、体验优化、动态性等将成为多数 App 关注的重点。

3. 移动校园交互技术

移动校园是一种基于传统互联网和移动互联网技术，以手机、平板电脑等小型化移动通信设备为信息载体，为学习者营造情景交互式的学习氛围，实现在学习环境、学习资源和学习活动上均以学习者为中心的虚拟校园。这里的校园在狭义上是指传统意义上的学校，如普通高等院校、中高职院校和广播电视大学等；在广义上是指有目的、有计划地开展社区教育、职业技能培训、师资培训、干部培训等各类培训的机构或组织。同样，这里提到的学习者不仅包括普通高等院校的在读学生、中高职院校和广播电视大学等学校的在职学生，还包括接受各类行业培训的社会工作者、社区学校学员等。因而，这里所说的学习者具备了分散、流动、无序等特点，学习者在年龄、职业和文化程度方面各不相同。

从物理空间上来说，移动校园必须覆盖学习者所在的所有区域，保证学习者在区域内的任何地点都能进行移动学习。目前飞速发展的移动通信技术为移动校园的构建创造了良好的条件和成熟的技术平台。现在，移动通信网络已基本覆盖全国各地，移动通信的传输速度也大大提高，从而使学习者可以在学习区域内的任何地点进行学习。

从移动通信终端角度来看，移动校园的终端设备应是大众普及的、携带方便的小型移动设备。以手机为主的移动通信终端功能日益强大，手机的功能越发不容小觑。同时，智能手机的市场价格持续下降，并且其具备的功能越来越近似于计算机，因此手机是理想的移动学习终端设备。

另外，构建移动校园还有一个不可或缺的条件：开展移动学习的背后需要有一套"一站式"服务平台，提供包括产品、技术研发、软硬件、培训支持、日常运营在内的全方位服务，从而保证学习者能在任何时间、任何地点进行移动学习。因此，构建移动校园的关键在于要有企业能够提供一个全方位服务的移动学习服务平台，以便确保移动学习的正常开展。从提供服务的模式来看，企业需要提供的是从信息化平台软件、微型课件资源到终身运营维护的"一站式"服务运营模式，需要全面负责服务器维护、平台开发、技术维护、软件升级和培训等工作。

从移动学习平台的服务内容来看，企业需要为用户建立庞大的微课云平台，为广大学校管理者、任课教师、学习者等用户提供各种移动终端上多类型的移动学习服务，使学校或各类培训机构的管理者、教师或培训师等平台使用人员可以在计算机端完成统一的学员管理、课程设置、课件制作、课件推送、学习资源发布等操作，并且向学习者提供在线的、实时的学习支持服务；学习者可以在手机上实时接收教师发来的各类教学、教务信息和微型课件等，也可以使用手机或其他移动终端设备完成课程选择、课程学习（文字、图片、音频或视频）、课程讨论、课程测试、个人学习档案查询等一系列的学习活动，并且与其他学习者或教师互相关注，对某一感兴趣的课程进行互动讨论，将自己的学习心得体会上传，一起完成学习目标，让学习过程变得更有趣，从而共同构建完整的社交型移动校园产品。

从目前移动校园的实际应用效果可以预见，移动校园在移动学习的开展过程中将占据日益重要的地位，移动校园的覆盖范围将不再局限于普通高等院校、中高职院校和广播电视大学。近年来，越来越多的企业意识到劳动者的培养和培训对企业发展的现实意义，并开始认同通过开展培训来提高员工知识技能的观念；同时，在建设全民学习、终身学习、构建学习型社会等政策的引导下，越来越多的社区居民对各类知识、技能的培训有了更高的要求与期待，这为移动校园开拓新的培训领域奠定了良好的市场基础。相信未来的移动校园能为全社会各行各业提供以学习者为中心的、没有围墙的虚拟校园。

6.3　教育的大数据时代

在信息社会，人们思考如何才能不被信息淹没，并能从中及时发现有用的知识，提高信息资源利用率，从而避免"数据爆炸但知识贫乏"的现象。近年来，在教育领域，"大数据"已经成为热点名词，与"在线教育"相呼应。从新东方、学大教育等教育机构发布的教育产品来看，几乎每款产品都会提到大数据技术。既然如此受重视，那么在当下教育领域，大数据有何特点，又有何作为？

6.3.1　无处不在的教育大数据

大数据作为信息技术发展的新趋势，已经渗透到各行各业，成为重要的驱动因素，并掀起行业变革的巨浪。随着我国教育信息化水平的不断提升，越来越多的学习管理系统在教育领域中被应用，数据化的学习信息和学生信息逐渐增多，而教育数据的海量增长，导致教育管理、教育服务、教学研究、教育评价等领域面临大数据问题，教育大数据时代已经悄然来临。如何分析与利用这些数据信息，不仅影响着信息交流、知识传递和学习效果，更在一定程度上影响着教学决策和学习模式优化，已经成为目前教育专家一致关注的焦点。

目前国内教育领域的大数据仍处于概念阶段，多数大数据应用也都处于较浅的层次。不过，随着教育大数据的不断积累和深入发展，大数据必将有利于个性化教育，对教学和管理产生深刻影响。

随着大数据概念不断升温，教育行业如今也被认为是大数据可以大有作为的一个重要应用领域。几乎每家不甘落后的教育机构都在拥抱大数据，把大数据当作在激烈竞争中脱颖而出的秘密武器。

教育机构的数据建设可以分为数据采集建设和数据应用建设。在数据采集建设期间，各种业务系统分头建设上线，逐步积累大量业务数据。应用这些业务数据就是数据应用建设。目前，多数教育机构业务系统大规模建设阶段已进入尾声，面对海量数据，很多教育机构开始思考如何利用这些数据以使其对教育机构提供强有力的支持。

2015 年国家大数据战略与"互联网+"行动计划的推出，为大数据理念与技术在教育领域的快速渗透和应用推广提供了强有力的保障。"十三五"期间，大数据与教育核心业务的融合，将成为驱动新一轮基础教育改革与发展的创新动力。

1. 教育数据资源开放程度不断提高

在大数据时代，作为社会大众共享的无形财富，公共数据开放已成为数据整合和共享应用的前提条件。目前，已有 40 多个国家开始推动本国公共数据的开放建设，并在全球范围内掀起了一股公共数据开放的热潮。作为公共数据的重要组成部分和基础内容，教育数据开放范围将越来越大，开放的程度将越来越高。在这一背景下，我国的教育政策有必要逐步走向开放，允许更多的企业和社会力量共同参与教育决策和治理。而教育数据的适度开放和合理运营将有助于减轻我国政府与教育机构的经济压力，同时激活更多的教育创新因子，从而多方协同提升教育的质量和服务水平。当然，随之而来的教育数据隐私与安全问题也将更加突出，这就需要通过技术、制度、培训等来保障教育大数据的安全。

2. 教育数据资源规模快速壮大

"十三五"期间，学习大数据与管理大数据的建设被写入各地教育信息化发展规划，教育大数据作为重要战略资产的意识将逐步加强。随着"三通"工程（宽带网络校校通、优质资源班班通、网络学习空间人人通）的进一步开展，以及全国各地数字校园、智慧校园、智慧城市建设步伐的不断推进，越来越多的教育数据能够被采集和分析，教育数据将会以几何级的规模递增。"两平台"（国家教育管理公共服务平台和国家教育资源公共服务平台）将成为国家教育数据网络的中心节点，带动全国教育数据资产快速累积。点阵数码笔、拍照搜题、物联感知、情境识别等这些便捷的教育数据采集设备和技术，将逐步融入教育的核心业务中，从而使每位教育利益相关者都成为教育大数据网络中的神经元，成为教育数据资产的创造体。

3. 教育数据资源应用效果显著提升

当前，国内已有一些学校和科研机构开展了教育大数据的应用研究与实践探索，在提高教育决策水平、助力教育资源均衡配置、优化教学效果等方面取得了初步成效。然而从整体来看，我国基础教育领域的大数据应用仍然比较零散，缺乏成熟的应用推广模式。如何进一步扩大教育大数据的应用范围和价值，是"十三五"期间基础教育大数据发展的重点任务。随着全国各地教育大数据研究机构、教育大数据行业企业及学校力量的加入，教育数据创新应用的广度和深度都将大为拓展。教育大数据在促进公平、提升教育质量、减轻学业负担、改革考试招生制度等方面将发挥越来越重要的作用。

4. 教育大数据行业生态逐步完善

国内教育大数据行业快速发展的趋势已经显现，如市场上已经出现了不少教育大数据的相关产品（包括题库类产品、适应性学习平台类产品、学习预警类产品等），用户规模也在逐步扩大。虽然教育大数据行业存在专业人才缺乏、产品同质现象严重、行业标准与规范缺失等诸多问题，但随着我国教育信息化政策环境的逐步完善及行业结构的逐步优化，有望在"十三五"期间形成和谐健康的教育大数据行业生态。基础设施提供商、数据采集服务提供商、数据挖掘与分析服务提供商、数据应用服务提供商、数据安全服务提供商、终端用户、教育行政部门及教育大数据标准研制单位等诸多角色通过合理分工、有效协同，将推进教育大数据行业持续有序发展。

5. 大数据专门人才培养备受重视

专业人才缺乏是制约我国教育大数据发展的重要因素。为此，国内部分高校纷纷开设大数据相关专业及课程以培养高质量的大数据专门人才。较之其他行业，教育行业具有独特性和复杂性，需要一批既懂教育又掌握大数据核心技术的高端人才。基于此，国内高校在"十三五"期间依托教育技术专业或增设新的专业，或者与企业、行业联合开设教育大数据系列课程，从而培养高端的教育大数据专门人才。

6.3.2 教育大数据分析与可视化

教育大数据分析与可视化使隐藏在数据中的规律得以彰显，是教育决策的重要支撑。

1. 什么是教育大数据可视化

1）大数据可视化的要素与价值

对于大数据可视化的定义，目前存在多种不同的观点。有研究者认为，大数据可视化仅仅是计算可视化的延伸与扩展，只是将抽象数据直观地表达出来，其可视化对象为空间数据，与信息可视化、知识可视化既有交叉又有不同。也有研究者认为，大数据可视化是一个不断演变的概念，人们正在接受同时涵盖科学可视化与信息可视化的新生术语，它还包含知识可视化的内容。大数据可视化的范围也有不同的划分。有研究者认为，大数据可视化由统计图形和主题图组成，主要是信息的呈现。也有研究者认为，大数据可视化主要包括思维导图、新闻的显示、数据的显示、连接的显示、网站的显示、文章与资源、工具与服务等方面，范围更加广泛。

大数据可视化技术的特征主要包括：直观化、关联化、艺术化、交互性。直观化是指直观形象地呈现数据，使用户可以看到分析对象或事件的多个属性、变量，并且数据可以按其每一维的值分类、排序、组合和显示。关联化是指挖掘并突出呈现数据之间的关联，直接快捷地弄清各个属性之间、事件之间的关系。艺术化是指通过不同的表现形式，增强数据呈现的艺术效果，使其符合审美规则。交互性是指通过用户与数据的交互，增强用户对数据的控制与管理，实现可视化形式的个性化呈现。

2）可视化设计，发现数据之美

大数据可视化起源于 1960 年的计算机图形学，当时人们使用计算机创建图形、图表，将数据提取出来，从而呈现数据的各种属性和变量。大数据可视化应有适当的交互性，必须设计良好、易于使用、易于理解、有意义，这样才更容易被人接受。

饼图、直方图、散点图、柱状图等，可以说是最原始的统计图表，它们是大数据可视化最基础、最常见的应用。它们作为统计学工具，可用于创建一条快速认识数据集的捷径，并传达存在于数据中的基本信息。正因为如此，在大量 PPT、报表、方案中都能见到这些统计图表的身影。

但以上最原始的统计图表只能呈现基本的信息，面对复杂或大规模异型数据集，比如商业分析、财务报表、人口状况分布、媒体效果反馈、用户行为数据等，大数据可视化要处理的状况会复杂很多，可能要经历包括数据采集、数据分析、数据治理、数据管理、数据挖掘在内的一系列复杂数据处理，然后由设计师设计一种表现形式，如立体的、二维的、动态的、实时的、交互的等，最终由工程师创建对应的可视化算法及技术实现手段，包括建模方法、处理大规模数据的体系架构、交互技术、放大缩小方法等。另外，动画工程师会考虑表面材质、动画渲染方法等，交互设计师也会介入进行用户交互行为模式的设计。

所以，一个大数据可视化作品或项目的创建，需要多领域专业人士的协同工作。

3）个性化可视教育，实现"聪明地学习"

以前主要通过测试成绩来评价学生的知识掌握程度，这种评价机制是有缺陷的。应用大数据可以对学生进行科学评价，这样就可以让教师及时调整教学方案，真正地实现个性化教育。

大数据与传统数据的区别在于，大数据使教师对"数据"的理解更为深入，并且使教师有能力去关注每个学生的微观表现——学生在什么时候学习过一段视频，看过哪篇文章，在一道题上逗留了多久，会向多少同班同学发起主动交流等。

学生只要学习了相关课程，就能通过软件产生学习轨迹。该软件会根据数据分析每位学生的实际学习情况，并最大限度地将学习过程可视化，然后开放给教师和家长，从而帮助他们更了解学生。

2. 如何实现教育大数据分析与可视化

教育大数据分析是指在研究大量数据的过程中，寻找模式、相关性和其他有用的信息，以便帮助教育机构更好地适应变化，并做出更明智的教育教学决策。所选择的大数据分析工具在教育大数据分析与可视化过程中起着主要作用，直接决定了所采集数据的格式、采集方式、分析方法及分析结果等。以下介绍几个典型的大数据分析平台和工具。

1）Hadoop

Hadoop 是一个能够对大量数据进行分布式处理的软件框架，它以一种可靠、高效、可伸缩的方式进行数据处理。Hadoop 一开始就假设计算元素和存储会失败，因此，它维护多个工作数据副本，确保能够针对失败的节点重新分布处理。它以并行的方式工作，通过并行处理来加快处理速度。Hadoop 是一个能够让用户轻松使用的分布式计算平台。用户可以轻松地在 Hadoop 上开发和运行处理海量数据的应用程序。它主要有以下几个优点：

（1）高可靠性。Hadoop 按位存储和处理数据的能力值得人们信赖。

（2）高扩展性。Hadoop 是在可用的计算机集群间分配数据并完成计算任务的，这些集群可以方便地扩展到数以千计的节点中。

（3）高效性。Hadoop 能够在节点之间动态地移动数据，并且保证各个节点的动态平衡，因此处理速度非常快。

（4）高容错性。Hadoop 能够自动保存数据的多个副本，并且能够自动将失败的任务重新分配。

2）Storm

Storm 是自由的开源软件，是一个分布式的、容错的数据流处理系统。Storm 可以非常可靠地处理庞大的数据流，可用于处理 Hadoop 的批量数据。Storm 是 Twitter 开源的分布式实时大数据处理框架，最早开源于 GitHub，后来归于 Apache 基金会，被称为实时版 Hadoop。它可以把任务分配给不同类型的组件，使每个组件负责处理一项特定的任务。

对于一个 Storm 集群，一个连续运行的主节点组织若干工作节点工作。主节点中运行着一个叫作 Nimbus 的守护进程，负责任务分配、运算代码分发及集群运行状态监控等管理工作。工作节点上运行着 Supervisor 守护进程和众多 Worker 进程，每个 Worker 进程又可以包含多个工作线程 Task。主从节点都是通过 Zookeeper 完成协调工作的。

Storm 有许多应用领域：实时分析，在线机器学习，不停顿计算，分布式 RPC，数据抽取、转换和加载等。Storm 的处理速度惊人，经测试，每个节点每秒钟可以处理 100 万个数据元组。Storm 具有高可扩展性、高容错性，很容易进行设置和操作。

3）RapidMiner

RapidMiner 是世界领先的数据挖掘解决方案，其数据挖掘任务涉及范围广泛，包括各种数据艺术，能简化数据挖掘过程的设计和评价。其功能和特点包括：免费提供数据挖掘技术和库；100%使用 Java 代码（可运行在操作系统上）；数据挖掘过程简单、强大和直观；内部 XML 保证了使用标准化的格式来表示数据挖掘过程；可以用简单脚本语言自动进行大规模进程；多层次的数据视图，可确保有效和透明的数据；自动大规模应用命令行（批处理模式）；具有 Java API（应用编程接口）；简单的插件和推广机制；强大的可视化引擎，可进行尖端高维数据的可视化建模；有 400 多个数据挖掘运营商支持。

目前，耶鲁大学已成功地将其应用在许多领域，如文本挖掘、多媒体挖掘、功能设计、数据流挖掘、集成开发方法及分布式数据挖掘等。

4）Pentaho BI 平台

Pentaho BI 平台是一个以流程为中心的、面向解决方案的框架。其目的是将一系列企业级 BI 产品、开源软件、API 等组件集成起来以方便商务智能应用的开发。它的出现使一系列面向商务智能的独立产品如 Jfree、Quartz 等，能够集成在一起，构成复杂的、完整的商务智能解决方案。

Pentaho BI 平台的中枢控制器是一个工作流引擎，该引擎使用流程定义来定义在 Pentaho BI 平台上执行的商业智能流程。Pentaho BI 平台包含组件和报表，用以分析这些流程的性能。目前，Pentaho BI 平台的主要组成元素包括报表生成、分析、数据挖掘和工作流管理等。这些组件通过 J2EE、Web Service、SOAP、HTTP、Java、JavaScript、Portals 等技术集成到 Pentaho BI 平台中。

Pentaho BI 平台主要以 Pentaho SDK 的形式发行。Pentaho SDK 共包含五个部分：Pentaho 平台、Pentaho 示例数据库、可独立运行的 Pentaho 平台、Pentaho 解决方案示例和一个预先配置好的 Pentaho 网络服务器。其中，Pentaho 平台是 Pentaho BI 平台最主要的部分，囊括了 Pentaho BI 平台源代码的主体；Pentaho 示例数据库为 Pentaho BI 平台的正常运行提供了数据服务，包括配置信息、解决方案相关的信息等，对于 Pentaho BI 平台来说，它不是必需的，可以通过配置用其他数据库服务来代替；可独立运行的 Pentaho 平台是 Pentaho BI 平台独立运行模式的示例，它演示了如何使 Pentaho BI 平台在没有应用服务器支持的情况下独立运行；Pentaho 解决方案示例是一个 Eclipse 工程，用来演示如何为 Pentaho

BI 平台开发相关的商业智能解决方案。

5）Spark

Spark 是专为大规模数据处理而设计的快速通用的计算引擎。它是加州大学伯克利分校的 AMP 实验室所开源的类 Hadoop MapReduce 的通用并行框架，可用来构建大型的、低延时的数据分析应用程序。它拥有 MapReduce 所具有的优点，但不同于 MapReduce 的是，在 Spark 中，Job 中间输出结果可以保存在内存中，从而不再需要读写 HDFS，因此，Spark 能更好地适用于数据挖掘与机器学习等需要迭代的 MapReduce 算法。

Spark 是一种与 Hadoop 相似的开源集群计算环境，但是两者存在一些不同之处。Spark 启用了内存分布数据集，除了能够提供交互式查询，它还可以优化迭代工作负载。Spark 提供的是高级 API，剥离了对集群本身的关注，因此，Spark 应用开发者可以专注于应用所要做的计算本身。Spark 支持交互式计算和复杂算法，同时它是一个通用引擎，可用来完成各种各样的运算，包括 SQL 查询、文本处理、机器学习等，而在 Spark 出现之前，一般需要学习各种各样的引擎来分别处理这些需求。综上所述，Spark 表现出了高效性、易用性、通用性等大数据处理方面的优势。

除了以上提及的平台和工具，还有很多其他优秀的大数据分析与可视化平台和工具，如日志管理工具 Splunk、大数据预测分析建模工具 EverString、大数据分析与可视化平台魔镜大数据平台等。

6.3.3 教育数据挖掘技术及其应用

教育数据挖掘是利用计算机和心理学方法来研究与理解学生是如何学习的。早期的教育数据挖掘主要是指网站日志数据挖掘。现在新的计算机技术支持的交互式学习方法和工具智能辅导系统、仿真、游戏，为量化和收集学生行为数据带来了新的机会，特别是更加集成、更加模块化和更加复杂化的在线教育平台提供了更多类型的数据，其中包含了数据挖掘算法需要的许多变量。教育数据挖掘能发现这些数据中的模式和规律，探索建立预测模型，让我们重新发现和预测学生的学习。预测模型在建立自适应学习系统中扮演一个关键角色，基于预测模型的适应和干预被用于改变学生下一次的学习体验，甚至用于推荐额外的学术服务以支撑他们的学习。

1. 数据挖掘及其技术

数据挖掘是从大量的数据中抽取潜在的、有价值的知识（模型或规则）的过程，是一类深层次的数据分析方法。它是一门交叉学科，包括机器学习、数理统计、神经网络、数据库、模式识别、粗糙集、模糊数学等相关技术。数据挖掘技术主要包括三部分：算法和技术、数据、建模能力。

2. 数据挖掘在教育中的应用

1）学习者特征分析

学习者特征由学习者的知识结构和学习风格组成。知识结构说明了学习者对正在或将要学习知识的掌握情况，主要包括学习者的初始技能、当前技能和目标技能。学习风格包括学习者的生理特征、心理特征和社会特征三方面。利用数据挖掘功能分析学习者特征，目的是帮助学习者修正自己的学习行为。通过对比学习者特征分析结果和事先制订的行为目标标准，教师能够帮助学习者修正学习行为，提高学习能力，完善人格，有利于学习者各方面素质的和谐发展。

2）干预师生行为

学校教学管理数据库中记录着各届学生学习、教师工作的相关情况，可利用数据挖掘的关联分析与演变分析等功能，寻找师生各种行为活动之间的内在联系。例如，在实际情境中，如果发现学生或教师已有 A、B 行为时，可以马上分析其产生 C 行为的可能性，及时制订策略促进或制止 C 行为的发生。

3）合理设置课程

在学校，学生的课程学习是循序渐进的，而且课程之间有一定的关联与前后顺序关系。利用学校教学数据库中存放的历届学生各门学科的考试成绩，结合数据挖掘的关联分析与时间序列分析等相关功能，就能从这些海量数据中挖掘有用的信息，分析这些数据之间的相关性、回归性等性质，得出一些有价值的规则和信息，最终找到影响学生成绩的原因。在此基础上，可对课程设置做出合理安排。

4）学习评价

学习评价是教师的重要职责之一。评定学生的学习行为，既可对学生起到信息反馈和激发学习动机的作用，又可作为检查课程计划、教学程序及教学目的的手段，也可用来考查学生的个体差异，便于因材施教。评价要遵循"评价内容要全面、评价方式要多元化、评价次数要多次化、注重自评与互评的有机结合"的原则。在教学科研网络普遍建立的今天，利用数据挖掘工具对学生的学习成绩数据库、行为记录数据库、奖励处罚数据库等进行分析处理，教师可以及时对学生进行评价，并及时纠正学生出现的不良学习行为。

5）个性化、智能化的远程教育

个性化、智能化的远程教育是充分利用数据挖掘技术的功能来为远程教育提供服务。例如，利用学生登记信息，针对不同的学生，提供不同的学习内容和学习模式，真正做到因材施教，并对学生的学习记录进行保存；对于站点上保存的学习行为和学习记录信息进行挖掘，结合课件知识库的信息，自动重组课程的内容，使之更符合教学规律，并且可结合内容，提供其他相关学习资源；通过对学生学习行为的挖掘，发现学生的浏览模式，自动重构页面之间的链接以符合学生的访问习惯。个性化、智能化的远程教育系统模型将涉及课件知识库、学习行为数据库、个人学习记录数据库这三个大型数据库。此外，其实现还需要构建智能学习系统、个性界面生成系统、智能挖掘系统、智能重组系统。

6.3.4 借助大数据资源增进"教"与"学"

在教育特别是在学校教育中，数据成为教学改进最为显著的指标。通常，这些数据主要是指考试成绩，此外也可以包括入学率、出勤率、辍学率、升学率等。对于具体的课堂教学来说，学生识字的准确率、作业的正确率、多方面发展的表现率等数据应该能说明教学效果。

1. 教育大数据助力教学改革

近年来，越来越多的网络在线教育和大规模开放式网络课程面世，使教育领域的大数据获得了更为广阔的应用空间。专家指出，大数据将掀起新的教育革命，比如革新学生学习、教师教学、教育政策制定的方式与方法。

教育领域中的大数据分析最终目的是改善学生的学习成绩。培养成绩优异的学生对学校、对社会、对国家来说都是好事。学生作业和考试中的一系列重要信息往往被常规的研究所忽视，而通过分析大数据，我们就能发现这些重要信息，并利用它们来改善学生的成绩、出勤率、辍学率、升学率等。

美国教育部门创造了"学习分析系统"，即数据挖掘、模块化和案例运用的联合框架。"学习分析系统"旨在向教育工作者提供关于学生"怎样学习"的更多、更好、更精确的信息。

2. 教育大数据市场前景广阔

美国的一些企业已经成功地将教育中的大数据商业化运作。全球最大的信息技术与业务解决方案公司 IBM 就与美国亚拉巴马州的莫白儿县公共学区进行大数据合作，结果显示，大数据对学校的工作具有重要作用。当 IBM 刚刚开始与这一学区合作时，除了学生成绩不好，该县还面临着辍学率已增加到 48% 的严峻情况。根据联邦政府的《不让一个孩子掉队法案》，学生成绩糟糕的地方政府将受到惩罚。为了应对这一巨大的挑战，该县此前已经在学生数据的基础上建立了一个辍学指示工具，并将其用于全县层面的决策。但是 IBM 认为这仍不足以改善其窘迫现状，需要借助 IBM 的技术重新建立大数据，进而利用大数据分析来改善该学区内所有学生的整体成绩。

在美国的教育大数据领域，除了处于领先地位的 IBM，还有像"希维塔斯学习"（Civitas Learning）这样的新兴企业。"希维塔斯学习"是一家专门聚焦于运用预测性分析、机器学习等工具来提高学生成绩的年轻公司。该公司在高等教育领域建立了最大的跨校学习数据库，这些海量数据能够显示学生的分数、出勤率、辍学率和保留率的变化趋势。通过使用 100 多万名学生的相关记录和 700 万个课程记录，这家公司的软件能够让用户知道导致辍学和学习成绩不好的原因。此外，其还允许用户发现那些导致无谓消耗的特定课程，并且看出哪些资源和干预是最成功的。

总部位于加拿大安大略省沃特卢的教育科技公司"渴望学习"（Desire2Learn）已经面

向高等教育领域的学生推出了基于学生过去的学习成绩数据预测并改善未来学习成绩的大数据服务项目。这家公司的新产品名为"学生成功系统"（Student Success System）。"渴望学习"声称加拿大和美国的 1000 多万名高校学生正在使用其学习管理系统技术。"渴望学习"的产品通过监控学生阅读电子化的课程材料、提交电子版的作业、在线与同学交流、完成考试与测验，就能让其计算程序持续、系统地分析每个学生的教育数据。教师得到的不再是过去那种只展示学生分数与作业的结果，而是像阅读材料的时间长短等这样更为详细的重要信息，这样教师就能及时诊断问题所在，提出改进建议，并且可预测学生的期末考试成绩。

美国的"梦盒学习"（Dream Box Learning）公司和"纽顿"（Knewton）公司这类领先的开发者已经成功创造并发布了各自版本的、利用大数据的适应性学习（Adaptive Learning）系统。在 2012 年国际消费电子展的高等教育技术峰会上，世界上最大的教育出版公司培生（Pearson）集团与适应性学习领域的先行者纽顿公司共同发布了主要由培生集团开发的适应性学习产品——"我的实验室/高手掌握"（MyLab/Mastering）。这款产品将在全球范围内向数百万名学生提供个性化的学习服务，向他们提供真实可信的学习数据，让学校通过这些数据提高学生的学习效果并降低教学成本。首款产品包括数学、英语，以及写作等技能开发课，将在美国的数十万名学生中使用。纽顿公司的创始人、首席执行官何塞·费雷拉和培生集团高等教育分公司的总裁格雷格·托宾共同出席了发布会并介绍了合作的细节，讨论了高等教育的未来。雷格·托宾说："个性化学习是未来教育的一个关键点。我们把纽顿公司的技术整合到'我的实验室/高手掌握'这个产品中，是整个行业进入个性化教育新时代的引领风气之举。" 何塞·费雷拉说："从今年秋季起，培生集团的课程材料将在纽顿公司技术的支持下，开始适应性地满足每个学生独特的学习需求。学生能够生成大量有价值的数据，纽顿公司可以分析这些数据，以此确保学生以最有效、最高效的方式学习。这是教育的一个新的前沿领域。"按照已经达成的协议，这两家公司将进一步扩大合作，把大学数学、大学统计学、大学一年级作文、经济学及科学等领域纳入其产品中。

此外，由总部设在美国纽约的麦格劳-希尔（McGraw-Hill）公司、总部设在英国伦敦的培生集团和其他出版公司共同开发的"课程精灵"（CourseSmart）系统，允许教师通过让学生使用电子教科书来跟踪他们的学业进展，并向助教显示学生的学习参与度和学习成绩等大量的数据信息，只是这一系统尚不具备预测的功能。

3. 教育大数据让考试变得更科学

教育中的数据挖掘是迈向大数据分析的一项主要工作。教育领域最近的趋势是允许研究者积累大量尚未结构化的数据。结构化的数据是从教育部门多年的数据——特别是考试成绩和出勤记录收集而来。互动性学习的新方法已经通过智力辅导系统、刺激与激励机制、教育性的游戏等产生了越来越多的尚未结构化的数据。这些更加丰富的数据能给研究者带来比过去更多的探究学生学习环境的新机会。

监测学生"如何考试"能让研究者有效定性学生的学习行为。大数据要求教育工作者必须超越传统，不能只追求学生的正确答案，也要关注学生朝着正确答案努力的过程。在一次考试中，学生个人和整体在每道题上花费了多少时间？最长时间是多少？最短时间是多少？平均时间又是多少？哪些此前已经出现过的问题学生答对或答错了？哪些问题的线索让学生获益了？通过监测这些信息，形成数据档案，教育工作者能够了解学生为了掌握学习内容而进行学习的全过程，并向学生提供个性化的学习模式。

监控学生的每个学习行为是可能的。为了促进学生的学习成绩，我们需要知道学生回答一个问题用了多少时间、回答这个问题使用了哪些资源、哪些问题被跳过了、为了回答这个问题学生做了哪些研究工作、这个问题与其他已经回答的问题之间存在什么关系，以及教师对每个学生提供什么样的建议。学生写作业和答题的信息能立即被自动监测，教师还能在第一时间将这些信息反馈给学生。

用这些学生学习的行为档案创造适应性的学习系统能够提升学生的学习效果。利用学生"如何学习"这样重要的信息，考试的出题者就能为学生量身定制适合学生的个性化问题，并设计能够促进记忆力的线索。通过分析大数据，研究者发现从教育的效果上来看，当被问到一系列难度逐渐增加且互相关联的问题时，学生的表现要好于被问到围绕一个知识点随机挑选出的问题的表现。美国研究生入学考试中的适应性考试已经显示出朝这一方向努力的趋势。

4. 教育大数据的应用价值

如何收集数据对于数据未来的使用性非常重要。接收数据汇入背后的挑战是从一开始就要对数据标准化，以便今后对数据进行仔细分析。这样做并不意味着只要将未结构化的数据转化为结构化的数据就完成任务了，而是要用直观的方法对接收的数据进行分类。教育工作者和研究者已经开发出从大数据中提取价值的五种主要的技术：

（1）预测（Prediction）——获知预料中的事实的可能性。例如，要具备知道一个学生在什么情况下有能力回答正确但却有意回答错误的可能性。

（2）聚类（Clustering）——发现自然集中起来的数据点。这对于把有相同学习兴趣的学生分在一组很有用。

（3）相关性挖掘（Relationship Mining）——发现各种变量之间的关系，并且对其进行解码，以便今后使用。这对探知学生在寻求帮助后能够正确回答问题的概率很有帮助。

（4）升华人的判断（Distillation for Human Judgment）——建立可视的机器学习模式。

（5）用模型进行发现（Discovery With Models）——使用通过大数据分析开发的模型进行"元学习"（Meta-study）。

运用以上技术就能够通过大数据来创建支持学生成绩提高的学习分析系统。研究者相信这些技术将帮助教育工作者更加有效地指导学生朝着更加个性化的学习进程迈进。

总而言之，教育大数据的使用有利于我们为每位学生创设一个量身定做的学习环境和个性化的课程，并创建一个早期预警系统以发现导致开除和辍学等的潜在风险因素，从而为学生的多年学习提供一个富有挑战性的学习计划。

6.4　人工智能技术是教育智能化的核心

在教育领域，如何有效地对师生之间的各种教学行为进行跟踪、分析、控制，是教育智能化需要解决的任务。其中，智能控制是关键技术。所谓智能控制是通过定性与定量相结合的方法，针对问题的复杂性与不确定性，有效自主地实现信息的处理、优化决策与控制功能。当问题复杂度较高时，需要引入人工智能技术来实现系统的智能化。所以，人工智能技术是教育智能化的核心技术。

人工智能是研究、开发用于模拟、延伸和扩展人的智能的理论、方法、技术及应用系统的一门学科。它于 20 世纪 50 年代中期兴起，目前已经是世界的三大尖端技术（空间技术、能源技术和人工智能技术）之一。人工智能的定义可以分为两部分："人工"和"智能"。由于人类对自身智能的理解比较有限，"智能"的定义存在争议，进而也很难定义什么是"人工"制造的"智能"。美国麻省理工学院温斯顿教授认为："人工智能就是研究如何使计算机去做过去只有人才能做的智能工作。"

在计算机领域，人工智能的研究方向主要有模式识别、自然语言理解、图像处理、语音处理、智能信息检索、专家系统等。随着人工智能技术的日渐成熟，它的一些研究成果也陆续被应用到教育领域，推动了教育发展、改革及教学现代化进程。目前应用在教育领域的人工智能技术主要有数据自动获取、智能搜索、知识挖掘。

6.4.1　数据自动获取

随着互联网的飞速发展和其应用的快速普及，网络中的资源也以惊人的速度增长，这为教育领域提供了更为丰富和全面的教学资源。"教育大数据"这个概念已经越来越多地被提及，人们用它来定义信息爆炸时代产生的海量教育数据。教育大数据在带来机遇的同时，也意味着多方面的困难和挑战。其中，最突出的挑战就是如何在海量数据中提取有用的教育数据，而这需要用到数据获取技术。数据获取是通过建模或特定的方法在巨大的数据资源中进行收集和分析以得到最需要的数据的过程。

网络数据获取的方式有很多，其中最经典的是网络爬虫。网络爬虫（又称网页蜘蛛、网络机器人）是按照一定的规则，自动地从互联网上抓取网页的程序。网络爬虫是一个复杂的软件体系，必须具有良好的框架结构和智能的搜索策略。搜索策略主要是确定抓取网页的顺序，目前一般有两种：广度优先和深度优先。广度优先首先抓取给定起始网页中链接所指的所有网页，然后继续抓取在这些网页中链接所指的所有网页，以此类推继续往下抓取。深度优先是从起始页开始，一个链接一个链接地跟踪下去，处理完一个链接之后再转入下一个链接，以此类推继续抓取。网络爬虫往往有不同的用途和目的，因此其结构和策略也有很大的差异。按照抓取范围的不同，网络爬虫可以分为通用爬虫和主题爬虫。其中，通用爬虫所使用的搜索策略一般选择广度优先，主要是为了尽可能多地覆盖互联网。与通用爬虫不同，主题爬虫抓取目标并不追求大的覆盖面，而是尽可能多地抓取与某一特定主题内容相关的网页，为面向特定主题的用户查询准备数据资源以供用户搜索、浏览。例如，在线教育平台通过使用主题爬虫来收集互联网上的教育信息并存储在其数据库中，当用户输入相关搜索信息时，这些数据就会展示给用户。

6.4.2 智能搜索

在浩瀚的信息海洋中，人们只有依靠搜索引擎才不至于迷失方向，才能迅速找到所需的信息。国内代表性的搜索引擎有百度、搜狗、搜搜等。一般而言，一个搜索引擎由搜索器、索引器、检索器和用户接口四个部分组成。搜索器的功能是在互联网中漫游，从而发现和收集信息；索引器的功能是理解搜索器所搜索的信息，从中抽取索引项，用于表示文档及生成索引库；检索器的功能是根据用户的查询在索引库中快速检索文档，进行文档与查询的相关度评价，对检索到的结果进行排序，并且实现用户相关性反馈机制；用户接口的功能是让用户输入查询、显示查询结果、提供用户相关性反馈机制。

各种搜索引擎的功能侧重并不一样，有的是综合搜索，有的是商业搜索，有的是软件搜索，有的是知识搜索。单一的搜索引擎不能完全提供人们需要的信息，需要一种更智能化、个性化的搜索引擎，于是智能搜索引擎随之诞生了。智能搜索引擎在传统搜索技术的基础上，把人工智能等领域的研究成果加入搜索引擎中，大幅度提高了搜索的准确性，使搜索引擎更加人性化、精准化。目前，智能搜索主要是基于语义网的智能化搜索技术进行的，其搜索特点如下：

（1）语义扩展搜索方式：可以有效地解决用户在语义搜索中出现的各种问题。例如，用户在进行语义搜索时，可能会出现语义描述概念模糊、无法给出精准搜索关键词等情况，语义网智能化搜索技术中的同义词扩展搜索方式可以解决上述问题。

（2）"问答式"搜索方式：按照用户提出的问题，直接回应用户，并提供相关的搜索结果。这种"问答式"的搜索方式，就像系统与人的沟通交流，当人提出问题时，系统马上回应。语义网智能化搜索技术可利用语义推理方法从知识库中检索用户所需的结果。

在网络教育中，智能搜索也称智能兴趣代理，目前已得到了广泛的应用。智能兴趣代理就是不断地对学生学习行为进行收集、分析，了解和掌握学生学习的情况、需求、兴趣等。当学生进入系统学习时，系统会提供符合其个性的学习资源，从而达到个性化教学服务的目的；当学生进行检索时，系统会实现查询的个性化和相关的语义扩展。

智能兴趣代理系统是建立在语义网知识表示的基础上的。语义网是知识表示中最重要的方法之一，它是一种表达能力强且灵活的知识表示方法。从图论的观点来看，语义网是一个带标记的有向图，能十分自然地描述客体之间的关系。例如，用语义网表示"计算方法"这门课的选修规定："计算方法"的先修课有"C语言程序设计""高等数学""线性代数""概率论与数理统计"；而"线性代数"和"概率论与数理统计"的先修课是"高等数学"，如图6-1所示。图中的5个节点分别代表5个概念："计算方法""C语言程序设计""高等数学""线性代数""概率论与数理统计"；6条边分别代表概念节点间的选修关系。

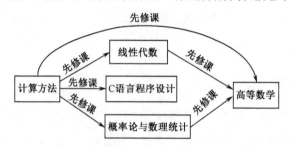

图 6-1　用语义网表示"计算方法"这门课的选修规定

智能兴趣代理系统通过不断地收集学生对检索结果的反馈信息，逐渐建立各概念节点的横向联系，并且通过对学科子树上的各节点及节点之间的关系进行计算，得到学生兴趣点的概念及相关概念的排序，即不仅能得到学生感兴趣的关键词，还能得到学生所感兴趣的一组相互有关联的兴趣词，以此来确定学生的兴趣。

6.4.3　知识挖掘

随着全球范围内存储数据量的急剧增加，人们的需求不再只是简单的查询，而是希望能够得到数据的总体特征及预测其发展趋势，这些都需要对数据进行高层次的处理、分析，即知识挖掘。知识挖掘是从数据集中识别有效的、新颖的、潜在有用的，以及最终可理解的模式的非平凡过程。

由于知识挖掘是一门新兴学科，是一门受到来自不同领域的研究者关注的交叉性学科，目前其已经在越来越多的领域被采用，并取得了较好效果。因此，除了称为"知识挖掘"，它还被称为"数据发现""数据开采""知识发现""智能数据分析"等。知识挖掘把数据库技术、人工智能、统计学等结合了起来。常用的知识挖掘方法如下：

（1）关联规则挖掘：侧重于确定数据中不同域之间的关系，找出满足给定条件下的多个域间的依赖关系，它的挖掘对象一般是大型数据库，挖掘结果可以用各种可视化方法呈现。

（2）聚类分析：按一定的规则和特征对事物进行聚类，使每类具有较高的类似度，它主要用于分析数据的分布、提取各数据类的特征、确定所感兴趣的数据类，以便做进一步的分析。

（3）分类分析：按一定的规则和特征对事物进行分类，是一个以样本数据集为基础的归纳学习方法，其具体技术包括深度神经网络、支持向量机、决策树等。

（4）粗集技术：作为不确定性计算的一个重要分支，它的特点是不需要预先给定某些特征或属性的数量描述，而是直接从给定问题出发，根据数据不可分辨关系和数据不可分辨类别，对数据进行分析和推理，从而找出该问题的内在规律。

（5）遗传算法：是基于进化论优胜劣汰、适者生存的物种遗传思想的搜索算法，遗传算法模拟生物进化过程，将群体（个体的集合）作为处理对象，利用遗传操作（交换和突变）使群体不断"进化"，直到找到满足要求的最优解为止，即首先对求解的问题进行编码，产生初始群体，然后计算个体的适应度，最后进行染色体的复制、交换、突变等操作，优胜劣汰，直到出现最佳方案为止。

知识挖掘在虚拟教育中也有很多应用。利用知识挖掘可得到网站某一页面的访问人数和频率、用户在线学习时间等统计数据，这不但能让教师直观地获得学生学习的情况并对其学习进行评价，而且还能发现学生在学习过程中出现的一系列问题，从而有利于教师对学习系统进行改进，为学生提供个性化的学习服务。下面以慕课网为例，列举知识挖掘在其中的应用。

（1）对各类教学资源使用情况进行知识挖掘，可以发现各类资源的使用效率；将资源分析的结果呈现给课程开发者、课程设计者和课程学习者，可以为优化资源配置提供依据。

（2）对学习者进行聚类，给不同类别的学习者提供完全不同的教学资源，从而可以提高学习者的学习效率。

（3）分析学习者在线学习的路径、浏览顺序等数据，可以确定学习者可能的学习风格类型，从而为学习者推荐合适的学习资源。

（4）通过关联分析与时间序列分析，得出课程设置的先后顺序、学习者的特征、学习者成绩之间的规则和信息，从而合理设置课程。

（5）通过回归分析、关联规则等方法对不同类型的学习者进行判别，进而判断目前的教学方法是否合适，从而为教师调整教学方法和教学策略提供数据依据。

（6）通过关联规则找出不同课程线上线下时间配置与学习者成绩之间的关系，合理配置不同课程翻转课堂的总时间及时间安排，从而激发学习者的学习兴趣。

虽然知识挖掘已经受到许多关注并取得了广泛应用，但它仍处于发展的早期，还面临很多难题和挑战。知识挖掘继承、融合和发展了人工智能、神经网络、数据分析、决策支持、数理统计、环境交互、知识工程等多项先进学科的特点，未来与知识挖掘相关的研究会一直持续下去。

6.5 小结

在信息技术（特别是移动互联、云计算及人工智能）快速发展的驱动下，我们已经进入以数据分析驱动教育教学变革的大数据时代。教育领域蕴藏着具有广泛应用价值的海量数据，需要利用数据挖掘技术、智能搜索技术等来构建高可用的相关模型，探索教育变量之间的相关关系，为教育教学决策提供有效的支持，为学习者提供个性化学习服务，从而促使教育资源得以充分利用，实现教育公平。"打开你的电脑，成为你的课堂"正在成为现实，终身学习也不再是梦想。

第 7 章
面向教育实际需求的技术应用

实际生产、生活中的教育需求是驱动创新性技术产生和发展的原动力，而且更为重要的是，只有在这种需求的推动下，信息技术本身，包括硬件及软件技术才能进行创新和应用，以新技术发展推动教育技术的进步，最终实现教育公平。

7.1 开源在线教育平台的功能分析与对比

7.1.1 Moodle

Moodle（Modular object oriented dynamic learning environment，面向对象的模块化动态学习环境）常被音译为"魔灯"，是由澳大利亚 Martin 博士与他的志愿者团队合作开发的开源代码的网上教学软件。从 1999 年开始研发到今天，其在全球 226 个国家已经有 103577 个官方注册网站，拥有 19403071 门线上课程（统计数据来源：https://moodle.net/stats/）。注册网站最多的前 10 个国家如表 7-1 所示。

表 7-1 注册网站最多的前 10 个国家

国家	官方注册网站数/个	国家	官方注册网站数/个
美国	9065	英国	3343
西班牙	8196	意大利	2825
墨西哥	5234	俄罗斯	2801
巴西	4370	法国	2537
德国	3653	哥伦比亚	2362

这些注册网站中有大学，比如明尼苏达大学、旧金山州立大学、哈尔滨工业大学、中国农业大学、上海交通大学、华东政法大学等都应用 Moodle 建立了教学网站；注册网站中有中学，比如北京人大附中、北京师大二附中等应用 Moodle 建立了教学网站；注册网站中有小学，比如闵行区浦江第一小学、斋堂中心小学等也应用 Moodle 建立了教学网站。

作为一套基于"社会建构主义学习理论"设计开发的开源代码软件，Moodle 能够帮助教师高质量创建和管理在线课程。社会建构主义学习理论的教学观点包括：

（1）学习是一个建构的过程；

（2）学习是一个活动的过程；

（3）学习是一个协作的过程；

（4）学习必须处于丰富的情境中；

（5）强调以学生为中心；

（6）强调情境对意义建构的重要作用；

（7）强调协作学习对意义建构的关键作用；

（8）强调对学习环境的设计；

（9）强调利用各种信息资源来支持学习；

（10）强调学习的最终目的是完成知识的意义建构。

1. 建构主义和学习金字塔

学习金字塔是美国缅因州国家训练实验室的研究成果，如图 7-1 所示。它用数字形式形象显示了采用不同的学习方式，学习者在两周以后还能记住的内容的多少（平均学习保持率）。它是一种现代学习方式理论，由美国学者、著名的学习专家爱德加·戴尔于 1946 年首先发现并提出。

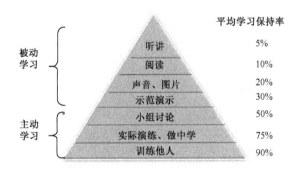

图 7-1　学习金字塔

在塔尖的第一种学习方式是"听讲"，即教师在上面讲，学生在下面听，这是我们最熟悉、最常用的方式，但其学习效果最差，两周后学习的内容只能留下 5%；第二种通过"阅读"的方式学到的内容，两周后可以保留 10%；第三种用"声音、图片"的方式学到的内容，两周后可以保留 20%；第四种用"示范演示"的方式学到的内容，两周后可以保留 30%；第五种用"小组讨论"的方式学到的内容，两周后可保留 50%；第六种用"实际演练"或"做中学"的方式学到的内容，两周后可以保留 75%；第七种在金字塔基座位置的学习方式是"训练他人"，用这种方式学习的内容，两周后可保留 90%。

爱德加·戴尔提出，学习效果在 30% 及以下的几种传统方式，都是个人学习或被动学习；而学习效果在 50% 及以上的几种方式，都是团队学习、主动学习和参与式学习。

建构主义断言，当为其他人创造一些事物时，学习的效率将显著提高。可创造的事物多种多样，从一句话或一篇网上的帖子，到更复杂的一幅画、一栋房子或一个软件包都可以。建构主义在实际教学中时更加强调学生的原有基础和主观能动性，强调教育的主体是学生而不是教师。

建构主义同样强调学生的主动性作用。其让学生和教师为彼此创造事物，使他们为一个共同的目标协力建立一个共享成果的文化圈。当一个人融入这样一个文化氛围时，他将自始至终学习如何在各个层面上成为这个文化的一部分，并作为一个贡献者不断实践和发光。社会建构主义学习理论认为，知识根本不存在于个体内部，而属于社会，个体不能独占知识，只能分享知识。因此，教育要消除固定的权威，激活学生之间及师生之间的关系，要在实践中形成意义，要倾听各个学习领域和各学习主体的声音。在倾听的同时，发声者即可成为学习的实践者和教授者。

Moodle 以社会建构主义学习理论为设计基础，其主要特色是教师可以设计一种我为人人、人人为我、师生与生生都交流通畅的网上社区。教学活动本身就是形成学习资源、完成学习任务、以获取知识为目的网上社区，教师则是该社区的领导者和建设者。

2. Moodle 的主要功能

Moodle 提供了丰富的课程活动，如具有论坛、测验、投票、问卷调查、作业、聊天室、博客和 Wiki 等，并充分利用这些活动来呈现一个良性互动、畅所欲言、平等公平的课程学习社区。

Moodle 拥有多种语言版本，其中包括中文简体版和中文繁体版。Moodle 是目前世界上最流行的课程管理系统（CMS）之一，它是免费的开源软件，是基于先进的教育理念设计的。其开放的理念使全世界的教师和爱好者都可以参与软件的设计开发，这使其功能越来越强大，并成为国际上首选的适合大、中、小学教育的学习环境。但 Moodle 仍然是工具，是教师的助手和教学利器，正如贝瑞特博士所说，计算机不是什么神奇的魔法，教师才是真正的魔术师。

3. Moodle 在中国的应用情况

自主学习以学生为学习主体，可使学生在学习活动中通过独立分析、探索、实践、质疑、创造等方法来实现学习目标。Moodle 正是支持自主学习教学的网络平台，目前，我国已经在 Moodle 官网登记的网站涵盖了大、中、小学在线教育，社会教学机构在线教育及国家企事业单位的人员培训等，实现了资源共享、师生互动、生生互动及不限时空的教育。

7.1.2 edX 平台

edX 是麻省理工学院和哈佛大学于 2012 年 5 月联手发布的一个网络在线教学计划。该计划基于麻省理工学院的 MITx 计划和哈佛大学的网络在线教学计划，主要目的是配合校内教学，提高教学质量和推广网络在线教育。

除了在线教授相关课程，麻省理工学院和哈佛大学也使用此共享平台进行教学法研究，以便促进现代技术在教学手段方面的应用，同时也可加强学生在线对课程效果的评价。edX

也是一个开源的免费平台，它的强大之处在于其对视频资源的整合更好，但其在师生互动和生生互动方面还稍显不足。

　　清华大学和中国农业大学都基于开源的 edX 开发了自己的在线教学平台，其中清华大学的"学堂在线"（见图 7-2）已经发展成为我国最大的中文慕课平台，为广大学习者提供来自清华大学、北京大学、斯坦福大学、麻省理工学院等知名高校的创业、经管、语言、计算机等各类 1000 余门免费课程及优质的在线学习服务。中国农业大学的"雨虹学网"（见图 7-3）则是为本校师生提供校内课程的在线教育平台。

图 7-2　学堂在线

图 7-3　雨虹学网

7.1.3　Moodle 与 edX 对比

Moodle 早在 1999 年就开始使用了，而且是开源软件，那为什么麻省理工学院和哈佛大学要开发 edX 呢？其实两者的定位是不同的：Moodle 的定位是教师的教学工具；edX 的定位则是学校向社会推广课程的工具。

这两者的区别：Moodle 走平民路线，课程制作成本低，充分尊重和支持教师的个性特点与个性需求，它的目的是提升教师课堂教学效果，Moodle 通常认为师生是有机会见面的；而 edX 走的是精品课路线，课程制作成本高，其主要目的是把学校的课程推向全社会，所以 edX 更符合 MOOC 的教育理念，其主要面向不见面的社会学员。

用 Moodle 上课，教师比较容易改变教学内容和教学安排，甚至可以边上课，边调整，比如根据学生的反应，迅速决定一个作业是否要留，而使用 edX 则不容易做出这些改变。此外，对于教学视频，Moodle 不太强调视频，因为教师有上课和向学生讲解的机会，而 edX 则很看重视频，因为学生是互联网上的社会人员，不容易见到教师。

目前，两者的功能也开始不断融合，互相吸取对方的长处。而基于 edX 二次开发的在线教育平台，既借助了 edX 的优势，也根据教学实际需要补充了社交互动、教学管理、考试管理等功能，大大方便了教务管理、教师教学和学生学习。

7.1.4　在线教育+翻转课堂

自 2012 年以来，MOOC 在全球兴起，它把优质的教育资源几乎免费地开放给全世界的每个人。MOOC 不仅打破了大学围墙，更带来了教育理念和教学方式的深刻变革。当前，国内以清华大学、北京大学为代表的学校也不甘落后，陆续接入或建设 MOOC 平台，基于 MOOC 平台的课程也如火如荼地开设起来，给传统的大学教育模式、课堂教学方式及学生学习方式带来了极大的冲击。显然，我们对这种教育教学新平台的出现不能熟视无睹，但 MOOC 能完全替代以教师讲授为主的传统课堂教学吗？如何正确认识和处理好课堂教学与 MOOC 教学的关系是当前大学教育与教师需要思考的问题。

美国佐治亚理工大学的乔治·皮特森曾说过："MOOC 预示着教育领域要发生颠覆性变革，它不会取代大学校园教育，但确实向那些每年收 5 万美元学费的大学提出一个问题，如果知识可以从互联网上免费获得，大学得提供什么才值这 5 万美元？"

上海交通大学前校长张杰认为，MOOC 现阶段还不可能取代传统的高等教育，毕竟校园生活的经历、校园文化的熏陶都是在线课程难以替代的。清华大学博士生导师于歆杰认为，交互性强、实践性强的课程，或者受众比较小的课程不适合进行 MOOC 教学。除此之外，学生上大学，学知识当然很重要，但更重要的是在与教授的交流过程中学会做学问和做人的道理，这一点是 MOOC 无法实现的。表 7-2 是传统课堂教学与 MOOC 平台教学特色比较，显然，二者不可互相替代，这是大多数教育家与一线教师达成的共识。

表 7-2　传统课堂教学与 MOOC 平台教学特色比较

对比项	传统课堂	MOOC 平台
互动效率	传统课堂互动交流效率高，可从语言、演示、表情全方位充分交流	交流效率相对较低，当前主要靠文字、图片、留言或视频片段来交流，互动效率较低
实时性	面对面的实时互动	"留言"式的异步互动，实时性差
时空限制	传统课堂具有时间、地点和课堂容量的限制	课堂中可以跨时间、跨地点交流
互动方	师生互动是主要的，生生互动是辅助的	有论坛、博客、Wiki 等社交工具，生生互动有了本质的加强和改善
教师角色	教师是主角，是课堂上的主要演员	教师是导演，领导网上课堂；学生在课堂中主动参与，地位凸显

2007 年，美国科罗拉多州 Woodland Park 中学的化学老师 Jonathan Bergmann 和 Aaron Sams 在课堂中采用了翻转课堂式教学模式，并推动这个模式在美国中小学教育中使用。随着互联网的发展和普及，翻转课堂逐渐在美国流行起来并引起争论。有人认为翻转课堂式教学模式是指学生在课前完成知识的视频学习，而课堂变成了师生之间和生生之间互动的场所，包括答疑解惑、知识的运用等，从而可达到更好的教育效果。然而，在当前的教育实践中，这样的教学模式难以实施和执行，下列情况更是翻转课堂实施的拦路虎：

（1）班级人数多，导致互动讨论难以组织且容易失控；

（2）部分学生没有课前预习或看视频，他们将无法参与大部分互动；

（3）教学具有时效性，教学视频代替不了教师的讲解（如教师可以结合近期一个热点案例讲解某个知识点，视频不可能这样灵活）。

可见翻转课堂并不容易开展，但翻转课堂的本质是什么？翻转课堂指出了传统课堂的不足，即传统课堂更强调"课堂是教师演讲的舞台"，没有突出"课堂是学生学习的场地"，即从教师的"付出"角度，而没有从学生的"收获"角度来看待课堂。因此，翻转课堂的本质应该是从学生"收获"的角度来看课堂。在有限的课堂时间内最大化学生的收获成为翻转课堂研究的目标。从学习金字塔可见，学生主动地去实践、讨论或教授他人，学习效率最高。

由此可见，实现翻转课堂的核心目标是促进学生去做实践，引导学生之间开展交流甚至相互开展教与学活动。为促进学生实践和交流，教师要做好以下几件事：

（1）设计训练任务。

（2）做好知识的讲解和技能演示。

（3）组织、管理和考核学生的训练。

翻转课堂中的课堂既是教师主控的舞台，也是学生训练的场地。在这种教学模式中，信息化技术将是必不可少的有力工具，比如教学微视频可以支撑教师"做好知识的讲解和技能演示"这一环节。当然，翻转课堂对于学生的自律性和意志力也有一定的要求。

翻转课堂的教学理念是把教育的目标转换为培养"人"，而不是培养考试机器；其教学实践在于激发学生的学习热情而非教授知识本身；其教学方式在于培养学生深层理解、举一反三的能力，而不是机械地训练。在翻转课堂里，教师不再居高临下，而是像朋友一样帮助学生成长。翻转课堂将主动权交给学生，将知识内容传授转变为支持和加强学生的核心学习行为，它是教育界的一次重大变革，与以往的网络教学有着本质区别。它不单是教育技术的革新，更会带来教育观念、教育体制、教学方式、人才培养过程等方面的深刻变革。翻转课堂或是在线教育的未来，让我们拭目以待。

7.2 混合式教学案例分析与技术趋势

混合式教学是由传统课堂转变而来的、整合了各种灵活的教学方式的学习范式。它主张把传统教学的优势和数字化教学的优势结合起来，二者优势互补，从而获得更佳的教学效果。

7.2.1 混合式教学案例与分析

从 2010 年下半年开始，中国农业大学就开始开发和建设具有功能特色的在线教育平台。该在线教育平台针对计算机程序类课程有两个特色功能：其一是拥有"计算机程序实时评判与反馈系统"，即学生提交作业（程序源代码）后，系统在 30s 内给出作业是否正确的判断并给出相应的分数，如果作业有错，系统也可以给出一些可能的修改意见；其二是拥有"作业抄袭分析系统"，即分析学生作业的相似性，并给出相似度排名。在过去 7 年里，中国农业大学师生已经在这个平台上进行了计算机程序类课程的混合式教学实践。这些实践说明，在线教育平台的引入让教师如虎添翼，使教师成了更好的"教学活动的组织者"，学习过程中的成就感也让学生始终保持强烈的兴趣,"作业抄袭分析系统"的应用则维护了优良学风。混合式教学与传统教学的效果比较如表 7-3 所示。

表 7-3　混合式教学与传统教学的效果比较

对比项	传统教学	混合式教学
作业检查	C\C++课程的选课学生每年有 2500 多人,经常有 100 人的大班课,授课教师不可能查看每个人的作业,只能抽查一部分学生的作业,以便了解学生的学习情况;学生交完作业后没有反馈,导致其做作业的质量不好控制,交作业缺少成就感	学生上交作业后,在 30s 内可知道自己的作业是否正确和得分情况,如果有错误,会看到修改提示
抄袭检测	很多学生抄别人的作业,授课教师不易发现和控制这些现象	系统对抄袭作业有一定的识别能力,这对学生认真独立完成作业是一种鞭策
平时成绩	主要抽查学生平时的作业,对作业的批改与反馈滞后;对平时成绩的管理缺少有力的手段,难以做到客观、公正、公开	学生的平时作业由"抽查"变成"普查",作业反馈由"几天后"变成"实时"。"普查"作业和"实时"批改能直接反映到平时成绩中,使平时成绩的统计更加客观、公正、公开
成就感	交完作业得不到及时的反馈,导致学生做作业缺乏成就感	学生交完作业后,马上就得到反馈,作业没做对,马上就知道,也可修改后再提交,直到做对为止;在做对的同时,可看到自己平时成绩的增长,这样学生做作业就有成就感
课堂点名	近 100 人的课堂,对所有学生点名是不现实的,即使是抽查点名也耗时、耗力、枯燥	可留一道和讲课内容相关的简单限时作业,要求学生在实验课下课前必须提交,这样既起到点名的效果,也增加了学生的课堂参与感
课堂调查	通常只能在课堂上通过让学生举手投票来做一些简单的调查	功能强大的在线调查问卷,可让教师更好地了解学生,掌握学生的反馈
学生互动	组织学生相互批改作业很受局限,这样的互动只限于座位相邻的学生一对一交换作业;场面比较混乱,批改结果难以统计,批改质量难以把握	利用在线教育平台的作业互评功能,可以方便地组织灵活的作业互评,比如把每个学生的作业交给另外 5 个学生评判(平均每个学生要评判 5 个作业);由系统自动分配作业,并计算作业的平均分数;互评质量得到提高,互评结果易于统计
激励方法	课堂点名激励	课堂点名激励+设置在线课堂光荣榜+增加平时成绩,从而增加学生的成就感和荣誉感
期末考核	考试题型仍然是选择、判断、填空等"纸上编程"的客观题,考查点偏向于计算机语言知识点,对程序设计与程序调试等核心能力考查不够	计算机程序实时评判与反馈系统的应用使结课考试题型可以是上机编程题,让考试的指挥棒直接指向编程能力的考核,这样对提高学生编程能力、培养计算思维起到了立竿见影的效果

由以上对比可见,混合式教学的引入,极大地拓展了计算机程序类课程教师把握课堂、管理课程的能力,对学生计算思维的培养和编程能力的提高具有立竿见影的效果;但同时传统课堂的作用仍然不可替代,教师在课堂上分析问题的思路、对学生提问的实时反馈与对代码编写的演示等的整体效果仍然是在线教育难以比拟的。此外,教师可在课堂上根据学生学习心理和接受状态做针对性的教学调整,这也是在线教育不可比的。还有一个非常重要的因素是,教师在现实课堂去组织和领导学生对树立教师的权威性、亲切感是必要的;而教师的权威性和亲切感又能促进在线教育课堂教学效果的提高,并且促进学生学习成就感的形成。

总之,从现有的教学实践经验来看,混合式教学实现了"1+1>2"的教学效果。基于已有的实践基础,进一步研究和探索在计算机程序类课程中的混合式教学,不仅是可行的,而且是必要的。

7.2.2　学生管理案例与分析

试想对 100 人以上的大班课,如果只要每次上课学生在规定时间登录系统,系统就自动记录学生的出勤,这将大大降低教师点名的成本,节省学生的时间。

基于网络教学可以实现这个目标,中国农业大学利用在线教育平台中集成的点名模块,自动记录并统计学生的出勤情况(见图 7-4)。不只这样,该平台还包括一个学生学习轨迹跟踪模块,用来记录所有学生的学习轨迹,并根据学生的学习轨迹进行学习进度提示、作业推荐等智能化服务。

图 7-4　学生出勤时间管理

7.2.3　作业自动评判案例与分析

中国农业大学的"C 语言程序设计"和"C++语言程序设计"两门课程由于选课人数较多，经常形成 100 多人的大班课，这两个课程的特点是需要大量的编程作业练习。在2010 年之前，授课教师不可能查看每个人的作业，只能抽查一部分学生的作业，以便了解学生的掌握情况，而且教师也不能及时向学生反馈其提交的作业是否正确。这样一来，逐渐导致了若干问题：作业质量不好控制、学生提交作业缺乏成就感、教师对学生抄别人作业的现象束手无策，这些问题使授课教师很难准确把握学生的学习程度，学生也感觉不到自己的进步。

从 2010 年开始，中国农业大学开始建设和应用在线教育平台——"学吧"（studybar.cau.edu.cn）。该平台研发和建设了两大编程类课程的教学利器："计算机程序实时评判与反馈系统"和"作业抄袭分析系统"。

若使用"计算机程序实时评判与反馈系统"，则在学生提交作业（C/C++语言源代码）后，该系统会立即给成绩和修改建议（见图 7-5），若学生对自己的成绩不满意，可修改代码并再次提交，这导致有些学生甚至把作业反复做几十次。相比于以前学生交作业得不到反馈，或者几天后得到反馈，该系统极大地激发了学生的学习热情和挑战欲望，明显地提高了学生动手编程的能力。这种实时在线反馈带来了计算机程序类课程的革命。

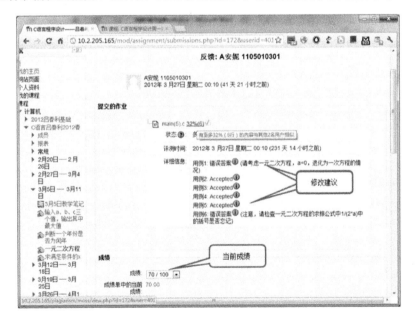

图 7-5　编程反馈

例如，对于 C 语言程序设计课，本课程共布置编程作业 70 个，学生平均每个作业提交的次数均超过 10 次，并且学生最后的编程题成绩由 70 个编程作业分数加权计算得到，从而可以大大提高成绩的客观程度。

7.2.4 作业互评案例与分析

很多大学课程都很重视工程意识培养：让学生尽早树立"工程意识"，做事情的同时要有"合作意识"，要为"他人考虑"。例如，在程序类课程中，哪怕只写一段代码，也要考虑别人能否看懂。

以"C 语言程序设计"课程为例，由于历史原因，很多教材和参考书上均会介绍一些具有"小技巧"的"短小""精练"的示例程序，并说明这样写的程序如何"高效"，即如何执行速度快或节省内存。但现在要求代码具有可维护性，即一个人写的代码要易于让其他人理解并修改。这背后主要基于两个事实：

（1）判断一段代码正确与否所花的时间可能要比编写这段代码所花的时间长。

（2）软件产业的现状是"铁打的营盘，流水的兵"，即软件人才的流动性很大，但软件产品的生存期很长，这就要求代码必须可读性强、易于修改。

在学生刚开始学习编程语言时，就应强调和培养他们写"可读性强""易于修改"的程序的意识和习惯，给他们介绍一些好的编程规范：写程序要用"缩进"体现层次；多写程序注释；不要写 if(a==0)，要写 if(0==a)，从而防止忘记一个"="；不管 if 、while、for 等后面是否为复合语句，一律加上"{}"以增强可读性等。

为此，中国农业大学的"C 语言程序设计"课程专门设计了有关编程规范的作业，并利用在线教育平台上的作业互评模块（见图 7-6），让学生对其他同学的作业进行评价，并且学生对作业进行评分时可参考教师提供的范本，随后教师对学生评分进行抽查和确认。这样一来，学生在评判别人作业的过程中可以"见贤思齐，见不贤而自省"，从而大大提高学生对编程规范的重视程度，培养他们良好的编程习惯。同时，作业互评模块也促使学生相互学习和相互了解，对增强同学间的友谊、建立良好的学习氛围等都很有帮助。

图 7-6　学生互评作业

7.2.5　协同工作案例与分析

在线教育平台为用户提供了协同工作的功能（见图7-7）。

图 7-7　共写笔记

图 7-7 中的学习笔记共经过 17 人次的修改，所有历史版本系统都有记录。这在促进学生对本门课程理解和掌握的同时，也有助于提升学生的学习参与度，培养其与人合作的精神及共享奉献的精神。

图 7-8 所示为利用在线教育平台提供的功能比较笔记的两个版本，这样可以看出每个学生为此笔记贡献了哪些内容，有利于教师发现那些贡献多的学生。

图 7-8　利用在线教育平台提供的功能比较笔记的两个版本

7.2.6　作业防抄袭案例与分析

对于学生每次提交的作业，可利用在线教育平台提供的防抄袭功能分析学生作业之间的相似度（见图7-9），并且给出相似度排名，从而在一定程度上促进学生独立完成作业。

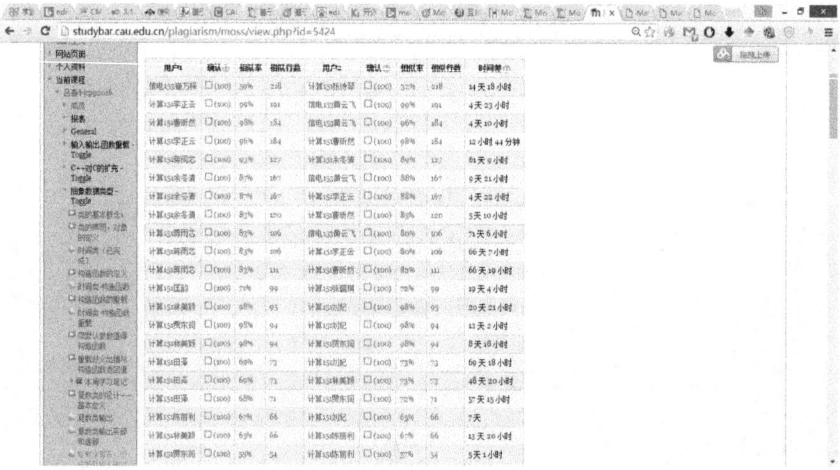

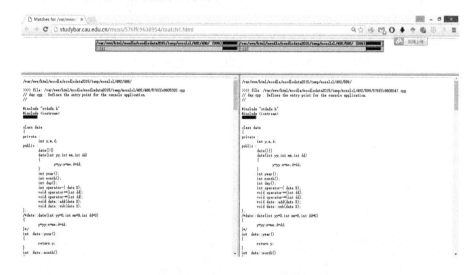

图 7-9　作业防抄袭功能

同时，该功能还可以人工选定两份作业进行比较，以便确认学生作业之间的相似程度，便于教师掌握学生的作业抄袭情况（见图7-10）。

图 7-10　两份相似度极高的作业

通过对结束课程的学生进行问卷调查可知，94%的学生认为防抄袭功能的存在使得其在参考其他同学的作业时有了顾虑，从而促使他们通过自己的努力独立完成作业（见图7-11）。

你认为系统的作业相似性判断功能，对你独立做作业有没有督促和鞭策作用		
Response	Average	Total
有，参照同学作业有顾虑了	94%	103
没有，该怎么抄袭还怎么抄袭	6%	7
Total	100%	110/110

图 7-11　问卷调查

7.2.7　教育大数据分析初步实践

近年来，在线教育平台的应用积累了大量数据，包括教学资源数据、学生作业数据、平台日志等，对这些数据的分析和挖掘有利于更好地开展教学活动。

1. 学生行为是课堂效果的量尺

在线教育平台系统会记录学生的学习成效和跟踪学生的学习行为轨迹，便于教师更好地指导学生和调整教学。中国农业大学在线教育平台当前已经积累了 300 多万条 C/C++语言程序设计课程的学生学习行为数据。我们对其进行了初步分析，尝试实现对学生学习行为进行跟踪和评价。图 7-12 所示为学生学习行为记录。

图 7-12　学生学习行为记录

我们从中国农业大学在线教育平台中获得 C/C++语言程序设计课程的以下数据：操作序号、时间、日期、姓名、学号、登录名、IP、课程名称、项目（Assignment、User、Page、Course、Wiki、Resource、Folder、URL、Create、Forum、Message）、动作（View、Upload、

Login、Logout、History）等，共计 3066994 条数据信息，并且以这些数据为依据，分析学生的学习行为。设计的评价指标如图 7-13 所示，指标评定方法如图 7-14 所示。

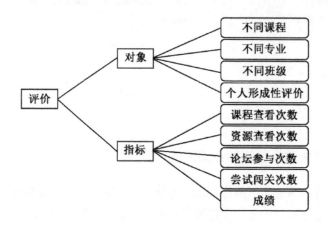

图 7-13　设计的评价指标

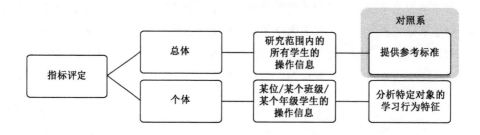

图 7-14　指标评定方法

对于单个学生，可以通过比较某段时间内该学生执行某种操作的次数与所有学生执行该操作的人均次数来衡量该学生在某指标上的等级。

我们选用泊松分布作为指标划分等级标准。它是概率论中常用的离散型概率分布，适合描述单位时间（或空间）内随机事件发生的次数。在考虑各类事件发生概率的情况下，按比例分配，对各项指标划分等级，指定一级（10%）、二级（30%）、三级（30%）、四级（30%），其中一级为优等，其他指标优等性依次降低。泊松分布的概率函数为

$$P_\lambda(x) = \frac{\lambda^x}{x!} \mathrm{e}^{-\lambda}, \quad x = 0, 1, 2, \cdots$$

式中，λ 表示某一时间段内所有学生执行某操作的人均次数。

对在线教育平台中某学期某课程涉及的各项评价指标，如闯关过程中关卡查看次数、资源查看次数等做泊松分布统计，结果显示，这些事件均属于随机事件，各个事件发生的概率均不相等。

下面以某一学生为例分析其学习行为特征。表 7-4 所示为董××在 2016 年 9 月三次

课的数据查看统计记录，其关卡查看次数为 110 次，资源查看次数为 3 次，论坛参与次
数为 1 次。

表 7-4 董××在 2016 年 9 月三次课的数据查看统计记录

项目	关卡查看次数/次	资源查看次数/次	论坛参与次数/次
总体均值	84.39	2.18	5.54
董××	110	3	1

利用泊松分布概率函数，输入 λ 和 x 值，可直接得出泊松分布概率和累计泊松分布概
率。如董××关卡查看次数为 110 次，将 $\lambda=84.39$ 和 $x=110$ 代入泊松分布概率函数，得到
关卡查看次数等级处于"一级"。这说明该学生对闯关任务非常努力，学习主动性强。同
理，对资源查看次数，将 $\lambda=2.18$ 和 $x=3$ 代入泊松分布概率函数，得到该生等级是"二级"，
说明该生学习自主性较好，有自学能力。但对论坛参与次数，将 $\lambda=5.54$ 和 $x=1$ 代入，计算
得到该生等级是"四级"，说明该生参与讨论的积极性不高。通过与教师对该生的评价对比
发现，通过行为数据分析获得的计算结果和教师的观察大体一致。

这里需要强调的是，教师也要反思这些学生学习行为数据分析结果，因为学生的"学
习主动性""参与积极性"是需要教师引导的，并且教学资源的质量也影响学生的学习行为。
总之，有了这些数据，我们就可以进行学生学习行为分析，从而得到教师"教"中存在的
问题及学生"学"中存在的问题。

以上是我们对学生学习行为数据初步分析所获得的结果。除此之外，其他学生行为，
如学生是否按时提交作业、是否抄袭等，以及很多的学习活动记录都能反映教学效果。

2. 教师行为是教学投入的量尺

教师行为同样是教学行为分析中的重要组成部分，教师行为分析结果既可作为教务部
门对教师教学行为评价的参考，也可督促教师积极改善某项欠缺的评价项，推动其教学行
为向好的方向发展。

在在线教育实践中，教师的登录次数、布置作业的数量和质量、批改作业的数量、论
坛回帖的数量等，在一定程度上能够反映教师对教学的投入。利用中国农业大学在线教育
平台收集的数据，我们初步尝试分析教师教学行为并横向对比教师的教学投入。根据教师
的登录次数、回帖次数、教学内容受欢迎程度、任务关卡的设置、学生的闯关情况，我们
选取了教师教学的"投入度、互动性、内容拓展程度、教学效果"等几个指标。如表 7-5
所示，从统计结果来看，其大体上和教务部门掌握的情况一致，但教师 D 的表现比较意外，
平时"默默无闻"的她在教学上很活跃并取得了很好的教学效果。

表 7-5　教师教学投入情况

课　　程	投入度	互动性	内容拓展程度	教学效果
教师 A 的班级	1	4	3	2.3
教师 B 的班级	1	2	1	1.3
教师 C 的班级	4	2	2	3
教师 D 的班级	4	4	3	3.8
教师 E 的班级	1	1	4	1.6
教师 F 的班级	1	3	3	2
教师 G 的班级	4	3	3	3.5

以上表明，教育教学数据中蕴藏着巨大的宝藏，如何更好、更精准地挖掘这些宝藏，是接下来教育研究需要解决的事情。可以预见，对教育大数据进行分析和挖掘，将会更好地指导"教"与"学"，从而获得更好的教学效果，同时有力地支撑教育决策。

7.3　实际需要的互联网+教育的技术创新

"打基础、重实践、分层次、扬个性、求创新"的个性化教育口号容易喊，但落地和执行是难题。经过多年的教学实践，我们总结出以下有利于激发学生学习热情的几点建议：

（1）以"学生做"为中心设计教学内容。注重平时作业和教学过程的把控，让学生把平时作业看成"游戏"中的过关，过一关就能看到自己成绩的变化。

（2）为不同的学生留不同的作业。学习好的学生可以放弃容易的作业，直接挑战难度较高的作业。

（3）允许提前考试。当学生完成课程内容学习和作业后，可以申请提前考试。

（4）把大多数课程知识点录制成视频存放在在线教育平台上，让基础差的学生可以反复看，让学习好的学生可以提前学。

（5）充分发挥现实课堂和网络课堂的"社区"作用，在这个"社区"中，鼓励学生有"扬个性"的表现。例如：

- 乐于助人——在在线教育平台的论坛中，有人乐于回答同学的问题，甚至当网络论坛回答不方便时，他会约在某个教室回答问题。
- 默默奉献——在在线教育平台的公共课堂笔记中，有人会整理一个全面和精练的课堂笔记，作为全班同学的参考资料。

- 喜于挑战——在在线教育平台自动评判的作业中，有人喜欢挑战教师布置的"难"作业，求"过瘾的作业"。

在学生"扬个性"过程中，教师要善于引导，要特别珍惜和学生面对面的课堂时间。好的课堂讲授是教育工程与教学艺术的充分结合。在课堂上，教师要一边牢记教学任务，一边牢记"激发学生学习兴趣和引导学生的学习热情是教学的第一目标"，所以在课堂上，要常口头点名表扬那些在在线教育平台中"默默奉献""乐于助人"的学生；对一些有难度的课堂问题，多提问那些"喜于挑战"的学生，而对那些"作业进度慢"的学生要多提醒，总之，依托在线教育平台，个性化教育更容易落地。

为了满足实际教学需要，在线教育平台应该针对性地提供更加丰富、人性化的功能，辅助教学机构和教师实现个性化教学。

（1）教学需要好的辅助教学工具。

目前在线教育平台中集成的作业自动评判工具、抄袭检查工具、课堂点名工具、作业互评工具、Wiki 协作工具、问卷调查工具等实用工具为提高教师教学效率和减少教学工作量提供了强有力的保障。

教学实践过程中还需要更专业化的、智能化的作业自动评判工具、作业错误分析工具、协作论坛、疑问自动解答工具、练习试卷的错题统计和分析工具等，这些工具对于提高学生的学习效率、进一步减轻教师劳动负荷都有促进作用。相信随着"互联网+"技术的不断发展，有问题及时解答、有缺点及时指出、有进步立竿见影等支教促学的智能化工具将不断涌现，最终使教师和学生在教学活动中都轻松。

（2）个性化教学呼吁教育大数据分析工具。

在实际教学实践过程中，教师需要及时和善于掌握学生的学习情况，只有这样才能实现个性化教学。比如根据学生的实际学习程度，针对不同学生留不同的作业；学习好的学生可以选择放弃容易的作业，直接挑战难度稍大的作业，这些都依赖于大数据分析工具的支撑。利用实用、优秀的教育大数据分析工具能够实现根据不同学生的实际情况对其进行针对性的辅导。教育大数据分析工具会记录跟踪学生的学习成效和行为轨迹，并利用学生的学习行为数据去矫正"关卡"难度系数等参数，便于教师更好地指导学生和调整教学。同时，教育大数据分析工具也支持对教师教学行为进行追踪和分析，便于教学管理机构对其教学进行评价和监督。

互联网+教育的发展已经产生了教育大数据，但对其分析挖掘的程度远远不够。随着技术创新的不断深入，更多、更好的教育大数据分析工具将脱颖而出，更好地满足个性化教学的需要。

（3）学习效果呼吁寓教于乐。

面对正在成长起来的互联网时代"原住民"，教育的创新式发展势不可挡，寓教于乐的教学方式无疑最具吸引力。

可以以"游戏"为载体，将课程知识点的学习和应用贯穿始终，以使学生在参与游戏的过程中对知识点进行循序渐进的学习和巩固，从而实现学生学习的趣味化和教师教授的灵活化。从学生角度而言，作为参与"游戏"的主体，其学习主动性会有很大的提高，游戏化学习系统则会根据学生"闯关"的难度和速度，自动设置新"关卡"，即不同的学生有不同难易程度的学习路径，既有阶梯式的提高也有跳跃式的提高，从而殊途同归，实现自主化的个性化学习；从教师角度而言，只要合理划分知识点的不同难度层次，针对不同难度层次设计好对应的游戏题目即可。

互联网+教育技术的创新要达到支持教师进行游戏化教学的目标，仍然需要教师优秀的设计。教师需要注意对平时作业和教学过程的把控，而教学进度则完全交由学生自己把握，寓教于乐，从而使学生在游戏中快乐地达成自己的学习目标。

7.4　小结

技术创新支撑和促进教学理念的转变，新技术的应用往往受到各界的热烈欢迎。比如，MOOC 的教学视频可以服务学生；作业在线评判可以让学生随时交作业并立即得到评判，这大大促进了教学模式的改变，使我国传统的教学模式在短短几年之内就从"以教师讲为中心"转变为"以学生做为中心"，这种新的教学服务理念大幅度提高了我国各教育机构的教育教学水平，让教师从"讲演者"变为"教练"，让学生从"听众"变为"参与式的运动员"；落实了学生的教学主体地位，提高了学生的实践能力，增强了教师的"教学服务"意识。随着面向教育需求的互联网+技术的进一步创新式发展，因材施教、个性化学习及寓教于乐都将变为现实。

第 8 章
Chapter 8
互联网+教育实例

中国农业大学 MOOC 教学云平台——雨虹学网是互联网+教育的一个典型应用。它是以中国农业大学信息与电气工程学院为主力的科研团队在 edX 开放源代码的基础上二次开发的在线中文网络开放课程云平台。其借助 edX 的优势，根据教学实际需求补充了程序自动评判、考试管理、消息推送、学习鞭策机制及教务管理等功能，大大方便了教师教学、学生学习及教务管理。

8.1 雨虹学网简介

8.1.1 概述

在线教育可以更有效地利用高等教育资源，尤其是在高等教育日益普及的今天，国际知名院校相继推出了大型在线开放课程。雨虹学网的建设是我国高等学校在这种背景下做出的成功尝试。

雨虹学网的开发包括需求分析、概要设计、详细设计、代码编写、数据维护、系统测试等一系列相关工作，主要参与人员为中国农业大学信息与电气工程学院计算机系教师、研究生及外聘研发人员等。从 2013 年 9 月至 2014 年 7 月，雨虹学网项目历时 11 个月，经过软件开发和 2 轮开发测试，达到了上线试运行的标准。雨虹学网开发过程中的主要工作时间节点如表 8-1 所示。

表 8-1   雨虹学网开发过程中的主要工作时间节点

项目	时间	备注
系统开发前调研	2013 年 11 月前	北京、上海、哈尔滨
需求分析、edX 源代码下载、分析、部署	2013 年 11 月	
功能总体设计、edX 系统本地化	2013 年 12 月	
新增功能详细设计、数据库分析与设计	2014 年 1 月、2 月	
代码编写与设计	2014 年 3 月、4 月	
发布测试与修改	2014 年 5 月至 7 月	
系统试运行与维护	2014 年 8 月	

雨虹学网是由 edX 开放在线教育系统衍生而来的。edX 应用了当今软件开发领域的最新技术，但其本身自带的功能并不适用于中国农业大学的教育模式。因此，开发团队以问卷调研和实际考察等形式，系统地统计、总结一线教师、学生及教务管理人员的意见，对

edX 系统功能进行相应的改造和完善，以适应中国农业大学的教育模式。雨虹学网沿用了 edX 的软件架构，并根据实际需求增加了程序自动评判、同行互评（原互评需要调用第三方组件）、作业防抄袭评判、考试管理、学生学习轨迹跟踪、我的书包、在线电子多媒体教材、学生积分管理等功能，同时重写了成绩管理、视频调用及论坛管理等功能。

雨虹学网基于 Linux 平台，利用 MySQL 和 MongoDB 数据库技术，应用 Django 框架，使用 Python、JavaScript、HTML、 AJAX、jQuery 等开发语言和技术，运用面向接口的编程思想及 MVC 设计模式进行设计和开发。其采用前端（Nginx 反向代理） + 中间（虚拟机/物理机） + 后端（MySQL、MongoDB）的部署方式，具有较高的扩展性和可维护性。雨虹学网网址为 www.caux.cn，目前尚限于高校局域网访问。其客户端浏览器推荐使用 Google Chrome、火狐浏览器、Internet Explorer 10.0 及以上版本，以及其他兼容浏览器。

目前雨虹学网已在中国农业大学运行使用，并推广到中国农业大学网络教育学院、上海交通大学电子信息与电气工程学院和软件学院、新疆塔里木大学等。在相关用户的建议下，其不断完善，现已基本稳定，在性能方面已经获得了教师和学生较好的反馈，其功能已超越了当前国内外的类似教学平台。雨虹学网还获得了中国农业大学校长、教务处、教指委专家、使用教师及学生的良好评价和高度认可。

8.1.2　总体设计

1. 概念设计

根据中国农业大学教学实际需求，在线教育平台需要为教务部门、教师和学生提供支持：教师可上传课程视频、添加教学资料、与学生互动、组考试卷及单元练习题，并及时查看学生学习情况及自主评分；学生通过注册登录自由选课、听课和参与讨论，并根据听课进度完成练习题目及作业互评，同时参加在线考试等线上活动；教务部门对教师信息、学生信息、课程信息和电子书订单信息等进行管理。教师端与学生端交互过程设计如图 8-1 所示。

2. 软件架构设计

根据需求分析，雨虹学网软件架构分为数据层、服务层、业务层和用户层四部分（见图 8-2）。数据层通过数据访问接口向服务层和业务层提供数据源，业务层则通过访问数据及服务接口向用户终端提供特定的应用服务。

雨虹学网利用该软件架构实现平台设计功能，包括学生学习管理平台、教师课程管理平台和后台管理系统三部分。

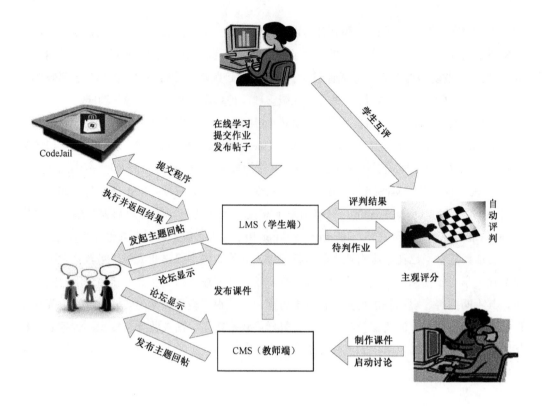

图 8-1　教师端与学生端交互过程设计

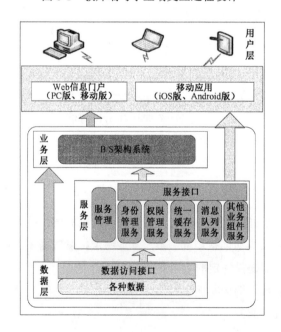

图 8-2　雨虹学网的软件架构

3. 技术架构设计

雨虹学网的技术架构包含数据逻辑层、服务层、控制层及表现层所运用的各种技术（见图 5-8）。这些技术构建了学生端的学生学习管理平台（Learning Management System，LMS）和教师端的教师课程管理平台（Content Management System，CMS）两个共享数据的云端服务子平台及一个后台管理系统，确保以友好的人机交互界面、丰富的互动手段（静态、动态）实现多样化、个性化的在线学习、师生互动和信息传递，以及雨虹学网的其他各种设计功能。

8.1.3 雨虹学网数据库设计

雨虹学网使用两套数据库系统，即关系型数据库 MySQL 及非关系型数据库 MongoDB，分别实现了教学管理及课程数据的永久化存储。

1. MySQL 数据库

MySQL 数据库通过主从（Master-Slave）复制的方式同步备份数据，并通过读写分离（MySQL-Proxy）弥补并发负载能力的不足。雨虹学网共设计了 107 张 MySQL 数据库关系表，用来存储用户及其权限信息、登记数据、学生选课信息、日志、测试和成绩等信息。以雨虹学网用户表为例（见表 8-2），其字段包含 ID、用户名、名字、姓氏、邮箱、用户身份判别、最后一次登录时间及注册时间等信息。

表 8-2 用户表

字段	类型	NULL	主键	默认值	其他
id	int(11)	NO	PRI	NULL	auto_increment 自增长
username	varchar(30)	NO	UNI	NULL	用户名
first_name	varchar(30)	NO		NULL	名字
last_name	varchar(30)	NO		NULL	姓氏
email	varchar(75)	NO	UNI	NULL	邮箱
password	varchar(128)	NO		NULL	密码
is_staff	tinyint(1)	NO		NULL	是否为教师
is_active	tinyint(1)	NO		NULL	是否激活
is_superuser	tinyint(1)	NO		NULL	是否为超级管理员
last_login	Datetime	NO		NULL	最后一次登录时间
date_joined	Datetime	NO		NULL	注册时间

在雨虹学网，MySQL 数据库不仅存储账户信息、教师开课信息、学生选课信息和成绩单等，也兼作 C/C++程序评测服务器。单台 MySQL 数据库服务器（高配）可提供 300 个

并发访问，并使用定期备份方案来保证数据的安全性。

2. MongoDB 数据库

MongoDB 数据库是一个高性能、开源、无模式的文档型数据库，也是当前 NoSQL 数据库中比较热门的一种。该数据库是一个基于分布式文件存储的非关系型数据库，其数据存储采用类似 JSON 的 BJSON 格式，可存储比较复杂的数据类型。Replica Set 集群方式可保存多份数据，其中包括 MongoDB 主节点、MongoDB 备节点和 MongoDB 仲裁节点。主、备节点存储数据，主节点提供所有增、删、改服务，备节点提供查询服务；仲裁节点不存储数据，仅提供主节点管理服务，其作用是决定在主节点不工作时将哪一个备节点提升为主节点。MongoDB 数据库最大的特点是它支持的查询语言非常强大，其语法类似于面向对象的查询语言，几乎可以实现类似关系型数据库单表查询的绝大部分功能，而且支持对数据建立索引。

雨虹学网设计了 8 个非关系型 MongoDB 数据集，存储除视频数据外的全部课程资源，如教学课件、章节练习题、考试题库、电子书等数据。以论坛 Discussion_area 数据集（见表 8-3）为例，其存储字段如下：

{ "_id" : ObjectId(""), "category" : "", chapter_id" : "", "course_id" : "", "display_name" : "", "section_id" : "", "subcategory" : "", "unit_id" : "" }

表 8-3 Discussion_area 数据集

字　段	说　明
id	该字段主要定义了 ObjectId
category	论坛主题
chapter_id	章 ID
course_id	课程 ID
display_name	展示的名称
section_id	节 ID
subcategory	论坛子主题
unit_id	单元 ID

Discussion_area 数据集包括论坛所属的章、节、单元的 ID 号，同时还存储论坛主题和论坛子主题等。

单台 MongoDB 数据库服务器（高配）可以提供 300 个并发访问并使用定期备份方案保证数据的安全性。在入驻课程和访问学生数量增加的情况下，雨虹学网可方便地升级到集群方案，从而提高系统的可靠性和并发访问数。

8.1.4　关键技术

利用基础设施层技术、中间层技术及 Web 层技术，雨虹学网为教师和学生提供了丰富的服务功能。其基于 Linux 操作系统，使用 Python 语言，应用 MySQL 和 MongoDB 数据库，利用 JavaScript、AJAX、 jQuery 等技术进行开发，使用负载均衡、反向代理、MSF、Memcached 等技术实现高弹性的平台部署。

1. Linux 操作系统

Linux 操作系统是一个基于 POSIX 和 UNIX 的多用户、多任务、支持多线程和多 CPU 的操作系统，是一套免费使用和自由传播的类 UNIX 操作系统。用户可以通过网络或其他途径免费获得 Linux 操作系统，并且可以任意修改其源代码。Linux 操作系统继承了 UNIX 操作系统以网络为核心的设计思想，性能稳定，多个程序可以同时独立地运行；支持多用户，各个用户对于自己的文件设备具有特殊的权利，从而保证了各用户之间互不影响。雨虹学网以开源 GNU/Linux 操作系统的 Ubuntu 为操作系统进行开发和运行，充分保障了其良好的并发性和安全性。其开发时使用的若干物理机均安装了 Ubuntu 12.04 Desktop 操作系统。由于 Ubuntu 默认不允许 ROOT 远程 SSH 连接开发服务器，为了使用方便，雨虹学网开发团队均通过设置 ROOT 用户的方式远程登录并连接开发服务器。

2. Django 框架

Django 框架是一个用 Python 语言编写的开源 Web 开发框架，其核心组件包括：①用于创建模型的对象关系映射；②为最终用户设计的完美管理界面；③一流的 URL 设计；④设计者友好的模板语言；⑤缓存系统。使用 Django 框架能够简便、快速地开发数据库驱动网站，其强调代码复用，多个组件可以很方便地以"插件"形式服务于整个框架，具有很强的可扩展性。它鼓励快速开发，并遵循 MVC 架构设计。Django 框架基于 MVC 架构的设计十分优美，表现在：①提供对象关系映射；②使用正则表达式匹配 URL，可以设计任意的 URL，没有框架的特定限定；③有强大的可扩展的模板语言，能分隔设计、内容和 Python 代码，并且具有可继承性；④可挂载内存缓冲或其他的框架以实现超级缓冲；⑤内置国际化系统，方便多种语言版本的网站的开发；⑥自带一个 ADMIN 管理界面以实现自动化的管理。由于在 Django 框架中，控制器接受用户输入的部分由框架自行处理，所以 Django 框架更关注的是模型（Model）、模板（Template）和视图（Views），即 MTV 模式。

3. Python 语言

Python 语言是一种完全面向对象的解释型计算机程序设计语言，可应用于系统编程、数据库编程、网络编程、图形处理、文本处理、多媒体应用、编写简单爬虫等，具有简单灵活、可混合编程、内置工具丰富等优点。Python 语言功能齐全、标准库庞大，可以帮助处理各种操作，包括正则表达式、单元测试、数据库、网页浏览器、FTP、HTML、密码系统、图形用户界面及其他与系统有关的操作。此外，Python 语言还有许多其他高质量的库，如 wxPython、Twisted 和 Python 图像库等。雨虹学网是使用 Python 语言、基于 Django 框架构建和开发的，实现了丰富的教师端、学生端及教务管理功能。

4. Web 技术

雨虹学网采用了 MVC 架构，应用的 Web 层技术包括 HTML、CSS、JavaScript、AJAX、jQuery、Mako 等。关于上述技术，本书 5.1 节已经对其中的绝大部分做了详细概述，这里不再赘述，只简单阐述 Mako 技术。

Mako 是一个由 Python 语言编写的模板库，其语法和应用程序界面借鉴了包括 Django、Jinja2 模板、Cheetah、Myghty 和 Genshi 等技术的精华。从概念上讲，Mako 是一种嵌入式 Python 语言，利用它能够改善常规的组件化设计，获得一种最简单的弹性模型。同时，Mako 延续了 Python 调用和范围语义的内部关联。Mako 模板可从一个包含各种类型内容的文本流解析得到。Mako 模板还可以包含 Mako 指令，用来表示变量和表达式替换、控制结构、服务器端注释、整块 Python 代码，还可以用来提供额外功能的各种标签。所有这些结构都被编译为实际的 Python 代码，因此，Mako 模板的每个方面都可充分利用 Python 的强大功能。

Mako 有以下特点：①极其简单的 API；②速度特别快；③标准化的模块特征；④有两种可调用模块，可以随意嵌入，并且可以指定常规的 Python 参数签名；⑤支持分域继承、"链接"风格的继承，在链接中，完整地继承层次结构是可行的，并且继承是动态的；⑥功能全面，可过滤 URL 换码、HTML 换码，具有完整的缓存系统，可支持谷歌搜索引擎。

雨虹学网使用上述技术开发了内容形式灵活、界面美观清晰、系统功能完善的教学云平台，为教师、学生及教务管理人员提供了赏心悦目、交互体验好的在线教育平台。

5. Linux 集群部署技术

雨虹学网应满足中国农业大学课上、课下教学需要，同时使用平台的上限人数为 3000 人，最大并发数为 500 人。根据这一需求，设计的雨虹学网服务器部署方案如图 8-3 所示。

6. 负载均衡技术

为保证系统的高可用性和可扩展性，雨虹学网采用 LVS 和 Keepalived 方案实现负载均衡。

LVS 是 Linux Virtual Server 的缩写，即 Linux 虚拟服务器，现在 LVS 已经是 Linux 标准内核的一部分。LVS 架构由三部分组成：最前端为负载均衡层，称为 Director Server；中间为服务器群组层，称为 Real Server Array；最底端为数据共享存储层，称为 Shared Storage

（见图 8-4）。在用户看来，所有的内部应用都是透明的，他们只是在使用一个虚拟服务器提供的高性能服务。

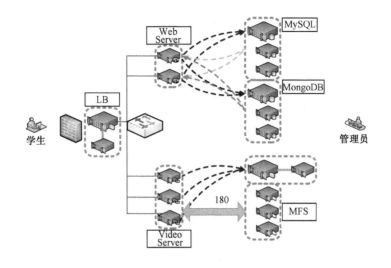

图 8-3　雨虹学网服务器部署方案

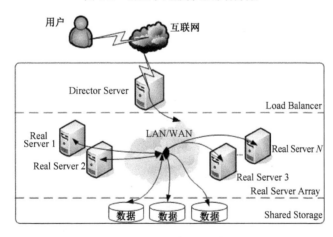

图 8-4　LVS 架构

Keepalived 技术是一种实现失效检测与转发的服务机制，可自动检测 Director Server 和 Real Server。Keepalived 为 Director Server 建立了主从热备机制，即正常情况下只有主服务器工作，当主服务器宕机或出现故障时，Keepalived 会自动启用备用服务器，当主服务器修复好之后，备用服务器会自动将权利交还给主服务器。Keepalived 还可以检测 Web 服务器的状态，如果某台 Web 服务器宕机或出现故障，其将有故障的 Web 服务器从系统中剔除；当 Web 服务器修复好后，其自动将 Web 服务器重新加入服务器群组中。

LVS+Keepalived 方案实现了负载均衡，并且消除了单点故障导致整个系统瘫痪的问题，很好地满足了雨虹学网的大规模在线服务需求。

7. 反向代理技术

Web 服务器采用的是 Nginx。Nginx 是一个高性能 Web 服务器，具有占用内存少、并发能力强等特点，被广泛用于各大网站。在同类型的网站服务器中，Nginx 的并发能力名列前茅。在高连接并发的情况下，Nginx 能够支持高达 50000 个并发连接数的响应。作为服务器，Nginx 可作为 HTTP 代理服务器对外进行服务。

8. 视频存储服务器技术

雨虹学网视频数据量大，并且要支持高并发数访问，要具备高可靠性和高可用性，因此其采用 MFS（分布式容错文件系统）集群方案来存储视频数据并支持标准文件系统接口。如图 8-5 所示，MFS 由四部分组成：①管理服务器（Master），主要存储文件和目录元数据、管理集群成员关系和 Chunk 元数据信息；②存储服务器（Chunk Server），负责存储 Chunk，提供 Chunk 读写能力；③元数据备份服务器（Metalogger Server），负责根据元数据文件和 log 实时备份 Master 元数据；④客户端（Client），是一个 mfsmount 进程，以 FUSE 方式挂到本地文件系统，实现标准文件系统接口。

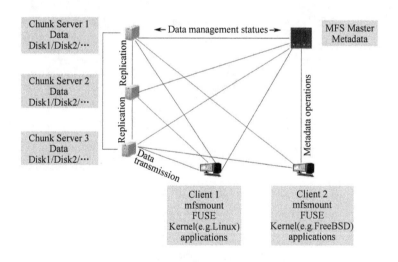

图 8-5　MFS 结构示意

MFS 根据实际需求随时增加 Chunk Server，以便迅速提高系统并发数和访问速度。在某台 Chunk Server 失效的情况下，MFS 仍然可用。

9. Memcached 技术

Memcached 是一个高性能的分布式内存对象缓存系统，用于动态 Web 应用以减轻数据库负载。它通过在内存中缓存数据和对象来减少读取数据库的次数，从而提高动态的数据库驱动网站的速度。它是一套分布式的快取系统，具有协议简单、基于 libevent 的事件处理、内置内存存储方式、不互相通信的分布式的特点。由于 Memcached 的服务器和客户端通信并不使用复杂的 XML 等格式，而使用简单的基于文本行的协议，因此其速度很快。

雨虹学网在服务层采用 Memcached 缓存用户对数据库的读取，以便用户下次访问时可快速获取相关数据，从而大幅度提升用户体验。

8.2　雨虹学网的主要功能

8.2.1　功能概述

雨虹学网是一个大型中文网络开放课程平台，其总体框架分为后台管理系统、教师端和学生端三部分（见图 8-6）。

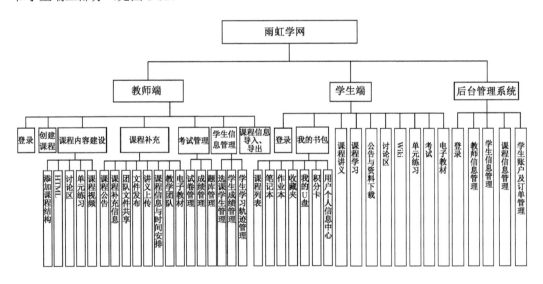

图 8-6　雨虹学网总体框架

1. 后台管理系统

后台管理系统只有教务人员可以登录操作，包括教师信息管理模块、学生信息管理模块、课程信息管理模块和学生账户及订单管理模块，其功能结构如图 8-7 所示。

（1）教师信息管理模块包括教师信息增、删、改、查（根据用户名）和教师信息导入、导出。

（2）学生信息管理模块包括学生信息增、删、改、查（根据学号、邮箱、课程 ID）和学生信息导入、导出。

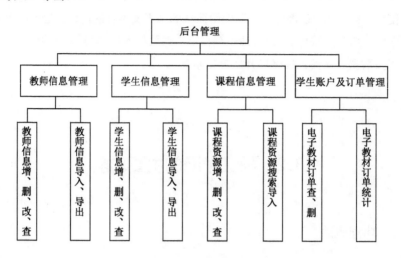

图 8-7　后台管理系统功能结构

（3）课程信息管理模块包括课程资源增、删、改、查和课程资源搜索导入（根据课程名称、开课院系、课程号）。

（4）学生账户及订单管理模块包括电子教材订单查、删（根据订单号、课程名、用户名）和电子教材订单统计。其结构如图 8-8 所示。

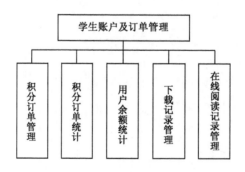

图 8-8　电子教材订单管理模块结构

2. 教师端

教师端包括三个模块：内容、设置和工具，其功能结构如图 8-9 所示。内容包括课程资料、课程公告、文件发布、讲义上传、课程补充信息、团队文件共享、考试管理、电子教材管理模块；设置包括课程信息和时间安排、教学团队、学生信息管理模块；工具包括开课操作核查清单、导入、导出模块。

3. 学生端

学生端是学生学习平台，包括我的书包（课程列表、笔记本、作业本、收藏夹、我的U盘、积分卡、用户个人消息中心）、课程学习、公告与资料下载、讨论区、Wiki、单元练习、考试、电子教材和课程讲义等模块，其功能结构如图 8-10 所示。

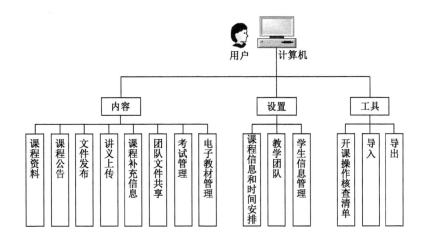

图 8-9 教师端功能结构

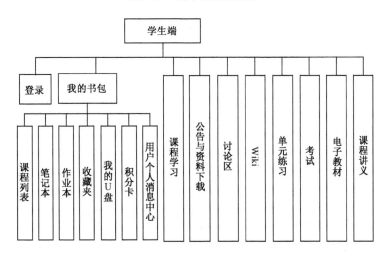

图 8-10 学生端功能结构

8.2.2 教师端功能

1. 雨虹学网教师端首页

图 8-11 所示为雨虹学网教师端的首页，该页面提供了注册和登录的方法，主要作用是引导初次使用雨虹学网的教师使用该平台进行工作。

图 8-11　雨虹学网教师端首页

从教师端首页可以链接到注册、登录、帮助等功能页面。

1）注册

所有使用雨虹学网的教师都要先注册。注册页面的左半部分的表单为注册账户的必要信息，需要填写邮箱信息、密码、用户名、真实姓名等，其中带"*"标识的项目为必填项；右半部分是关于使用雨虹学网出现的相关问题及解答。

2）登录

在雨虹学网首页，单击"登录"按钮，可跳转到登录页面（见图 8-12），在该页面需要填写邮箱和密码，然后单击相应的登录按钮，即可登录雨虹学网的教师端。

图 8-12　登录页面

3）帮助

在雨虹学网首页顶端右部导航栏部分，有"教师平台帮助"选项，单击该选项可进入帮助信息页面，该页面的主要作用是帮助教师顺利加入平台、创建课程、组织教学内容和进行教育管理。

2. 课程管理

1）课程显示

教师登录以后，会出现我的课程页面。该页面左端会出现注册时的用户名，用户名下面的表单是教师有权限访问的全部课程；页面右侧为雨虹学网功能说明文档的下载链接及在线联系链接。

在我的课程页面顶部，单击用户名会出现下拉菜单（见图 8-13），单击"学生端入口"，可以看到学生浏览页面；单击"我的课程"，可以看到教师创建的课程；单击"退出"，可以退到登录页面。

图 8-13　我的课程管理和退出操作

2）新建课程

如需创建课程，则单击我的课程页面的"创建新课程"按钮，如图 8-14 所示，之后进入创建课程页面，如图 8-15 所示。该页面提供了创建课程所需填写的必要信息，包括课程名称、开课单位、课程编号、课程开课学期，所填写信息的格式均在每一行有范例和提示，填好之后单击"创建"按钮即可。创建成功后，相应的课程会出现在课程列表中。

图 8-14　新建课程操作

3. 课程内容管理

单击一个已创建的课程名称，会出现如图 8-16 所示的课程管理页面，选择页面上方"内容"选项卡，可看到其下拉菜单中包括"课程资料""课程公告""课程补充信息""团队文件共享""文件发布""讲义上传""考试管理""电子教材管理"。

图 8-15　创建课程页面

图 8-16　课程管理页面

1）课程资料

在我的课程页面，单击任意一个所选的课程，可以进入课程资料管理页面。在该页面中可以添加章节和新单元，以及浏览学生端课程。

2）课程公告

课程公告是教师发布的公告或通知，一般作为考试、答疑或其他重要事件的提醒。在图 8-16 所示的"内容"选项卡下选择"课程公告"项，进入课程公告页面，课程公告页面有新建公告和编辑功能。

单击右侧"新建公告"按钮，会跳转到新建窗口，如图 8-17 所示。在此页面可编辑内容和设置发布日期，编辑完成后单击"保存"按钮即可；如果要放弃此次编辑内容，单击"取消"按钮即可。

3）课程补充信息

课程补充信息是用来补充教师课件的页面，其他教师可用此页面来分享教学大纲、日历、讲义等。添加的课程补充信息将和课件、课程信息、讨论等同排出现在学生端课程的主导航栏里。在"内容"选项卡下选择"课程补充信息"项进入相应的页面，在该页面单击"创建新页面"按钮，可添加新的课程补充信息。对已经存在的课程补充信息，可进行编辑和删除，只要单击页面的"编辑"和"删除"按钮即可。

图 8-17　新建公告页面

4）团队文件共享

教师上传至本课程的所有文件都将在文件上传页面列出，包括课程图片、教材章节及直接上传到本页面的任何文件。

在"内容"选项卡下选择"团队文件共享"项，选择要上传文件所在位置上传即可。

教师可以单击文件名称来预览或下载文件，也可以单击"叉符号"按钮删除文件，还可以单击"锁符号"按钮给文件上锁以禁止未注册课程的人访问该文件，此外还可以复制文件的网址并将其放在课程的任意页面作为链接。

5）文件发布

单击"内容"选项卡下的"文件发布"选项，进入文件发布页面（见图 8-18）。文件发布页面是教师想分享给学生供其下载课程资料的平台。上传的文件在此页面发布后，学生可在课程资料下载专区中下载学习。

文件名称	上传时间	删除
14第18讲.ppt	2015-05-28	⊗
课程设计题目2015.pdf	2015-05-21	⊗
14第17讲.ppt	2015-05-21	⊗
14第16讲.ppt	2015-05-21	⊗
15第15讲.ppt	2015-05-14	⊗
15第14讲.ppt	2015-05-07	⊗
15第13讲.ppt	2015-05-07	⊗

图 8-18　文件发布页面

6）讲义上传

在"内容"选项卡下选择"讲义上传仅 PDF"项，单击"添加讲义"按钮即可进入添加教材页面，如图 8-19 所示。

图 8-19　添加教材页面

一般是把教材拆成章节进行添加的，在该页面填写教材名称、章节名称、章节地址，填写完之后单击"添加一个章节"按钮，选择要上传的教材单击"保存"按钮即可。

也可进入讲义内容页面，如图 8-20 所示。

图 8-20　讲义内容页面

7）考试管理

（1）试卷管理。

单击"内容"选项卡下的"考试管理"项，进入试卷列表页面，则对应课程的考试题目将会在此列出，如图 8-21 所示。

图 8-21　试卷列表页面

在试卷列表页面，可查看试卷内容，包括试卷名称、考试开始时间、考试结束时间、各种题型的题目个数和分数。

设置当前试卷：试卷分为"自主"和"随机"两种类型，只有"自主"类型的试卷可以"设置当前试卷"。设置之后，所有学生做当前同一套试卷；取消当前试卷，则教师端默认出卷类型是"随机"，学生端的每个学生的试卷是随机产生的且互不相同。在试卷列表页面，还可进行试卷删除、设置当前考卷、试卷导出（见图 8-22）等操作。

图 8-22　试卷导出

在试卷内容页面单击"修改试卷信息"按钮可修改试卷基本信息，包括考试开始时间和考试结束时间的修改、试卷各题型分数设置的修改，如图 8-23 所示。

单击题目后的"修改"按钮，可跳转到如图 8-24 所示的单个题目信息修改页面。

单击试卷内容页面的"继续添加"按钮，可跳转到往当前试卷中添加试题的页面（见图 8-25）。如果觉得考题不够，可以继续再添加，并且不会和之前选过的考题重复出现。

图 8-23　试卷基本信息修改页面

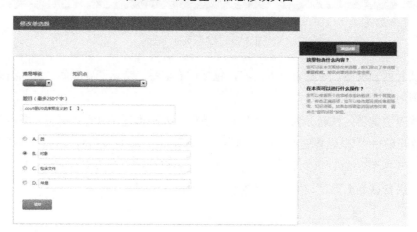

图 8-24　单个题目信息修改页面

图 8-25　往试卷中添加试题的页面

在添加试题页面，选择难易程度、知识点和题目类型后，单击"查询"按钮，则会列出题库中所有符合条件的题目。选择需要的题目，单击"提交"按钮保存。

在试卷管理页面单击"添加试卷"按钮可跳转到自主出卷页面进行自主出卷。在自主出卷页面，可设置试卷基本信息，从题库选择需要的题目，并且对每种题型进行分数设置，然后单击"提交"按钮即可完成一套自主试卷。

单击添加试卷页面中的"添加随机策略"，可跳转到随机出卷页面进行随机出卷。在随机出卷页面可设置试卷基本信息、对每种题型进行分数设置、选择每个题型的个数，然后单击"提交"按钮即可完成所需份数的随机试卷。

（2）成绩管理。

在考试成绩页面，单击"答卷详情"，可查看所有学生的答题情况，如图 8-26 所示，再单击"详细"，可查看学生个人答题情况，如图 8-27 所示。其中，教师可以查看学生的代码情况，并且可以对学生主观题进行评判，给出成绩，之后将其立即加入学生的试卷总分中。

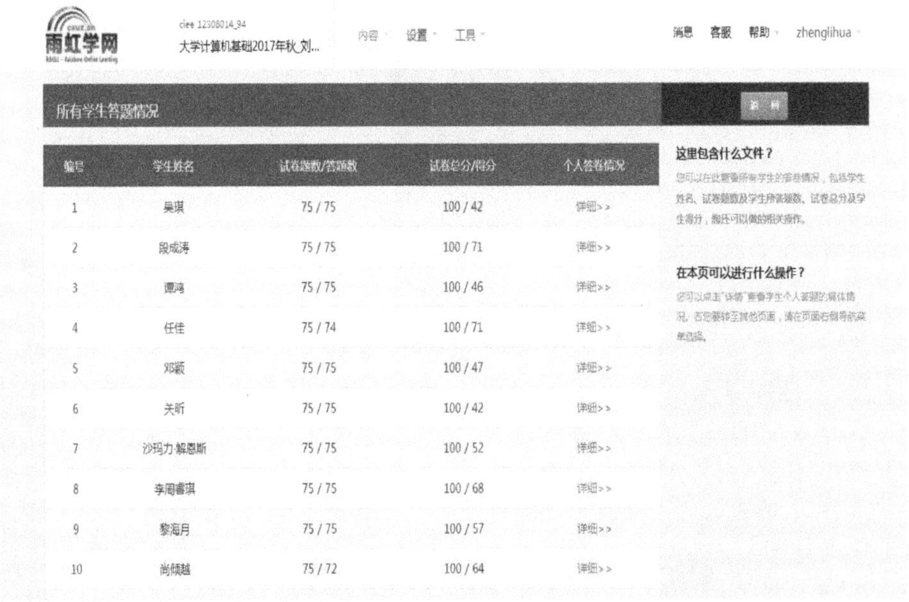

图 8-26　所有学生答题情况

（3）题库管理。

题库管理包含题库列表、添加知识点、添加七种题型、导入和导出几部分，具体如图 8-28 所示。

选择"题库列表"项，可跳转到如图 8-29 所示的题库管理页面，对题库里的题目进行修改和删除操作（修改操作同单元练习的修改）。

图 8-27 学生个人答题情况

图 8-28 题库管理菜单

图 8-29 题库管理页面

选择"+单选题""+多选题""+判断题""+填空题""+编程题""+主观题""+改错题"项可以分别添加七种题型。

选择"导入""导出"项可进行题库的导入、导出操作。

8）电子教材管理

选择"内容"选项卡下的"电子教材管理"，进到电子教材管理页面，如图 8-30 所示。

图 8-30　电子教材管理页面

单击"增加电子教材"，跳转到电子教材管理页面，包括书名、所属类别、内容简介等信息，如图 8-31 所示。在该页面单击"浏览"按钮可选择想要添加的电子教材（电子教材文件名不可重复）。

图 8-31　电子教材管理页面

4. 课程信息设置

选择"设置"选项卡（见图 8-32），可以对一门课程进行相关设置，包括"课程信息和时间安排""教学团队""学生信息管理"，以下分别予以介绍。

图 8-32　课程信息设置

1）课程信息和时间安排

选择"设置"下的"课程信息和时间安排"项，进入相应的页面，在该页面可添加课程时间安排、课程要求等课程相关信息。

（1）基本信息。

基本信息部分的主要功能是显示教师的课程名称和链接等，并且可以通过邮件邀请学生注册该教师的课程（见图 8-33）。

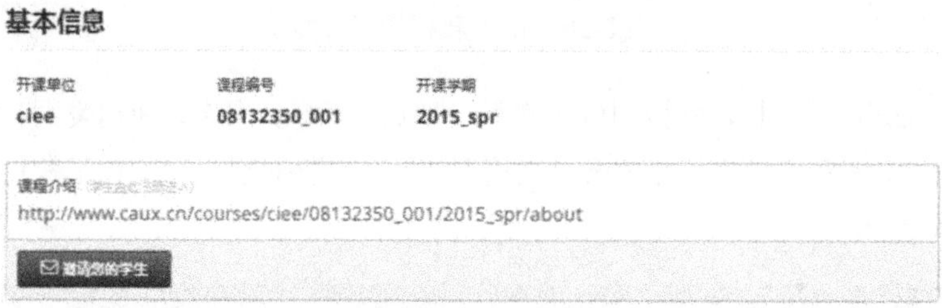

基本信息

开课单位	课程编号	开课学期
ciee	08132350_001	2015_spr

课程介绍（学生点击即访问）
http://www.caux.cn/courses/ciee/08132350_001/2015_spr/about

✉ 邀请您的学生

图 8-33　基本信息

（2）时间节点。

时间节点部分的主要功能是设置课程的开始和结束日期、课程开始和结束时间，设置学生注册课程的开始和结束日期、注册开始和结束时间（见图 8-34）。

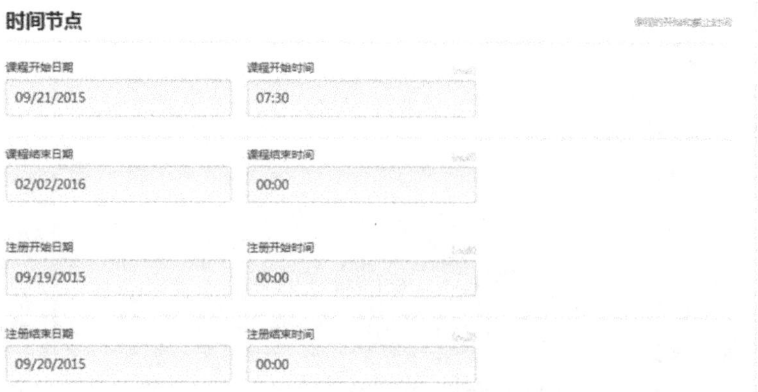

时间节点

课程开始日期	课程开始时间
09/21/2015	07:30

课程结束日期	课程结束时间
02/02/2016	00:00

注册开始日期	注册开始时间
09/19/2015	00:00

注册结束日期	注册结束时间
09/20/2015	00:00

图 8-34　时间节点设置

（3）介绍您的课程。

介绍您的课程部分的主要功能是输入对本课程的描述（见图 8-35）。

（4）课程图片。

在课程图片部分可以上传课程的封面图片（图片要小于 600×400 像素，必须是长方形的图片），但上传的图片只能是 JPEG 或 PNG 格式（见图 8-36）。

图 8-35　课程描述

图 8-36　课程图片上传

（5）课程介绍视频。

课程介绍视频部分的主要功能是创建一个显示在学生端"About"页面的视频（见图 8-37）。

图 8-37　创建课程介绍视频

（6）课程要求。

可在"每周学时数"框内输入教师要求学生每周用在该课程上的时间（见图8-38）。

课程要求

每周学时数

8

图 8-38 课程要求学时数

2）教学团队

选择"设置"下的"教学团队"项，出现教学团队页面，其主要功能是邀请其他已注册雨虹学网的用户与教师合作编辑课程。

单击"新成员"按钮，可以添加新成员。注意：被邀请的对象必须已注册雨虹学网且已激活邮箱，否则，会提示找不到该用户。

3）学生信息管理

选择"设置"下的"学生信息管理"项，出现如图8-39所示页面，该页面有选课学生管理、学生成绩管理、学生学习轨迹管理三个选项。单击"选课学生管理"，进到选课学生管理页面。该页面包括学生姓名、学号、选课时间等信息。在该页面可对学生进行删除选课操作，也可通过输入学号添加选课学生，或者批量导入选课学生。

单击"学生成绩管理"，出现本课程的学生成绩管理页面，如图8-40所示。学生成绩管理页面主要对学生的单元练习成绩、考试成绩、平时成绩进行管理。教师对各个部分的成绩设定比重后，系统会自动计算所有学生的总成绩。

图 8-39 学生信息管理页面

图 8-40　学生成绩管理页面

　　单击"学生学习轨迹管理",出现学生学习轨迹管理页面,如图 8-41 所示。

　　在学生学习轨迹管理页面单击"详细页面",设置"开始时间"和"结束时间"后,可查看每个学生在某一时间段的学习轨迹,还可查看该学生最近 7 天和最近 30 天的访问情况,如图 8-42 所示。

图 8-41　学生学习轨迹管理页面

5. 工具

　　在图 8-16 所示的页面中选择"工具"选项卡,其下拉菜单包括"开课操作核查清单""导入""导出",如图 8-43 所示。

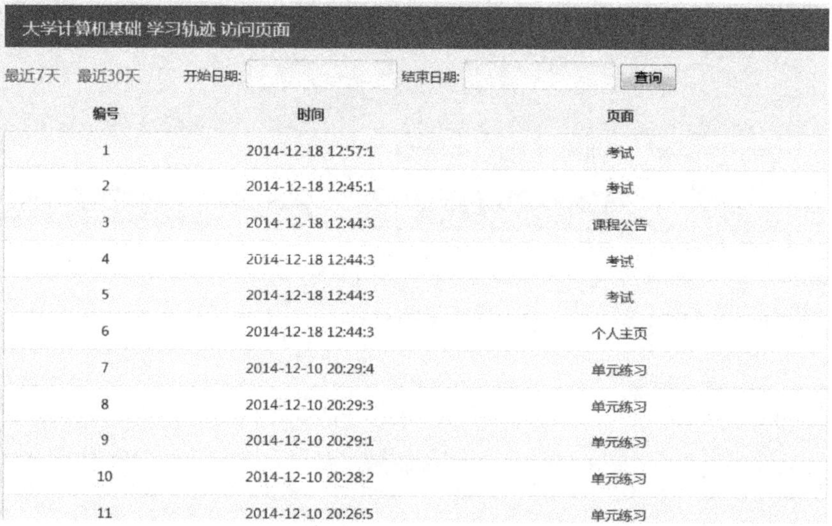

图 8-42　某个学生的学习轨迹

图 8-43　"工具"选项卡

1）开课操作核查清单

选择"工具"下拉菜单中的"开课操作核查清单"选项，进入开课操作核查清单页面，如图 8-44 所示。核查清单可梳理建立课程过程中的必要步骤。

图 8-44　开课操作核查清单页面

2）导入

选择"工具"下拉菜单中的"导入"选项，进入课程导入页面，如图 8-45 所示。页面上显示了关于导入课程时出现问题的相关提示，以及关于导入课程的警告提示。其主要功能是导入相关课程所需要的课件。

图 8-45　课程导入页面

3）导出

选择"工具"下拉菜单中的"导出"选项，可进入导出课程内容页面。

页面显示了关于导出内容的提示（随着课程导出或不能导出的相关数据），以及关于导出课程的问题解答和警告提示。该页面主要功能是导出相关课程的课件。

8.2.3　学生端功能

1. 雨虹学网学生端首页

图 8-46 所示为雨虹学网学生端首页，该页面的主要功能是引导学生登录和搜索课程。

图 8-46　雨虹学网学生端首页

该首页由中国农业大学多个学院的精品课程的图片组成。单击课程图片，可查看各精品课程下开设的子课程；在搜索框内可以根据教师姓名、课程编号、学院和课程名来检索课程。

学生端登录页面与教师端的一样，如图 8-47 所示。

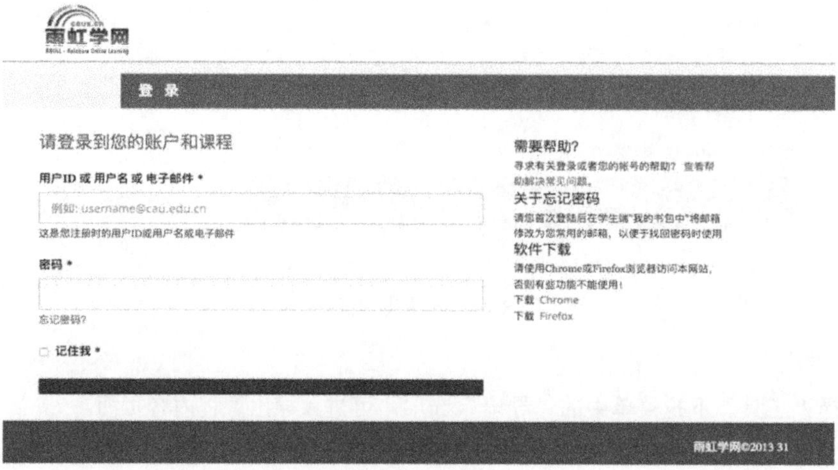

图 8-47　学生端登录页面

当单击"忘记密码"并输入注册雨虹学网的邮箱后，系统将把重置密码的邮件发送到用户的邮箱中。按照系统提示操作，用户可设置新的密码。

单击左上角"雨虹学网"Logo，将返回雨虹学网首页。

2. 我的书包

学生登录后即可看到我的书包，我的书包包括课程列表、笔记本、作业本、收藏夹、我的 U 盘、积分卡和消息中心。

（1）单击真实姓名后的"编辑"，可以修改用户真实姓名。

（2）单击电子邮箱后的"编辑"，可以更改注册雨虹学网的电子邮箱。

（3）单击"重置密码"，可以更改登录密码。

（4）单击"笔记本"可链接至每门课程的 Wiki。

（5）单击"作业本"可链接至每门课程的单元练习。

（6）单击"课程列表"可查看选择的所有课程（见图 8-48）。

其中，鼠标停在右上角的用户姓名时，可选择帮助或注销，单击用户姓名则链接至"我的书包"页面；单击"查看课程"则链接至课程具体内容页面；单击"退选课程"可将某课程从您的课程列表中删除。

图 8-48　课程列表页面

（7）单击"收藏夹"链接至用户个人的收藏夹页面，收藏夹的功能是收藏特别标记的页面，比如练习题未完成作答的单元页面、重点通知的公告页面、未观看完的教学视频页面等。

（8）单击"我的 U 盘"可链接至用户个人 U 盘，用户可在此上传文件并存储（见图 8-49）。

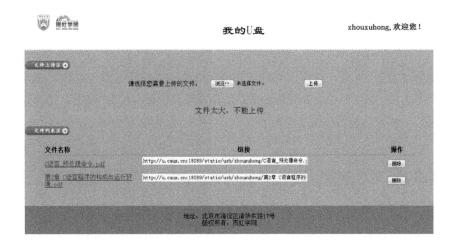

图 8-49　我的 U 盘页面

（9）单击"积分卡"可链接至电子教材充值页面，查看用户积分、下载记录等（见图 8-50）。

图 8-50　积分卡页面

（10）单击"消息中心"可查看用户单元练习、个人消息和系统消息等（见图 8-51）。

图 8-51　消息中心页面

3. 课程主页

单击图 8-48 中的"查看课程"按钮，会出现课程页面（见图 8-52）。课程页面包括"课程学习""公告与资料下载""讨论区""Wiki""单元练习""考试""电子教材"等。

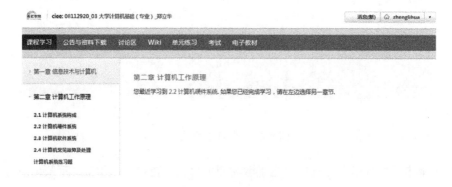

图 8-52　课程页面

1）课程学习

学生可通过该页面观看教师上传的课程视频及课堂板书。

2）公告与资料下载

该页面用于发布课程重要信息，如考试、停课等信息，其右侧课程资料下载专区可用来下载该课程的课件、大纲等资料。

3）讨论区

讨论区左侧的讨论分区由教师设定，学生可根据讨论内容选择对应的分区发表帖子（见图 8-53）。

图 8-53　讨论区发帖页面

在讨论区还可以评论已有帖子、删除已有帖子（权限仅限发帖人）及删除评论。

4）Wiki

Wiki 是教师和学生用来共享文章或笔记的地方（见图 8-54），其最高级目录是 Wiki 总目录，总目录下可创建多个一级子目录，创建课程后默认以该课程的课程编号命名每个一级子目录，在每个一级子目录（也就是某门课程目录）下还可以创建二级子目录，其文章主题自定。任何教师和学生都可以参与文章的修改或添加，以便用户共享和交流学习心得。

Wiki 页面功能包括添加文章、查看所有子文章、编辑当前文章、设置文章读写权限。单击"查看所有子文章"，所得页面如图 8-55 所示。

5）单元练习

单击所要作答的习题所在的章节，通过"上一单元""下一单元"按钮选择所要单元。

单元练习有七种题型：单选题、多选题、填空题、判断题、编程题、主观题和改错题。

单击"答题"可跳转至每个题目的页面或作答弹窗。学生答题次数及截止日期由教师端出题时设定，超出答题次数或不在答题日期内学生将无法答题。学生提交答案后，可返回查看该题的正确答案和自己的得分。

图 8-54　Wiki 页面

图 8-55　所有子文章页面

特别地，对于主观题，在学生已经作答且已过截止时间的情况下，题目列表后面会出现互评或评语链接，分别对应教师出题时设置的学生互评或教师自评。

6）考试

学生考试页面显示考试开始和结束时间，以及各种类型的考试试题。

通过单击"答题"按钮进行答题，作答后有提示信息。答题弹窗如图 8-56 所示。

7）课程讲义

该页面是教师端自主添加的课程补充信息，用于显示教师上传的讲义。

8）电子教材

电子教材页面如图 8-57 所示，页面内容包括电子教材名称、类型、价格（积分）、预览和下载。

图 8-56　答题弹窗

| 课程学习 | 公告与资料下载 | 讨论区 | Wiki | 单元练习 | 考试 | 电子教材 |

电子教材

电子教材名称	类型	价格(积分)	预览	下载
c语言	计算机	1000	预览	下载
c语言程序设计	计算机 编程	2600	预览	下载
计算机网络	计算机 通信	3500	预览	下载
数据结构	计算机	3500	预览	下载

图 8-57　电子教材页面

单击"下载",可进入电子教材下载信息页面,然后单击"充值"可链接到用户中心,单击"下载本书"将扣除积分,获得下载权限(见图 8-58)。

8.2.4　后台管理系统(教务系统)

1. 登录

后台管理系统登录页面如图 8-59 所示,用户输入用户名和密码即可登录雨虹学网后台管理系统。

图 8-58　电子教材下载页面

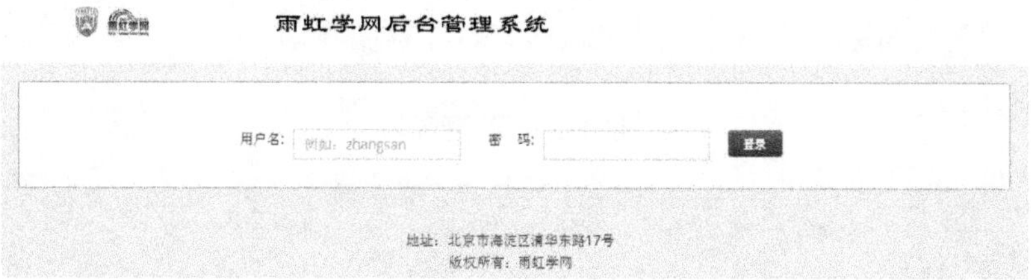

图 8-59　后台管理系统登录页面

2. 教师信息管理

教师信息管理页面如图 8-60 所示，可在此页面统一管理教师信息。

图 8-60　教师信息管理页面

1）添加用户

单击图 8-60 中的"添加用户"按钮，在出现的页面（见图 8-61）中填写新用户的信息，包括邮箱地址（不能为空）、密码（不能为空）、用户名（不能为空，统一规定为教师姓名拼音小写）、真实姓名（教师中文姓名）、学校院系（允许为空）、语言（允许为空），填写完毕后单击"提交"按钮即可。

图 8-61 添加用户页面

2）删除用户

在图 8-60 所示的页面中，勾选需要删除的用户，单击"删除用户"按钮即可，可一次删除多个用户。注意：管理员用户具有教师和学生的双重身份，请勿删除！

3）修改用户

在图 8-60 所示的页面中，勾选需要修改的用户，单击"修改用户"按钮，进入如图 8-62 所示的页面，在该页面可修改教师的邮箱地址、密码、真实姓名。注意：由于用户名是教师用于登录的登录名，不允许修改。

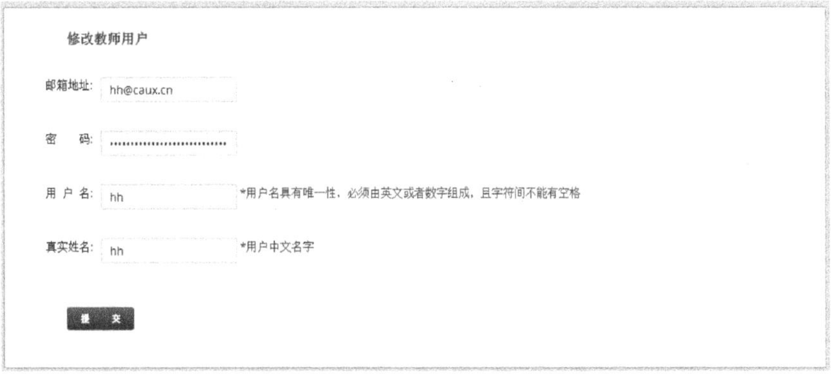

图 8-62 修改用户信息页面

4）批量导入用户

在图 8-60 所示的页面中，单击"批量导入用户"按钮，进入相应的页面。在该页面单击"选择文件"按钮，在弹出的界面中选择需要导入的教师名单 Excel 表格，然后单击"上传"按钮即可。

5）搜索

在图 8-60 所示的输入框中输入要搜索的教师用户名（姓名拼音），单击"搜索"按钮即可（目前仅支持按照教师的用户名搜索）。

3. 学生信息管理

学生信息管理模块的页面和操作方法（添加用户、删除用户、修改用户、批量导入用户、搜索）与上述教师信息管理模块的基本一样，只是增加了"用户导出"的功能（见图 8-63）。

图 8-63　学生用户导出

导出学生用户时，首先选择需要导出的学生用户，单击"用户导出"按钮，在弹出的界面中选择"保存"即可。

4. 课程信息管理

课程信息管理页面如图 8-64 所示，在此页面可管理系统中的所有课程。

图 8-64　课程信息管理页面

1）创建课程

单击图 8-64 中的"创建课程"按钮，进入相应的页面，填写课程的相关信息，包括课程名称、开课院系、课程编号、开课学期、课程教师，然后单击"创建"按钮即可。

2）删除课程

在图 8-64 所示的页面中，勾选需要删除的课程，单击"删除课程"按钮即可，可一次删除多门课程。

3）修改课程信息

在图 8-64 所示的页面中，勾选要修改的课程，单击"修改课程信息"按钮即可进入如图 8-65 所示的页面，修改课程信息后，保存即可。

图 8-65　修改课程信息页面

4）课程批量导入

在图 8-64 所示的页面中，单击"课程批量导入"按钮，选择需要导入的课程文件，必须是 Excel 文件，如图 8-66 所示。

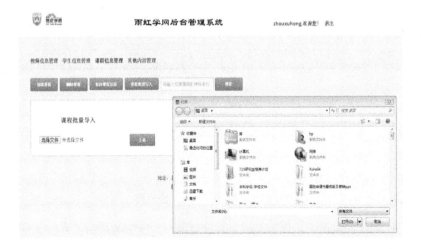

图 8-66　课程批量导入页面

5）搜索

在图 8-64 所示的页面中，输入需要搜索的课程信息，单击“搜索”按钮即可。系统目前支持按照课程名称（如 C 语言）、开课院系（如 ciee）、课程编号（如 cs101）进行课程搜索。

5. 学生账户及订单管理

雨虹学网利用第三方中间件开发了学生账户及订单管理模块，其页面如图 8-67 所示。其中，“充值记录”记录了当前用户的充值金额及充值时间；“下载记录”记录了当前用户下载电子书的书名、消费积分、下载时间。

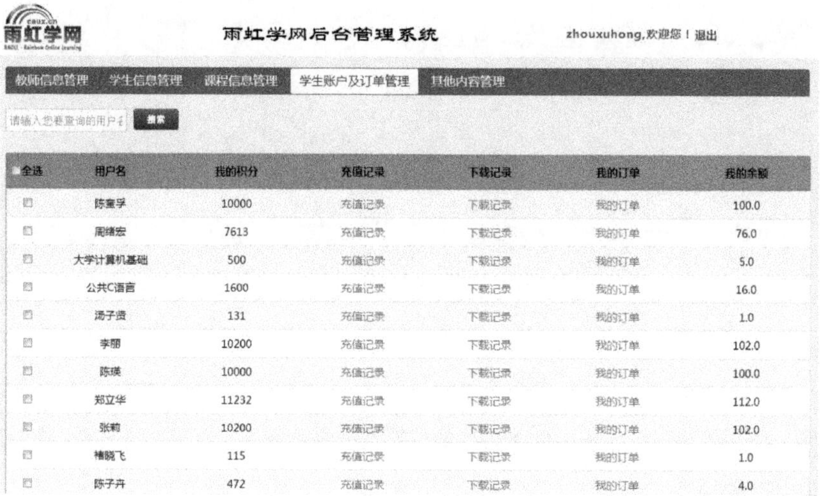

全选	用户名	我的积分	充值记录	下载记录	我的订单	我的余额
	陈董孚	10000	充值记录	下载记录	我的订单	100.0
	周绪宏	7613	充值记录	下载记录	我的订单	76.0
	大学计算机基础	500	充值记录	下载记录	我的订单	5.0
	公共C语言	1600	充值记录	下载记录	我的订单	16.0
	汤子贤	131	充值记录	下载记录	我的订单	1.0
	李丽	10200	充值记录	下载记录	我的订单	102.0
	陈瑛	10000	充值记录	下载记录	我的订单	100.0
	郑立华	11232	充值记录	下载记录	我的订单	112.0
	张莉	10200	充值记录	下载记录	我的订单	102.0
	褚晓飞	115	充值记录	下载记录	我的订单	1.0
	陈子卉	472	充值记录	下载记录	我的订单	4.0

图 8-67 学生账户及订单管理页面

在图 8-67 所示页面中单击“下载记录”链接后即可打开如图 8-68 所示页面，显示当前用户下载的详细历史信息。

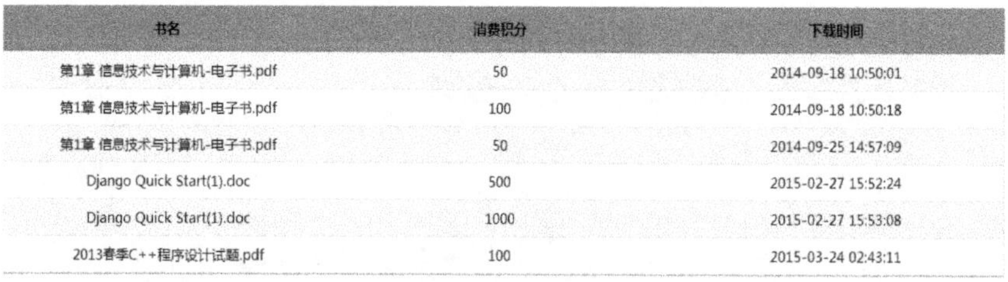

书名	消费积分	下载时间
第1章 信息技术与计算机-电子书.pdf	50	2014-09-18 10:50:01
第1章 信息技术与计算机-电子书.pdf	100	2014-09-18 10:50:18
第1章 信息技术与计算机-电子书.pdf	50	2014-09-25 14:57:09
Django Quick Start(1).doc	500	2015-02-27 15:52:24
Django Quick Start(1).doc	1000	2015-02-27 15:53:08
2013春季C++程序设计试题.pdf	100	2015-03-24 02:43:11

图 8-68 电子书下载记录页面

在图 8-67 所示的页面中，可输入用户名搜索用户，搜索结果如图 8-69 所示。

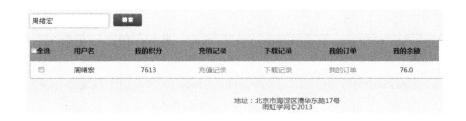

图 8-69 用户搜索结果

同时，该模块还实现了对订单的管理和对账户余额的管理。当前用户可查阅积分充值的订单号、买家账号、交易金额、付款时间等交易详细信息，还可以把现有的积分换成账户充值金额（100 积分=1 元）。

8.3　雨虹学网的部署和维护

8.3.1　运行环境

根据中国农业大学日常教学运行需求，雨虹学网购置的服务器包括高配和低配两种，其中，关键节点采用高配服务器，其他节点采用低配服务器。今后也可根据实际需求随时增加低配服务器来作为网站服务器、视频服务器或存储服务器中的 Chunk Server。现有服务器配置如表 8-4 所示。

表 8-4　现有服务器配置

环　　境	硬件配置	软件配置	网络配置
负载均衡服务器	Dell R420: 单路 4 核，8GB 内存	Ubuntu 12.04 Nginx 1.7.2	集成双千兆网卡
应用服务器 1+数据库服务器	Dell R720: 2 路 6 核，32GB 内存	Ubuntu 12.04 MySQL 5.5.35 MongoDB 2.0.4 雨虹学网	集成双千兆网卡
应用服务器 2	Dell R820: 2 路 4 核，16GB 内存	Ubuntu 12.04 雨虹学网	集成双千兆网卡
应用服务器 3	Dell R420: 2 路 4 核，16GB 内存	Ubuntu 12.04 雨虹学网	集成双千兆网卡

续表

环　境	硬件配置	软件配置	网络配置
视频服务器 1	Dell R720: 2 路 6 核，32GB 内存	CentOS 6.5 Nginx 1.7.2 雨虹学网视频	集成双千兆网卡
视频服务器 2~4	HP Compaq Elite 8300: Intel 酷睿 i53470，4GB 内存	CentOS 6.5 Nginx 1.7.2 雨虹学网视频	集成千兆网卡

雨虹学网网站服务器安装的主要组件包含 Nginx、WSGI、Python、Django、MySQL Proxy 及雨虹学网等，同时可根据实际需求随时增加网站服务器，以便迅速提高系统并发数和访问速度。在某台网站服务器失效的情况下，系统仍然可用。因此，设计的雨虹学网服务器安装组件拓扑结构如图 8-70 所示。

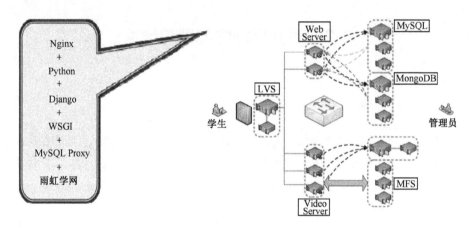

图 8-70　雨虹学网服务器安装组件拓扑结构

8.3.2　部署方案设计

雨虹学网是根据中国农业大学实际教学特点、采用 Python+Django+ MySQL/MongoDB 框架结构在虚拟开发平台上开发的，因此具有较强的维护和升级能力。其通过部署 6 类服务器保证了网站的高可用性和高可靠性，以及良好的用户在线学习体验。程序自动评测、作业互评、师生互动和学习轨迹管理等特色功能凸显了雨虹学网的优势，促使师生更好地开展教学活动，从而实现了主动式教学。

1. 网络部署方案设计原则

根据雨虹学网的应用需求，其网络部署方案设计遵循以下原则：

（1）方案应具有高可靠性和高可用性；

（2）网站应具有较高的访问速度，为学生提供良好的在线学习体验；

（3）方案应采用主流成熟技术，降低系统建造成本，方便后续运行维护；

（4）方案应具有可扩展性，便于增加入驻课程和访问学生的数量；

（5）方案应具有先进性，能够满足系统进一步升级的要求。

2. 服务器及网络部署方案

目前有 8 台服务器应用于雨虹学网。雨虹学网服务器及网络部署方案包括 6 个子系统，分别是负载均衡服务器、网站服务器、关系型数据库服务器、非关系型数据库服务器、视频服务器和视频存储服务器。6 个子系统通过一台千兆交换机接入校园网，接入带宽要求为 1Gbit/s。

该部署方案能够满足学生访问人数不超过 2500 人、同时在线人数不超过 500 人（按学生在线比 1:5 计算）、最大并发连接数 300 个（按在线并发比 3:5 计算）的要求。上线课程资源包括教学课件、章节练习题、考试题库、电子书、教学视频等，预计除教学视频外的课程资源总数据量不超过 200GB。每段教学视频时长 15 分钟左右，数据量不超过 300MB，预计教学视频总数据量不超过 300GB。

8.3.3　雨虹学网的部署

为保证系统的高可用性和可扩展性，雨虹学网采用负载均衡服务器实现了 LVS+Keepalived 方案，消除了单点故障导致整个系统瘫痪的问题。其配备了 2 台服务器，其中 1 台为高配服务器，1 台为低配服务器。

由于单台 MySQL 数据库服务器不能满足安全性、高可用性和高并发等方面的需求，雨虹学网采用 MySQL 数据库集群方案，通过主从复制的方式同步备份数据，再通过读写分离提升并发负载能力。雨虹学网利用 MySQL 数据库存储账户信息、教师开课信息、学生选课信息和成绩单等，同时将其作为 C/C++程序评测服务器。单台 MySQL 数据库服务器（高配）可以提供 300 个并发访问，并使用定期备份方案来保证数据的安全性，同时，在入驻课程和访问学生数量增加的情况下，可方便地升级到集群方案，从而提高系统的可靠性和并发访问数。

雨虹学网利用 MongoDB 数据库存储除视频数据外的全部课程资源，如教学课件、章节练习题、考试题库、电子书等。单台 MongoDB 数据库服务器（高配）可以提供 300 个并发访问，并使用定期备份方案来保证数据的安全性，同时，在入驻课程和访问学生数量增加的情况下，可方便地升级到集群方案，从而提高系统的可靠性和并发访问数。

视频访问在雨虹学网访问量中占的比重较大，因此，将视频服务从 Web 服务中提取出来，独立部署，并且要求网络带宽不少于 1Gbit/s 以保证访问速度。视频服务器安装 Nginx

组件。另可根据需要随时增加视频服务器，以便迅速提高系统并发数和访问速度。在某台视频服务器失效的情况下，系统仍然可用。

雨虹学网视频数据的数据量较大，加之要求网站能支持高并发数访问、具有高可靠性和高可用性，因此，其采用 MFS 存储视频数据。MFS 需要配备至少 5 台服务器，包括 1 台高配服务器、4 台低配服务器。可根据实际需求随时增加 Chunk Server，以便迅速提高系统并发数和访问速度。在某台 Chunk Server 失效的情况下，系统仍然可用。

为了保障雨虹学网具有较高的可靠性和可用性，以及保证网站的访问速度可为学生提供更好的在线学习体验，提高教学质量，雨虹学网所采用的技术均具有先进性、高可用性和可扩展性，可按照实际需求情况进行扩展或缩减。

8.3.4 雨虹学网的维护

雨虹学网及其服务器集群的日常维护主要涉及雨虹学网域名、网站、邮件服务器、视频服务器、文件服务器等的维护。

1. 域名维护

雨虹学网的域名是 www.caux.cn，已在中国万网（http://www.net.cn）注册。如果修改了服务器的 IP 地址，需要重新解析域名。

2. 雨虹学网网站维护

雨虹学网采用前端（Nginx 反向代理）+中间（edX 虚拟机/物理机）+后端（MySQL、MongoDB）的部署方式。前端只需要一台普通台式计算机，并安装 CentOS 操作系统和 Nginx 软件即可；中间若干台 edX 虚拟机直接从虚拟机模板新建虚拟机，并且可根据实际访问量随时添加部署 edX 虚拟机；后端是数据库服务器，安装了 CentOS 操作系统、MySQL 数据库、MongoDB 数据库及 Memcached，数据库服务器配置了两台性能较好的服务器，一台主用，另一台备用。

3. 邮件服务器维护

雨虹学网邮件服务器安装在一个台式计算机上，使用 HMailserver 电子邮件系统。HMailServer 具有防病毒、防垃圾邮件、多域名、多账号、邮件别名、邮件列表、SMTP 路由、系统日志、备份域等众多功能。它支持常见的电子邮件协议 SMTP、POP3、IMAP，可以很容易地与许多现有的网络邮件系统集成并进行二次开发，具有灵活的垃圾邮件防护功能，且可以使用防病毒系统扫描所有传入和传出的电子邮件。

HMailServer 预先配置为高安全性，因此，没有人可以使用该邮件服务器发送垃圾邮件。它支持流行的开源病毒扫描器 ClamAV，还支持黑名单服务器和其他垃圾邮件阻止。HMailServer 内置了一个小型数据库，这样既可节省不必要的设置，又能不受其他操作的影响。它也支持外部数据库，因为外部数据库可提供更好的性能，但外部数据库配置较为复杂。

4. 视频服务器维护

雨虹学网视频服务器采用前端（Nginx 反向代理）+中间（视频虚拟机/物理机）+后端（文件存储）的部署方式。视频服务器安装 CentOS 操作系统，使用 Nginx+Django 框架开发部署视频网站。如果需要多台服务器提供视频服务，则后端的数据必须一致，此时可以使用云存储、磁盘阵列，也可以使用网络文件系统（NFS）、分布式文件系统等。当使用多台服务器提供视频服务时，前端必须提供一个负载均衡器，该负载均衡器可以使用 Nginx 或 LVS 实现。后端的数据可保存在若干台物理机上并通过 NFS 共享数据。

5. 文件服务器维护

雨虹学网使用 NFS 来实现视频数据及其他课程文件的存储共享。尽管 NFS 本身并没有提供文件传输的协议和功能，但它允许用户通过网络与他人共享目录和文件。通过使用 NFS，用户和程序可以像访问本地文件一样访问远程系统上的文件。NFS 服务器端和 NFS 客户端通过 RPC 来实现连接与文件共享功能。雨虹学网使用了分布式文件系统，因为它支持标准文件系统接口，简单易用。

8.4　雨虹学网运行及使用情况

8.4.1　在线课程基本情况

基于国内外发展的形势需要，我们在雨虹学网建设过程中采取了边研发边应用的方案。中国农业大学信息与电气工程学院担任排头兵，不仅在全院范围内宣传了 MOOC 的发展动向，积极鼓励教师了解和参与到 MOOC 方式的教学中来，还为所有任课教师都建立了账户和主页，使得试运行阶段平台就有 45 门次在线课程。其中 10 门次以上的课程均进行了组题库、作业提交、互评、程序自动评判等教学实践，从而使学生、教师在平台的帮助下充分体验了在线教学，并积累了宝贵的经验。同时，根据 MOOC 教学的要求，我们选定了在全校范围内有较大影响力的 3 门课程——"大学计算机基础""C 语言程序设计""工程制图"作为网上教学的突破口，为其他课程的上线探索一条科学可行的道路。这几门课在组织师资力量全力快速地重新梳理知识点，重新设计网上教学教案、练习题、测验题，整理相关的资源后，试验性地上线运行。近 40 名教师、10 余名研究生和 50 多名本科生参与了课程建设。雨虹学网开发组全天待命，及时为在线授课教师及在线上课学生提供技术支持，从而保障了在线教学活动的正常开展。

经过多年的实际运行及使用，目前雨虹学网积累了 631 门次课程的教学资源和学生学习数据，包括日志、学习轨迹、论坛和 Wiki 的参与度等 16 类数据，学生的作业、讨论、笔记等学习成果 60 多万份，教与学日志数据 1000 万条。

8.4.2　雨虹学网教学及学习功能特色

雨虹学网具有程序作业自动评判、作业抄袭评测、上机考试监考、学习行为分析、学习作品展示和评价等特色的教与学支撑工具，形成了理论与实验、线上与线下双结合的教学手段，满足了不同课程的个性化教学需求，有助于形成翻转课堂、以教为主混合教学、以学为主混合教学等多种教学模式。不管是教师还是学生，都能明显体会到雨虹学网带来的巨大裨益。

1. 教师角度

从教师的角度来讲，雨虹学网可帮助教师及时查阅任何一位学生的作业及其在雨虹学网的驻足历史，使教师能够在评判作业的时候给出评语，及时提醒学生调整学习状态，从而更为及时地把握和对比学生学习状况。

1）教学材料组织结构合理，操作简单

教学材料按照"章—节—单元"组织，每单元均包含单元页面、讨论分区、单元练习题及单元教学视频四个部分，方便教师围绕本单元重点和难点内容用各种手段进行教学。

2）单元练习题题型全面，自动评判和互评功能提高了教学效率

单元练习题题型覆盖了通识课和 C/C++程序设计课程所需巩固练习的题型。标准题型类题目和程序设计类题目的自动评判功能为教师快速获取学生的知识掌握程度提供了高效工具；学生互评功能的实现为进一步强化学生互相学习及提高学生学习参与程度提供了有效手段，互评在教师监管下进行，保证了学生评价的客观性和准确性。

雨虹学网提供了作业自动评判和作业抄袭评测功能，减轻了教师批阅和审查作业的负担，使教师腾出精力关注教学内容、教学方法、教学效果和学风建设。作业自动留档功能减轻了教师归档学生作业的负担，让学习产出有档可查、学习过程清晰可见，便于管理部门对教学质量进行监控。

3）考试管理功能使题库维护更为方便，在线考试成为现实

考试管理包括题库管理、试卷管理、考试成绩管理。考试管理功能使考试相关的工作全部实现了电子化，极大地提高了教学的效率。试卷管理可选择自主组卷和随机组卷两种方式，既实用又灵活。

考试监考工具和自动评判工具使上机考试成本低、易操作。日常练习就是"上机实战"。教师和学生角色转变，教师从"讲演者"变为"教练"，学生从"听众"变为"参与式的运

动员"。"留档学生学习成果"成为考核学生的重要依据。

4）互动模块和 Wiki 笔记功能，增加了师生、生生互动的机会

教师负责制订并发布每个单元的讨论区分区主题，使学生有效地开展围绕单元重点、难点的讨论，有针对性地对知识进行吸收和巩固。

雨虹学网形成了一个由教师、助教、学生共同参与的学习社区，可公开展示优秀学生的作业；学生之间可互助答疑，这有利于教师在现实课堂及时点评、肯定学生的表现。

5）学生信息管理模块为教师提供了后台管理学生选课、成绩和学习轨迹的功能

学生信息管理模块包括选课学生管理、学生成绩管理和学生学习轨迹管理。这些功能有助于教师及时掌握学生选课情况、学生学习情况，对学生成绩组成、不同组成成分权重进行管理，并计算、输出总成绩。图 8-71 所示为成绩组成成分权重设置页面。

图 8-71　成绩组成成分权重设置页面

雨虹学网提供的分析工具有利于个性化教育，能够分析每个学生的学习规律、学习效果、学习态度等，从而让教师因材施教。

6）多媒体电子教材功能便捷新颖

雨虹学网提供的多媒体电子教材功能突破了传统教材的理念，为提高学生学习效率提供了良好的工具。学生可通过积分有目的地分章节下载电子教材。

7）雨虹学网提供的其他功能也大大方便了教学，提高了教学效率

除了以上几个特色功能，雨虹学网提供的课程简介、通知通告、文件共享、讲义上传、单元练习题导入/导出、考试试题导入/导出、课程导入/导出、教学团队管理等功能都非常实用。

雨虹学网的应用推动了教学合作和资源共享，使共享资源与个性化教学相辅相成。在

雨虹学网，教师的一个重要任务是设计"学生做什么任务"，并被其他老师共享或改进。多名教师的合作使课程资源更加丰富和优质。教师之间只要相互授权，即可共享"劳动成果"。任课教师可以挑选需要的资源或"学生任务"，将其复制到自己的网络课堂上，实现个性化教学。

2. 学生角度

从学生的角度来看，雨虹学网能够帮助他们更好地完成课程学习目标。对于上课未能听懂的知识，学生可以通过课后不断观看教学视频慢慢学习，同时，雨虹学网中作业的时效性也促使学生按时完成作业。平时作业的实时反馈让学生的学习效果实时可见，从而激起了学生的学习兴趣和挑战欲望。

1）每人一个独立页面（我的书包），便于按自我学习习惯管理

我的书包让每位学生按照自我学习习惯保存和管理学习材料，体现了个性化的学习机制。

2）学生能够获得丰富的电子教学资源，有利于自主学习

学生能够获得教师公开的各种教学资源（PPT、文档、视频、习题等），有利于其全方位、融会贯通地把握知识。

3）学生在规定时间内提交作业，使被动学习和主动学习相结合

学生在规定的时间内学习，从而可以培养其自主学习、统筹安排学习时间的能力；同时，学生可以通过作业自动评判功能实时获得练习成绩，并反复训练获得正确答案。

4）学生参加讨论和 Wiki 制作，促进其思考和总结

学生参加讨论和 Wiki 制作，能够提高其学习参与度，最大化提升学习交流效果。

5）随时地学习，学习制约因素少

除固定端外，雨虹学网也有移动端。学生只要有能够上网的设备和上网条件，就能够随时随地学习。

6）电子多媒体教材的下载和购买为学生提供了高效的学习辅助工具

电子多媒体教材按照章节进行裁剪，学生可通过积分购买的方式获得这些电子多媒体教材，从而促使学生珍惜该资源，进而激发其学习欲望。

8.4.3 教学效果

雨虹学网教学实践活动，不论是从学生成绩方面，还是从学生实际掌握知识及继续学习的热情方面，均获得了较好的效果，以下列举几门课程的教学效果总结。

1. "大学计算机基础"课程建设实践效果全面提升

从 2014 年开始，全校性的"大学计算机基础"必修课在雨虹学网上开课实践。多年来

开展的网络课堂+现实课堂的混合式教学，初步实现了"人人皆学、处处能学、时时可学"的效果。同时，经过多年实践，我们培养了一批熟悉和掌握新模式与新平台的教师队伍，为下一步更好地推广雨虹学网打下了坚实的基础。

2. 程序设计类专业课程教学质量得到提高

从 2013 年开始，中国农业大学全校性的"C 语言程序设计"公选课开始探索 OBE 理念教学模式的应用，并逐步实践和推广，目前受益的学生约为 4000 人。从 2015 年开始，中国农业大学信息与电气工程学院的程序设计类课程全面推广 OBE 理念的混合式教学模式。截至目前，雨虹学网有学生学习行为日志约 300 万条，自动评判作业 15 万份左右。根据对 246 名学生的问卷调查显示，他们对"C 语言程序设计"课程的满意度为 94%。学生们反馈，他们通过"C 语言程序设计"课程的学习体会到了程序设计的美，实时评判的作业激发了他们的学习兴趣和挑战欲望。相关教师反馈，"自动批改作业使我有精力关注学生学习出现的问题"，同时表示"学生的编程实践得到充分训练，喜爱程序设计类课程的学生明显增加"。

3. 专业类课程建设实践效果明显

对于"信息与计算思维导论"课程，每年约有 450 名学生、7 名教师参与雨虹学网教学实践，目前该课程每年产生学习记录约 20 万条，每个学生完成约 15 个实践任务，每轮课程累计自动评判作业约 1 万份。学生的计算思维能力得到明显提高。

"计算机图形学"课程于 2014 年 9 月作为中国农业大学首批慕课率先在雨虹学网上线。截至 2019 年 7 月，共进行了五期"慕课+翻转课堂"的教学实践，取得了良好的教学效果和反响。该课程以学生为中心来探索和实践"慕课+翻转课堂"的教学模式，不仅得到了学生的广泛好评，还获得 2016 年中国农业大学校级教学成果特等奖，相关成果在《高教探索》等杂志上发表。

另外，2014—2019 年，"计算机组成原理""算法分析与设计""数据结构"等课程也先后在雨虹学网上开展了教改实践。这些课程改变了课上讲解、课后练习的传统做法，促进了学生的自主学习能力，从而使学生的不及格率明显下降，学生投入学习的时间明显增加。

8.4.4　分析与讨论

雨虹学网在实时性、开放性和国际性等方面具有以往教学平台没有的优势：

（1）实时性：不但可以在台式计算机上使用，也可以很方便地在手机等便携式设备上使用，并且较为流畅、完整，从而使学生可以随时随地学习。

（2）开放性：在 edX 上，学生可以很容易地分享学习资料和学习心得。并且 edX 本身就是一个很好的学习资料源。

（3）国际性：edX 上的教学方式理念是目前世界上最先进的，通过使用 edX，可以升级教师的教学方式和教学理念，以便将教学与国际接轨。

使用雨虹学网教学获得的结论如下：

（1）雨虹学网可以帮助教师更好地整合教学团队的教学资源；

（2）雨虹学网能够帮助教师提高作业评判的效率，使教师及时掌握和对比学生的学习进度、学习状况，从而更有针对性地提供帮扶；

（3）雨虹学网能够有效地帮助学生管理自己的学习资料，促进其参加课程练习、讨论和参与 Wiki 制作等，最大化其思考和参与程度，从而加快其知识掌握进度。

雨虹学网提供的功能基本上满足了教与学的需要，高效而实用，是高等院校课堂教学的有益辅助工具。但是其深层次的教学功能，如对视频观看等在线行为的深度监控、对积分获取制度的进一步细化、对师生互动的移动端实时提醒等仍有待于进一步开发。相信随着更多自动化功能的增加，雨虹学网最终会成为高校教学的主要途径和手段。

8.5　小结

作为互联网+教育技术的一个典型案例，雨虹学网从根本上扭转了中国农业大学的教育生态，大幅度解放了教师的劳动力，也大幅度提升了学生学习的热情和主动性。雨虹学网在功能上符合在线教育平台的要求，与目前其他同类大平台相比，拥有在线多媒体电子教材，程序在线编译、自动评判，作业防抄袭，学习轨迹跟踪，在线考试等特色功能。其部署采用最先进的技术，可随使用人数的增加快速扩展硬件部署，从而满足实际教学需求。

第 9 章
Chapter 9
互联网+教育支撑产业发展

在我国产业结构升级过程中，高端制造业和新兴服务业迅速崛起，这对技术技能型人才的培养提出了新的要求，因此，职业教育的发展对产业结构的升级具有重要的支撑作用。我国农业产业化的推进和发展不仅需要相关政策、制度的保驾护航，同时也需要科技助力，以及互联网+教育提供的随时随地的全方位知识和信息服务。

9.1 互联网+教育是我国现代产业实现生产方式转变的重要保障

9.1.1 互联网+教育助力现代产业人力资本积累

党的十九大报告指出，中国特色社会主义进入新时代，我国社会主要矛盾已经转化为人民日益增长的美好生活需要和不平衡不充分的发展之间的矛盾。供给侧结构性改革标志着市场由传统的以生产主导转变为以消费主导，满足、创造、引领消费者需求是产业的核心价值，创新深入到各行各业，新思维、新理念、新工具、新方法、新手段使产业模式正在被前所未有地重构。"互联网+"无疑是这个时代最重要的思维、理念、工具、方法和手段。互联网带来的信息实时传播，降低了信息获取成本，消除了信息不对称，从生产端和消费端对产业变革进行双导，而互联网+教育在各行各业的产业重构中发挥着重要作用。

人力资本是指劳动者受到教育、培训、实践经验、迁移、保健等方面的投资而获得的知识和技能的积累，亦称"非物力资本"。由于这种知识和技能可以为其所有者带来工资等收益，因而形成了一种特定的资本——人力资本。人力资本比物质、货币等硬资本具有更大的增值空间，特别是在当今，即后工业时期和知识经济初期，人力资本将有更大的增值潜力。北京师范大学经济与管理学院李羽中教授认为，我国的经济发展方式转变，除了选择科学技术进步作为突破点，还需要同时推进人力资本积累和产业结构调整。

2017年8月，央视财经评论制作的一段时长为2分20秒的视频报道让正大食品企业（秦皇岛）有限公司的速冻水饺生产车间受到关注。视频中，饺子的生产从和面、放馅到成形、包装、塑封都在一个全封闭车间的流水线上完成。该流水线1分钟能包100个饺子，1小时就可包6000个饺子。车间24小时不休息，里面没有一个埋头包饺子的员工。500平方米的厂房里只有设备工程师正在进行日常检查，人工智能在这里大显身手。但在转型之前，该车间完全依靠人工生产，一般需要200个工人集体作业。据了解，目前该车间用工在20人以下，且大部分在控制室及实验室工作。近年来，以正大食品为代表的一批实体经济企业纷纷追加投资，引入先进技术，扩大生产规模，主动投入供给侧结构性改革，成功实现了产业转型升级。正大食品企业（秦皇岛）有限公司总裁说："在经济新常态下，顺应局势，主动作为，率先改变发展模式，投入食品产业供给侧改革，是食品企业实现健康长远发展的必然选择。" 而技术变革在淘汰旧产能、发展新产能的过程中必然会创造一大批更高端、更需要智慧的岗位，必然召唤人力资本的提升和积累。

当前我国的产业经济正在从增"量"向提"质"转变，调整结构、优化供给是新时代供给侧结构性改革的核心任务。党的十九大报告指出，加快建设制造强国，加快发展先进制造业，推动互联网、大数据、人工智能和实体经济深度融合，在中高端消费、创新引领、绿色低碳、共享经济、现代供应链、人力资本服务等领域培育新增长点、形成新动能。互联网、物联网、大数据、人工智能、云计算和实体经济的深度融合催生了新型产业，同时"促进智能机器大工业分工形态的形成和发展"。在智能工业分工时代，劳动者通过信息平台，运用脑力的智慧决策，调动机器智能和机器动能进行生产，劳动者成为生产中心。伴随着我国产业经济的结构性改革，我国产业劳动者也在从"量"向"质"转变。在产业供给侧改革进程中，劳动者的提质增效尤为重要。党的十九大报告要求建设知识型、技能型、创新型的劳动者大军，弘扬劳模精神和工匠精神，营造劳动光荣的社会风尚和精益求精的敬业风气。经过测算，中国社会科学院研究员高文书指出，由于中国的新增劳动力数量已经开始下降，就业人员规模增长也基本停止，因此，未来的人力资本需求将主要依靠提高劳动者的受教育程度来解决。互联网+教育是提升产业人力资本便捷有效的途径，可助力产业人力资本的积累，承载着我国产业劳动力结构改革实现的重任。

9.1.2　互联网+教育是增强现代产业全链条创新升级的原动力

创新是供给侧结构性改革的第一驱动力，现代产业全链条创新升级是我国经济转型升级进行供给侧结构性改革的重要任务。现代产业全链条创新包括制度创新、组织创新、科技创新、文化创新、企业创新、产品创新、市场创新、品牌创新等多维度的大尺度、精刻度的创新，需要领军人才、拔尖人才、技能人才进行原始创新、集成创新、引进消化吸收再创新、协同创新。然而，我国原有应试教育模式导致所培养人才的创新意识、创新思维、创新能力不强，这将直接导致创新驱动的动力不足。

对原有人才培养模式进行改造升级是解决创新驱动力不足的根本和关键。近几年来，我国高等院校在培养创新型人才方面进行了积极的探索和实践。以中国农业大学为例，其针对研究生创新创业能力培养，构建了"跨学科、跨校、跨界的新型学习共同体"，通过集成培养研究生创新创业能力的信息化基础网络平台、统一信息管理平台和多元化信息交互平台系统（见图 9-1），强化以科技小院、教授工作站等实践载体和信息化网络平台为管理纽带的支撑能力，依靠社会力量、企业组织共同打造"双创"平台生态圈，提供了创新创业人才孵化的支撑体系，确立了面向国家现代农业发展需求、服务现代农业产业化发展、培养能够胜任与引领现代农业产业化发展的高层次应用型复合人才的培养目标。互联网催生的翻转课堂、MOOC、物联网、AI、VR 等在学习共同体和"双创"平台生态圈中扮演重要的角色,互联网+教育在培养能够胜任与引领现代农业产业化发展的高层次应用型复合人才,进而增强现代农业产业的创新驱动力方面将发挥越来越重要的作用。

图 9-1 高校研究生四创平台

9.1.3 互联网+教育精准服务现代产业消费端升级

消费者教育是指通过一定的手段,将公司、产品、服务、政策、策略等期望消费者了解的信息传给消费者并获得其认同的过程。由于商品丰富多样,交易具有专业性、复杂性等,消费者往往处于信息不对称的弱势地位,因此,消费者教育是非常必要的。

2016 年中秋节,淘宝网上一段"上海美女教你吃大闸蟹"的视频引起了网民的广泛关注,视频上线一个月,国内可监控到的点击量超过 3000 万次;Facebook 和 YouTube 等转发超过 300 万次。这次传播事件中的视频是品牌方丰收蟹庄基于对国内螃蟹消费市场深刻洞察后针对消费者的痛点推出的吃蟹视频教程,最终达到了教育引导消费者、提升品牌知名度的目的。互联网+教育作为高效教育手段服务消费升级的作用由此可见一斑。

中国人民大学法学院王茜指出了"互联网+"时代消费升级的全新内涵和表征:首先,消费者追求个性化、定制化、小众化的全新生活方式;其次,消费者追求更高品质的生活和消费,关注高质量、高性价比,价格不再是最重要的因素;再次,消费者追求过程体验等基本价值之外的附加价值,传统的质量、功能等基本价值不再是关注的焦点(当然,这些基本价值仍是最低门槛);最后,消费者追求情感认同和情感体验。可见,在"互联网+"时代,消费者不仅消费产品,更需要舒适或愉悦的体验、实时状态的分享和表达。

针对"互联网+"时代消费升级,产业生产必将向定制化、参与式、高品质、交互体验的方向发展。互联网、物联网、大数据、人工智能、云计算和实体经济的深度融合催生了产业供给侧和需求侧的交互融合，在交互融合过程中，供给侧根据需求侧的反应和反馈做出快速调整，增强产业引领消费的动能。互联网+教育在面向消费者的知识普及、新品推介、习惯培养、技能训练、信息获取方面具有高效、快捷、方便等特点，是现代产业服务消费升级的高效手段。

与"上海美女教你吃大闸蟹"视频异曲同工，各种新产品的广告说明、各个商家的在线客服都在通过移动端渗透、教育、引导消费者；同时，各类消费数据在交互过程中汇入供给侧，形成消费大数据。产业主体通过分析消费需求，辨别消费需求的合理性，引导消费者，教育消费者，增强消费者的理性程度，提高消费者的素质，并通过供给侧调整，最终满足消费者的需求。

9.2 互联网+教育在我国现代产业中应用的主要模式

9.2.1 融合的线上线下学习模式

将智能模块、多媒体技术、VR 技术、物联网实时视频传送技术等手段与课堂讲授、PBL 法、Seminar 法、翻转课堂、案例教学等教学模式和方法深度融合、灵活嵌套，可有效提高线下教学效果。图 9-2 所示为多种技术融合的学习模式。

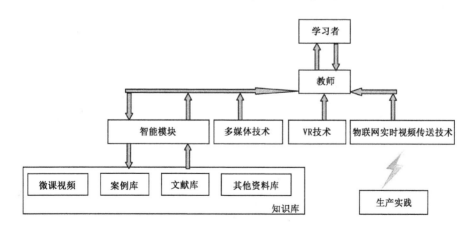

图 9-2　多种技术融合的学习模式

在线上，学习者根据自己的特点和相关学习建议，利用智能网络教学平台进行自主学习，并且可以在微信群里交流讨论。图 9-3 所示为线上学习交互示意。

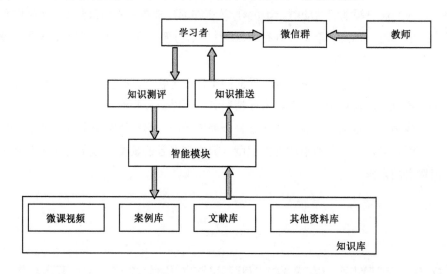

图 9-3　线上学习交互示意

9.2.2　生产中的精细学习模式

针对生产的某一领域研究开发专家系统是互联网+教育在产业中的一项重要应用。专家系统可汇总、整理、标注相关知识，形成完备的数字化知识库，将关联逻辑用程序实现，进而形成智能平台，通过信息采集单元实时采集生产过程中的信息，并通过智能平台+知识库给平台操作人员输出监测结果，实时给出提醒、预警、操作建议。操作人员则可通过信息交互终端进一步学习知识。图 9-4 所示为专家系统在产业中的应用。

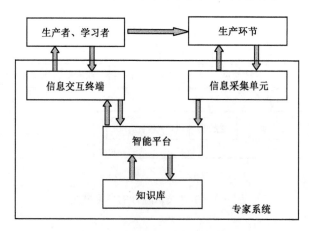

图 9-4　专家系统在产业中的应用

以畜禽知识库管理系统为例（见图 9-5），其集成了畜禽养殖品种、养殖模式环节、环境控制、精细化喂养、疾病防治、车间管理、繁育知识、生理参数等有关畜禽养殖的知识库，提供了畜禽养殖的人工智能平台。

图 9-5　畜禽知识库管理系统

9.2.3　面向消费端的学习模式

当前，面向消费端的学习模式主要以移动端学习为主，如图 9-6 所示。

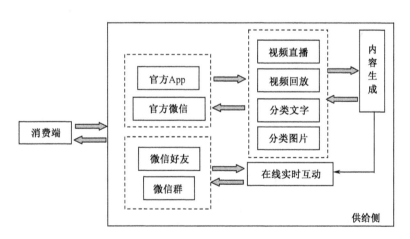

图 9-6　面向消费端的学习模式

未来运营模式将以消费者为中心，供给侧将在"以人为本"的目标引导下，侧重于打造以消费者为中心的成果。技术将融入消费者互动的方方面面，这一目标能够将供给侧与消费者联系起来，实现消费者、供给侧和供给侧产品之间的有机互动，并在文化及消费者体验中嵌入真实性和个性化的元素。

9.3   互联网+教育在我国现代农业产业中的应用

以农业为例，原有的农业教育对象主要是基层农技人员和从事生产的农民，农业技术的推广主要靠田间地头的面授。随着农业科技和教育科技的发展，以及第一、第二、第三产业逐步深度融合，尤其是互联网、物联网、信息技术在农业领域的广泛应用，农业生产技术、手段、工具、装备的科技化含量大大提高。农业教育、培训的主体和场景呈多元化发展，主体包含涉农领域的大学生、专业型硕士、企业技术人员、职业农民、普通农民；场景包含课堂、田间地头、虚拟终端、移动终端。农业教育、培训的内容深入，信息化手段丰富，方式灵活多样，并且呈现出常态化、实时化、融合化趋势。对于农民教育，我国已经形成了以农业广播电视大学、农业职业院校和农业技术推广体系为主要依托，广泛吸收高等院校、科研院所、龙头企业和民间组织参加，从中央到省、地、县、乡、村相互衔接的农民教育培训体系。

9.3.1   中国农村远程教育培训体系

我国农业远程教育始于 20 世纪 80 年代由 10 个部委联合发起成立的中央农业广播电视学校，早期主要以广播、电视等方式传播农业知识。随着技术的发展，尤其是互联网技术的高速发展，时至今日，中央农业广播电视学校已经发展为通过广播、电视、互联网、卫星网、报纸、杂志、音像出版、手机短信、热线电话、文字教材等多种教学媒体手段进行中等学历教育、大专自考助学与合作高等教育，以及绿色证书教育培训、新型农民科技培训、农村劳动力转移培训、创业培训、职业技能鉴定、各种实用技术培训和新闻宣传、信息服务、技术推广的教育机构。

农业农村部农民科技教育培训中心成立于 1999 年，在 2003 年经中央机构编制委员会办公室批复后正式加挂在中央农业广播电视学校，与学校一套班子，两块牌子，旨在加强农民教育培训的组织和管理，统筹协调农民科技教育培训资源，有序、有效开展农民教育培训。该机构在中央电视台第七套节目拥有《农广天地》固定栏目，每年播出电视节目 550 小时；在中央人民广播电台拥有多个栏目，每年播出广播节目 152 小时；有卫星主站（取得国家卫星专网许可），在全国基层校建有 360 个卫星终端接收站，可利用卫星视频召开会议、开展教育培训；在全国农村建立了 12 872 个"大喇叭"广播站；中国农村远程教育网（www.ngx.net.cn）在全国 33 个省级农广校开通了统一域名的互联网站，其网站结构如图 9-7 所示。

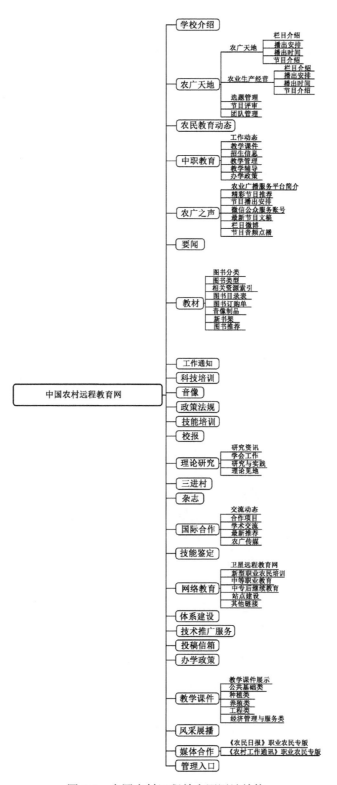

图 9-7　中国农村远程教育网网站结构

经过 30 多年的建设，我国农村远程教育已经形成了以中央农业广播电视学校为龙头，有省级农业广播电视学校 39 所，地市级校 336 所，县级校 2184 所，乡、镇教学班 7323 个，村级教学班 4606 个，农民科技教育培训中心 2065 个（省级农民科技教育培训中心 33 个，地市级培训中心 264 个，县级培训中心 1768 个）的全覆盖式农广校远程教育培训体系，如图 9-8 所示。

图 9-8　农广校远程教育培训体系

目前，面向农业、农村的远程教育和网络教育主要以单向的音频、视频、课件等传播方式为主，使用的载体是广播、电视、卫星网和手机微信，辅以台式计算机。各级农广校、村或大队进行宣传且组织农民收听、收看远程教育节目，并利用下载的学习课件向农民讲授农业知识。

9.3.2　涉农教育资源

涉农从业者对农业知识和信息的需求是刚性的。挖掘、利用现有的网络资源无疑是进行农业知识普及的高效渠道。我国涉农网站统计信息如表 9-1 所示。

表 9-1　我国涉农网站统计信息

序号	网站名称	网站地址	创立年份	所有方/运营方	主要内容
1	三农资讯网	http://www.zgsnzx.org.cn/	2006	全国三农信息一体化办公室	以服务于党和国家各级职能部门政务资讯的发布及政务公开信息的公示为基本点，为全国县级以上的各级党政机关及其职能部门配置的各自公开独立的网络发布平台
2	乡村网	http://www.zgxcw.org.cn/	2006	全国三农信息一体化办公室	为全国各地乡镇政府和全国各个行政村发布社会主义新农村发展建设资讯，以及乡村历史地理、自然风貌、经济文化等全方位资讯提供的开放式互动平台
3	农资采购网	http://www.nzcg.org.cn/	2006	全国三农信息一体化办公室	为全国各地农业生产资料市场传递、交流、发布资讯信息，并为全国各类农民组织提供全方位农业生产资料资讯的开放式信息化互动平台
4	中国农民网	http://www.nmwwt.org/	2006	全国三农信息一体化办公室	为全国各地乡镇政府及各个行政村发布新农村发展建设资讯，并为亿万农民提供开放式互动平台，旨在全面展现农民生产、生活等全方位的资讯，使之快捷有效地与全社会互动交流
5	中国农民工	http://www.zgnmg.org.cn/	2006	全国三农信息一体化办公室	旨在为农民工维权和交流信息提供平台
6	中国农业信息网	http://www.agri.cn/	1996	农业农村部信息中心	为农户、涉农企业和广大社会用户提供分行业（分品种）、分区域的与其生产经营活动及生活密切相关的各类资讯信息和业务服务，是中国国家农业综合门户网站的重要组成部分
7	中国兴农网	http://www.xn121.com/	2001	中国气象局	通过农村信息站实现气象服务到农村、农户，旨在打造中国兴农网知名品牌，推动农村公共气象服务体系建设
8	全国农技推广网	http://www.natesc.org.cn/sites/MainSite/	2001	全国农业技术推广服务中心	立足于农业科技推广与农业技术服务的综合性信息管理和服务平台
9	中国农网	http://www.farmer.com.cn/	2004	农民日报社新媒体发展中心	"三农"新闻资讯服务平台、农业数据应用服务平台及农产品电子交易服务平台
10	中国品牌农业网	http://www.zgppny.com/	2013	北京中农信文化交流有限公司	致力于网聚品牌农业资源，打造品牌农业门户，服务品牌农业产业，构建品牌农业联盟
11	农博网	http://www.aweb.com.cn/	1999	农博公司	以服务农业、E 化农业为己任，旨在做全球最大的农业信息港
12	中国养殖网	http://www.chinabreed.com/	1999	北京华牧智远科技有限公司	以"畜牧行业全方位解决方案提供者"为定位，向网络时代的新型养殖企业和养殖行业用户提供先进的发展理念和让其增产增收的科学技术、行业信息、经营方法

续表

序号	网站名称	网站地址	创立年份	所有方/运营方	主要内容
13	中国蔬菜网	http://www.veg-china.com/	2010	厦门天心软件有限公司	全国性综合蔬菜门户平台，致力于为蔬菜企业、菜农、消费人群提供全方位、精准化、免费交易服务的蔬菜网站
14	中国玉米网	http://www.corn.agri.cn/	2001	农业农村部信息中心	为大连商品交易所、新浪财经、和讯、金融界、99期货等国内多家知名机构和网站提供专业农产品信息支持
15	中国乳品行业网	http://www.chinesemilk.cn/	2001	中国乳品行业网	全国乳品行业唯一综合性权威门户网站，以前瞻性引导行业发展和快速权威发布行业信息为目标，提供乳品行业资讯，宣传我国乳品行业及企业
16	养鸡网	http://www.yangji.com/	2009	中国养鸡网	全方位提供养鸡行业的发展动向、养鸡动态、供求信息、养鸡企业招聘、产品报价、企业宣传、B2B商城等服务
17	中国养羊网	http://www.zgyangyang.com/	2014	中国养羊网	中国最大的羊产业商务平台与资源中心，是将B2B和B2C二者融为一体的专业性网站
18	中国粮油信息网	http://www.chinagrain.cn/	2008	中国粮油信息网	为生产商、贸易商、经销商、设备商、收购商及新型农业经营主体提供粮油信息、粮油电子商务、企业宣传招商和活动举办、互联网+平台开发等专业化服务
19	中华粮网	http://www.cngrain.com/	1995	中国储备粮管理总公司	集粮食B2B交易服务、信息服务、价格发布、企业上网服务等功能于一体的粮食行业综合性专业门户网站
20	中国养猪网	http://www.zhuwang.cc/	2009	中国养猪网	知名养猪行业门户网站，专业提供养猪行情走势分析及预测、今日最新生猪价格、养猪信息资讯、养猪技术、养猪补贴政策及养猪视频、养猪资料下载等服务
21	中国食用菌商务网	http://www.mushroommarket.net/	2000	北京中食菌网络科技有限公司	致力于推进中国食用菌产业的信息化进程和产业流通，为涉菇菌企事业单位建立信息和电子商务服务，每日向会员和行业同仁提供众多的食用菌商业信息与推荐信用良好的资信食用菌企业，并为食用菌的行业经济活动提供信息参考
22	搜农	http://www.sounong.net/	2015	农业农村部信息中心	面向我国农业企业、农民大户、农业专业技术协会及广大农业科技人员提供专题搜索服务的垂直搜索引擎。与传统的搜索引擎相比，它提供的信息更加贴近农业领域的需求，更加符合农业用户的需求
23	农民之家	http://www.jinnong.cc/	2015	辽宁金农科技有限公司	以提供生产解决方案的方式开展农资电子商务，配合优质的农资产品、科学的产品使用、专业的技术指导、全程的售后服务，通过会员制销售的理念，提供全新的农资销售生态圈

9.3.3　移动时代的农村教育

传统的互联网学习方式由于需要使用计算机并在固定的地点上网，不能满足随时上网查询的需求。面向移动的互联网技术的普及催生了移动时代的农村教育。

首先，由中央相关单位开办的面向农民的教育培训栏目由固定终端向移动端延伸。以《农广天地》栏目为例，该栏目是中央农业广播电视学校、农业农村部农民科技教育培训中心在 CCTV-7 开办的农民科技教育与培训栏目，旨在向广大农民传播农业科技知识，推广农业实用技术，提高农民的科技素质和生产技能。该栏目播出了大量具有科学性、系统性和实用性的节目，内容涉及种植、养殖、农产品加工、农业机械、农村能源、劳动力转移培训、生活服务等农民生产生活的各个方面，形成了朴实无华、通俗易懂、易学易用的风格特色，已逐步成为农民观众喜爱、看得懂、学得会、用得上的"实惠"栏目。目前该栏目已开通手机微信公众号（见图 9-9），从而使广大农业生产从业者可以随时随地学习。

图 9-9　CCTV 农广天地微信公众号

其次，中国移动联合农业农村部开展农民手机培训活动，为农民提供智能手机上网、使用移动应用客户端、手机学习农业种植养殖等知识培训，推出了"和教育 新农汇"互联网+农业农村教育产品，如图 9-10 所示。该产品是中国移动围绕国家"三通两平台"总体规划，基于"移动学习"教育部-中国移动联合实验室研究成果打造的开放教育平台，旨在构建面向农村的互联网+农业教育产品。

再次，政府已出台《中等职业学校新型职业农民培养方案试行》，将培养新型职业农民的任务明确交给了中等职业学校。中等职业学校与时俱进搭建远程职业农民教育平台，借助移动通信的便利，开展线上线下相结合的农业、养殖、种植、农村电商实务等方面的培训。

最后，众多企业深入洞察农村、农业生产应用的需求，开发出多种实用 App，在服务农民农业生产的同时进行农民教育。未来企业要做的是，将更多现代生产要素、经营方式、发展理念引入农业。比如，用农业大数据让农民便捷灵活地掌握天气变化数据、市场供需数据、农作物生长数据等，以便更准确地判断农作物应该如何种植，从而避免自然因素造成的产量下降，提高农业生产对自然环境风险的应对能力。

图 9-10 "和教育 新农汇"互联网+农业农村教育产品

9.4 互联网+教育在我国未来产业中的应用展望

9.4.1 我国产业未来的发展模式

我国产业未来必将是以大数据、人工智能为核心，融合先进感知、集成控制，进而形成深度定制化、满足消费需求的云端智慧产业。以下以农业为例，从感知、大数据和智能、智慧云服务等方面说明未来产业的发展趋势。

未来农业必定是精准、智慧农业。农业物联网技术实现了农业领域的万物互联。随着传感器种类扩大和精度提高及其在养殖、种植中普遍深入的应用，人们将精确获得动、植物生长信息和环境信息的各项参数，实时感知动、植物的生长状况，同时借助大数据和人工智能逻辑对农业生产情况做出实时准确分析、判断和处理。各种农业机器人的深入发展和应用，使农业生产更加高效、标准。可综合应用北斗卫星系统、农业遥感技术、无人机技术进行多尺度的各类农业区域监测，从而使农业规划精细化、农机调度一体化成为可能。

云端技术使农业服务集成化、综合化，进而平台化、定制化。中国农业大学信息与电气工程学院（以下简称信电学院）在未来智慧农业模式引领、技术研究、系统实现等方面无疑领跑中国。

1. 农业感知

精准智慧农业的第一步是农业感知。利用近红外光谱检测技术、多光谱采集技术、图像处理技术可以快速检测作物叶片的水分含量、营养参数，进而判断作物的长势；利用空气质量传感器、溶解氧传感器、pH 酸碱度传感器、叶绿素传感器等可以实时获取猪舍、鸡舍、水产养殖池塘的环境参数，为动物生长环境调控提供基础数据。

1）作物叶片水分含量快速检测仪

该检测仪采用光谱学透视法获取原始光强值和透射光强值，从而便于计算透射率。其采用调理电路对数据进行滤波、放大处理，采用 ZigBee 协议进行自组网通信，并可在 PDA 端实现数据查看、保存、删除等操作。本检测仪已在先正达公司温室进行应用示范。

2）面向微小型无人机遥感平台的多光谱图像采集系统

随着遥感技术的飞速发展，结合光谱分析和图像处理的多光谱图像技术可以弥补光谱仪抗干扰能力较弱和 RGB 图像波段范围窄等缺点，被广泛应用于作物营养监测领域。信电学院开展基于微小型无人机遥感平台的农田信息多光谱成像感知和远程控制关键技术研究，设计开发了基于可见光 CCD 传感器与 NIR-CCD 传感器融合的多光谱图像采集系统，并集成全球定位技术和通用分组无线通信技术，实现了多光谱图像采集系统的远程控制。面向微小型无人机遥感平台的多光谱图像采集系统的工作原理如图 9-11 所示。

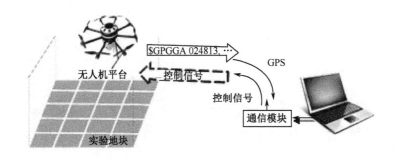

图 9-11 面向微小型无人机遥感平台的多光谱图像采集系统的工作原理

面向微小型无人机遥感平台的多光谱图像采集系统由无人机平台上的多光谱图像采集控制系统和地面远程监控系统组成，其中，多光谱图像采集控制系统包括多光谱图像感知器和工业级采集终端部分；地面远程监控系统包括通信模块和笔记本电脑。

3）其他农业生产传感器和数据采集装置

针对动、植物的生长特性，信电学院研发了多种型号的具有自主知识产权的农业传感器产品、十余种型号的无线网络测控终端。图 9-12 所示为多种在农业生产中应用的传感器及数据采集装置。

（a）溶解氧传感器

（b）pH 酸碱度传感器　　（c）电导率传感器　　（d）水位传感器　　（e）叶绿素传感器

（f）浊度传感器　　（g）水分传感器　　（h）智能温度链传感器

图 9-12　多种在农业生产中应用的传感器及数据采集装置

（i）空气温湿度传感器

（g）物联网温室多参数采集终端

（k）温室空气温湿度检测装置

（l）二氧化碳检测装置

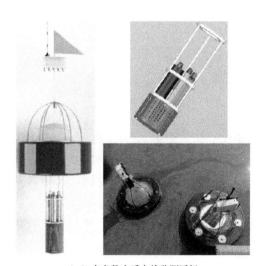
（m）多参数水质在线监测浮标

图 9-12　多种在农业生产中应用的传感器及数据采集装置（续）

2. 农业大数据和智能农业

在农业信息的实时获取和农业大数据的累积、分析、利用的基础上可形成智能农业。

1）种业大数据

现代种业是信息高度密集的产业，针对现代种业育、繁、推全链条的关键信息获取、处理与决策需求，信电学院研究构建了作物育种表型性状数据库，对 13 余年超过 1000 万条表型数据和 30 万张照片研究，构建了作物种植环境基础地理、气象、土壤营养与农业生产数据库，其数据量超过 100GB；基于大数据、数理统计和空间分析等技术，研究了种质材料类群划分、品系评价、计算机辅助配组、育种信息快速采集、多环境测试优化、种业站点筛选布局、种植环境精细划分和风险评价、品种-环境适宜性分析，以及种子快速无损检测等模型与方法；研发了田间表型信息采集系统、自动化考种设备、育种信息管理和辅助育种系统、品种多环境测试信息管理和分析系统、基于 Web 和移动终端的种子生产管理与品种推广信息服务平台、品种精准推广决策分析系统等软硬件产品。

2）水产养殖环境智能监控系统

信电学院研发的水产养殖环境智能监控系统如图 9-13 所示。该系统集成智能水质传感器、无线传感网、无线通信、嵌入式系统、自动控制等相关技术，可自动采集养殖水质信息（温度、pH 值、深度、盐度、浊度等对水产品生长有重大影响的水质参数），并通过 ZigBee、GPRS、4G 等无线传输方式将水质信息上传到现场监控中心或网络服务器。

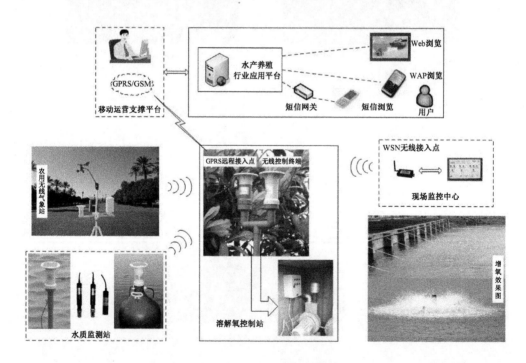

图 9-13　水产养殖环境智能监控系统

用户可以通过手机、PDA、计算机等终端实时查看养殖水质信息，及时获取异常报警信息及水质预警信息，并可以根据水质监测结果，实时调整控制设备，实现科学养殖与管理，最终实现节能降耗、绿色环保、增产增收的目标。该系统已在山东、天津、广东等地的水产养殖企业和基地示范应用。

3）畜禽养殖环境智能监控系统

信电学院开发的畜禽养殖环境智能监控系统如图 9-14 所示。该系统利用物联网技术，围绕设施化畜禽养殖场生产和管理环节，通过智能传感器在线采集养殖场环境信息（空气温湿度、二氧化碳、氨气、硫化氢等），同时改造现有的养殖场环境控制设备、饲料投喂控制设备等，实现了畜禽养殖场的智能生产与科学管理。

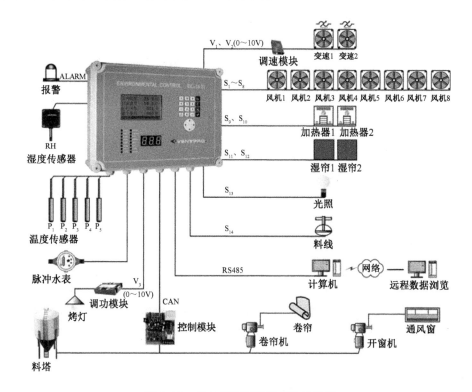

图 9-14　畜禽养殖环境智能监控系统

用户可以通过手机、PDA、计算机等信息终端，实时掌握养殖场环境信息，及时获取异常报警信息，并且可以根据监测结果远程控制相应设备，实现健康养殖、节能降耗的目标。该系统已在辽宁、河南、河北等地示范应用。

4）大田种植环境智能监控系统

信电学院研发的大田种植环境智能监控系统如图 9-15 所示。该系统针对农业大田种植分布广、监测点多、布线和供电困难等特点，利用物联网技术，采用高精度土壤温湿度传感器和智能气象站远程在线采集土壤墒情、气象信息，实现墒情（旱情）预报、灌溉自动控制、水资源管理等功能。

该系统包括智能感知平台、无线传输平台、管理平台和应用平台。该系统已在新疆、山东等地示范应用。

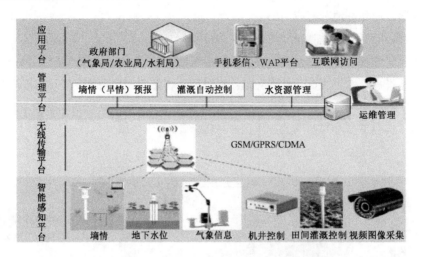

图 9-15   大田种植环境智能监控系统

5）设施农业环境智能监控系统

信电学院研发的设施农业环境智能监控系统如图9-16所示。该系统利用了物联网技术，可实时远程获取温室大棚内部的空气温湿度、土壤水分温度、二氧化碳浓度、光照强度及视频图像，通过模型分析，自动控制湿帘风机、顶窗侧窗，以及喷淋滴灌和加温补光等设备，保证温室大棚环境最适宜作物生长，从而为保证作物优质、高产、高效、安全创造条件。

用户可以通过手机、PDA、计算机等信息终端发布实时监测信息、预警信息等，实现温室大棚集约化、网络化远程管理，从而充分发挥物联网技术在设施农业生产中的作用。该系统已在山东、江苏、云南等地示范应用。

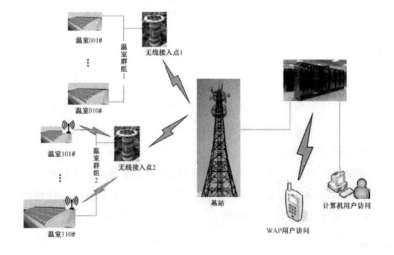

图 9-16   设施农业环境智能监控系统

6）海参水下捕捞机器人

传统海参捕捞主要依靠潜水员潜到海底捕捞，海参的捕捞季节为春季和秋季，此时气温较低且海水压强大，长久的海底捕捞对人的身体有害，导致很多人都会患上疾病。针对这一问题，信电学院研制了适用于海参水下捕捞的机器人装备。该机器人装备为一种利用GPS 导航、计算机视觉、机械伺服控制技术自动捕捞海参的水下机器人系统。它包括机器人运动导航系统、机器视觉系统和泵吸式执行系统。其系统硬件包括主机、矢量式推进器、运动控制器、深度计、罗经、GPS 模块、摄像机、照明装置、图像采集卡、配重铅块、浮木、电池、框架和网兜。

3. 智慧的农业云服务

信电学院与平台型企业合作，协同创新，开发了农产帮智慧植保系列产品，其中，育种云平台是集育种信息采集、分析、管理功能于一体的自动智能服务平台，重点围绕我国农业工程化育种项目中材料数量庞大、测配组合繁杂、试验基地分布不均匀、性状数据个性化等特点，进行源头技术创新、平台构建和新产品研发，对种质资源、田间试验、选系配组、育种流程等工程化育种内容进行一体化管理。该产品不仅大幅度提高了育种信息采集和利用效率，加强了育种过程中的规划和管理，更对历年数据进行智能化、连续化处理分析，形成持续的育种产出能力。其提供的基因型和表型数据可视化关联分析、优化材料评价和育种设计等功能可以更好地为育种人员决策服务，促进产学研共赢。育种云平台作为一种云计算应用服务，管理事务以育种活动为主。用户登录后，可以管理大田内的土地、农作物（玉米）等实体，以及育种活动涉及的相关内容，如种质资源管理、田间试验管理、田间作物信息采集、选系配组管理等。除以上固定功能外，其还为不同类型的作物、不同类型的试验目的提供一些个性化定制的高级功能，如试验材料的选择、采集性状指标的选择、方案的制订、气象信息的提醒等。用户可将田间采集的信息通过移动设备即时接入育种云平台，从而在移动终端或计算机终端上随时随地查看、分析。管理人员可以根据工作人员工作性质来定制相应的应用方案和权限，真正实现按需定制、灵活使用。

9.4.2　互联网+教育定制化满足未来产业供给侧需求

产业发展日新月异，满足产业发展需求的教育必然是知识海量化、主体类别化、路径多样化、匹配精准化、即时可得化的。

产业人才按层次可以分为领军人才、拔尖人才、骨干人才、技术人才等。根据需要具备的能力素质不同，在终身学习的大背景下，不同人才的学习路径和手段有较大差异，具体如表 9-2 所示。

表 9-2 不同人才的学习方法

学习主体	主要学习内容	主要学习路径	主要学习手段
领军人才	跨界综合	国际视野的跨界交流	跨界访问、调研
拔尖人才	科研开发	领域内广泛研讨	领域内访问、调研
骨干人才	专业技能	专业内合作	职业教育
技术人才	实操技能	岗位熟练	职业教育

在产业各类人才中，技术人才和骨干人才无疑占比最多，是产业的生力军，他们需要的是面向专业技能的职业教育。日益发展的互联网+教育技术为他们提供了在海量知识中精准匹配、即时可得的学习手段，进而可定制化地满足产业发展对人力资源的需求。

9.4.3 互联网+教育对未来产业需求进行引导

需求引导即消费引导，是指产业供给侧针对需求侧或消费者的消费习惯进行教育或影响。对需求侧进行正确引导，有利于提高消费水平、建立合理的消费结构和产业结构。

以葡萄酒产业为例，由于酿酒葡萄适宜生长在南北纬 38°～53° 的温带气候区及病虫害等原因，我国历史上并未形成浓郁的葡萄酒文化，而是形成了以曲霉酿酒的白酒文化。沿地中海的欧洲国家则在漫长的历史中形成了璀璨的葡萄酒文化，成为公认的葡萄酒发源地。葡萄酒有新旧世界之分，以欧洲为代表的葡萄酒旧世界以自然种植和手工耕作为傲，拥有世界上最昂贵的葡萄酒品牌；澳大利亚及非洲、美洲的一些国家是葡萄酒的新世界，以机械化耕作和现代化酿造出产最流行的葡萄酒。而我国既不属于葡萄酒的旧世界，也不属于葡萄酒的新世界。

1892 年，著名的爱国华侨实业家张弼士先生为了实现实业兴邦的梦想，先后投资 300 万两白银在烟台创办了张裕酿酒公司，拉开了中国葡萄酒工业化的序幕。然而西方世界普遍认为中国风土气候种不出好的酿酒葡萄，因此断言"中国不适合优质葡萄酒生产"。打破这一偏见的是我国现代葡萄酒之父李华院士，他创建了我国第一个葡萄酒专业和学院，并自 1986 年以来，围绕我国有无酿酒葡萄适生区及品种区域化、栽培技术创新、优质葡萄酒酿造等问题带领团队进行了系统研究。他主持的"中国葡萄酒产业链关键技术创新与应用"项目发现并确立了我国酿酒葡萄适生区，证明了其巨大的产业发展潜力，创造了我国埋土防寒区酿酒葡萄的最佳栽培模式，创立了基于我国原料特性的葡萄酒酿造工艺体系，构建了我国葡萄酒安全控制技术体系和葡萄酒地理标志及其保护体系，促进了我国葡萄酒产业的合理布局和协调发展，使我国跃升为世界葡萄酒大国。

目前，我国葡萄酒产业和市场处在培育形成期，人口红利使新、旧世界的葡萄酒生产销售者和各种渠道商蜂拥而入，但各类葡萄酒企业生产的葡萄酒品质不一，市场存在一定程度的混乱。引导和教育消费者正确品鉴、选择、消费葡萄酒是关键。可喜的是，适逢互联网时代，有实力的诚信商家借助互联网＋教育的手段传播主流葡萄酒文化，提升消费者认知，引导市场和消费者形成正确的消费观，进而促进产业结构尽快向多层次、合理化方向发展。作为其中一支重要的力量，红酒世界网是全球葡萄酒搜索平台，其以文化主题方式提供全球原产地富有特色的葡萄酒产品，通过网站、微信公众号和 App 等技术平台为爱好者提供从内容到原瓶产品的一站式服务，引领葡萄酒时尚生活。

另一支引导红酒消费的重要力量是企鹅团。它是李胜寒和她的合伙人联合发起的吃喝入门体系，其通过将深入浅出的品位知识和吃喝产品结合来让用户品出好坏、尝出门道。企鹅团由企鹅和猫的公众号发展而来，有一定的用户黏性，其目标用户同时具有一定的消费能力。在红酒产品上，按月或按年订购的模式可以保证现金流的稳定性。企鹅团解决了红酒入门爱好者不知道什么酒好喝，以及不知道去哪里买酒的痛点，目前已成为国内最大的葡萄酒每月订购电商，其产品大多是企鹅团自采，部分来自供应商。

9.5 小结

互联网+教育通过教育资源数字化、教育模式创新、教育市场扩容和教育链条延展等手段对传统教育行业进行深度改造，这种改造大大提高了学习的便利性，有利于职业教育及终身教育的实施，对增进社会公平和推动产业发展升级具有重要的促进与支撑作用。本章论述了职业教育与产业结构的互动关系，分析了职业教育对产业结构升级的促进作用，总结了互联网+教育在现代产业中应用的主要模式，并以农业为例，综述了现代农业的进展并展望其发展趋势，阐述了互联网+教育在农业产业链条各环节中所起的支撑和引领作用。

参考文献

[1] 吴南中. "互联网+教育"内涵解析与推进机制研究[J]. 成人教育, 2016(1).

[2] 张永和, 肖广德, 胡永斌, 等. 智慧学习环境中的学习情景识别——让学习环境有效服务学习者[J]. 开放教育研究, 2012(1): 85-89.

[3] 张韫. 大数据改变教育——写在大数据元年来临之际[J]. 师资建设, 2013(10): 91-94.

[4] 教育部. 目前我国教育规模位居世界首位 2.6 亿学生在校[EB/OL]. 人民网, 2013-10-15.

[5] 顾明远. 教育领域综合改革的宏观视野[J]. 教育研究, 2014(6): 4-9.

[6] 杨现民. 息时代智慧教育的内涵与特征[J]. 中国电化教育, 2014(1): 29-34.

[7] 柯清超. 大数据与智慧教育[J]. 中国教育信息化, 2013(24): 8-10.

[8] 荣荣, 杨现民, 陈耀华, 等. 教育管理信息化新发展: 走向智慧管理[J]. 中国电化教育, 2014(3): 30-37.

[9] 苏雁, 陈敏. 江南大学: "数字化能源监管"绿色校园[EB/OL]. http://news.gmw.cn/2014-04/08/content_10925636.htm.

[10] 有谱测评. 大数据驱动下的个性化与自适应学习[EB/OL]. http://edu.21cn.com/qtrz/f_292_522066-1.htm.

[11] 张惠敏. 微课开启职业教育改革新模式[N]. 中国青年报, 2015-07-27(11).

[12] 饶丹娟. 多媒体教学资源云共享平台设计研究[D]. 南京: 南京师范大学, 2013.

[13] 李晖, 王艳娟, 崔维. 移动终端应用软件在教学中的应用[J]. 科技创新导报, 2014(12): 132.

[14] 杨现民. 信息时代智慧教育的内涵与特征[J]. 中国电化教育, 2014(1): 29-34.

[15] Jae-Kyung K, Won-Sung S, Yang Sun L. Advanced Knowledge Sharing Strategies Based on Learning Style Similarity for Smart Education[M]. Berlin: Springer Berlin Heidelberg, 2012.

[16] Scott K, Benlamri R. Context-aware services for smart learning spaces[J]. Learning Technologies, IEEE Transactions on, 2010 (3):214-227.

[17] 王佑镁, 包雪, 王晓静. 密涅瓦(Minerva)大学: MOOC 时代创新型大学的探路者[J]. 远程教育杂志, 2015(2): 3-10.

[18] 联合国教科文组织国际教育发展委员会. 学会生存——教育世界的今天和明天[M]. 上海: 上海译文出版社, 1979.

[19] 张岩. "互联网+教育"理念及模式探析[J]. 中国高教研究, 2016(2): 70-73.

[20] 李铁萌, 侯文军. 高校教育中基于移动互联的碎片化教学理念与实践探索——以微信公众平台为例[J]. 教育现代化, 2016,5:74-77.

[21] 彭红光，林君芬. 无边界教育：教育信息化发展新图景[J]. 电化教育研究，2011(8):16-20.

[22] 苍圣. 移动互联技术在计算机教学中的应用探索与研究[J]. 信息与电脑（理论版），2016,3:237，240.

[23] 纪清聪，覃祖军. 实时远程交互教学活动模式浅探[J]. 中小学信息技术教育，2006(9):64-66.

[24] 孙耀庭，陈信. 开放大学"移动校园"构建的探索[J]. 中国教育信息化·高教职教，2007(10):7-9.

[25] 卢婷婷. 远程教学系统中虚拟教室的设计与实现[D]. 西安：陕西科技大学，2010.